増補新版 障害児通所支援ハンドブック

児童発達支援

保育所等訪問支援

放課後等デイサービス

全国児童発達支援協議会
監修

宮田広善・光真坊浩史
編著

山根希代子・酒井康年・岸良至 他
著

エンパワメント研究所

増補　今後の障害児支援の方向性

はじめに

新版刊行以降、障害児福祉制度に係る国の検討会が開催され、それらの結果が反映された法改正や報酬改正が行われてきた。令和５年４月にはこども家庭庁が創設され、障害児福祉施策が他の子ども施策とともに本庁の管轄となった。これまで障害児福祉施策は、児童福祉法にその根拠があるにもかかわらず、障害者福祉の枠の中で行われてきたが、今後、障害のある子どもの福祉がすべての子どもの中で語られることになった。障害児通所支援は、これまで以上に子ども・子育て支援や子ども家庭福祉等と連携・協働していくことが求められる。令和６年４月には改正児童福祉法が施行されるが、児童発達支援センターにおける地域中核機能の発揮やインクルージョンのさらなる推進など障害児支援の質的な変革が求められ、指定基準なども一部変更される。本来であれば、それらをまとめた形で改訂版を出すべきところだが、流動的なことが多く、また、法改正後の運用状況を見ながら課題を整理していく必要があることから、今回、新版刊行以降の最新の動きのみを巻頭に増補としてまとめて情報提供させていただくこととした。

なお、本体部分は平成24年度の障害児福祉の改革までの経緯及びその後の展開を掲載するとともに、障害児通所支援各事業の理念や大切にしたい基本的事項をまとめてあるので、事業を運営する上でのハンドブックとしてご使用いただければ幸いである。

2024年１月

一般社団法人 全国児童発達支援協議会

増補　もくじ

1．障害児支援に係る法制度等の変遷の全体像

障害児支援施策は、平成24年施行の改正児童福祉法によりメジャーチェンジした。そのベースになったのは、平成20年7月にまとめられた「障害児支援の見直しに関する検討会」報告書であり、その基本方針は、①将来の自立に向けた発達支援（発達支援とは、本人への支援・家族支援・地域連携支援をいう）、②子どものライフステージに応じた一貫した支援、③家族を含めたトータルな支援、④身近な地域における支援であり、この考え方は現在でも障害児支援の根底に流れている。その後、「障害者の権利に関する条約」の批准に向けて障害者基本法の改正や障害者差別解消法など関連する国内法の整備が行われ、また、「児童の権利に関する条約」に沿って改正された児童福祉法が平成30年に施行され、人権擁護・尊重が強調されるようになった。そのような流れの中、平成26年7月にまとめられた「障害児支援の在り方に関する検討会」報告書においては、障害児支援の基本理念に権利擁護の視点が導入された。具体的には、①地域社会への参加・包容（インクルージョン）の推進と合理的配慮、②障害児の地域社会への参加・包容を子育て支援において推進するための後方支援としての専門的役割の発揮、③障害児本人の最善の利益の保障、④家族支援の重視である。この基本理念の特徴は、国が、障害児支援はインクルージョン推進のために一般の子ども子育て支援を「後方支援」する専門的役割と位置づけた点にある。これは、障害のある子どもにとってインクルージョンは権利であり、何よりも大切であるという強い決意と解される。なお、この4つの基本理念は、その後開催されている検討会においても引き継がれており、検討する際の基盤となっている。その一方で、平成23年8月に施行された改正障害者基本法では、第17条が創設され、障害のある子どもの「療育」（発達支援と同義）を受ける権利を保障した。これらのことから、障害児支援には、障害のある子どもの権利や尊厳を守るという理念のもと、インクルージョンを推進するための地域連携支援を行うことと、本人および家族に対する専門性の高い発達支援を提供することが、車の両輪として機能することが求められている。

令和3年度報酬改定では、平成30年度から障害児にも導入された指標区分が事業所単位から個人単位へと見直され、また、医療的ケア児については医療的ケアの新判定スコアが導入されるなど、ていねいな報酬改正に繋がった。令和3年10月には「障害児通所支援の在り方に関する検討会」報告書がまとめられ、令和6年4月施行予定の改正児童福祉法にも反映された（後述）。

令和5年4月にはこども家庭庁が創設され、障害児支援施策は厚生労働省から移管

された。今後は、障害者施策と連携しながらも、子ども子育て支援施策や社会的養護施策等と相まって子ども施策の中での障害のある子どものことが議論されていくことが期待される。

現在、放課後等デイサービスガイドライン（平成 27 年 4 月）および児童発達支援ガイドライン（平成 29 年 7 月）が発出されているが、近々それらのガイドラインの見直しおよび保育所等訪問支援等のガイドラインの作成が予定されている。

本増補版では、本書新版が発行された令和 2 年以降の変更点を中心に解説する（それまでの経過や詳細は、**第Ⅰ部**総説および**第Ⅱ～Ⅳ部**の各部を参照いただきたい）。

図1　障害児支援に係る法制度等の変遷

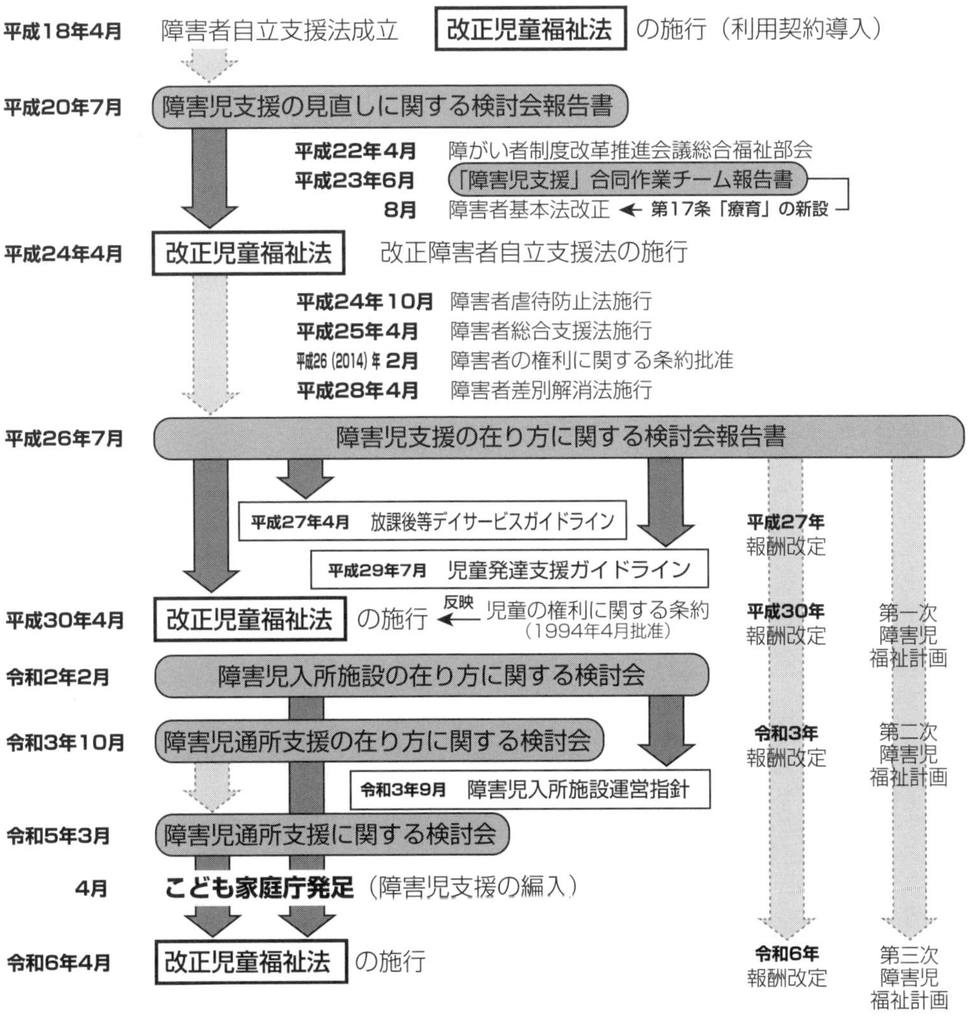

2.「障害児通所支援の在り方に関する検討会」（令和３年６月～ 10月）

1）開催目的

障害児通所支援は、平成24年度の制度創設から約10年で事業所数等は飛躍的に増加し、さまざまな子どもたちが身近な地域で支援が受けられるようになった。一方で、施設内虐待の発生や発達ニーズに基づかない不適切な支援が報告されるようになり、運営や支援の質に課題があると指摘されている。そのような中、障害児通所支援が担うべき役割や機能、対象者などについて今後の障害児通所支援の在り方を検討する目的で、障害児通所支援の在り方に関する検討会が令和３年６月から計８回開催された。7団体からのヒアリングも行い、令和３年10月に報告書がとりまとめられ、検討内容の一部は児童福祉法の改正につながった。

2）障害児通所支援の現状分析と意義の明確化

検討会では障害児通所支援の現状分析と意義等について、以下のようにまとめている。

❶令和元年度の実績は平成26年度比で、児童発達支援は2.2倍、放課後等デイサービスは3.2倍であり、他の社会保障費（医療や介護は1.1倍）と比較しても大きな伸びとなっているが、これは発達障害の認知の社会的広がりや女性の就労率の上昇等が背景と考えられる。

❷年齢別利用率が最も高い５歳児の数は同年齢人口の3.7%であるが、文部科学省が実施した通常学級に在籍する発達障害の可能性のある児童生徒に関する調査では、「学習面又は行動面で著しい困難を示す」子どもは小学校で7.7%とされ、まだ顕在化していない支援ニーズがある可能性がある。

❸児童期から適切な発達支援を提供することは、障害のある子どもの安心感や自尊心等を育み、持てる能力の発揮に着実に貢献するものであるとともに、成人後の生きづらさの軽減や予防につながり、社会全体から見ても大きな意義がある。

特に、障害児通所支援に係る給付費の急増については、報酬改定の度に費用抑制の議論がなされてきたが、本検討会がまとめた利用急増の要因や今後の予測については、それらの動きにブレーキをかける適切な分析である。令和５年４月に障害児施策がこども家庭庁に移管されたが、保育所や放課後児童クラブ等の一般子育て施策は、増加するニーズに対応するため今後も整備する方針を掲げており、障害児通所支援においても子育て施策と同様に抑制することなく今後とも増えると予測されるニーズに合わせて整備していく必要がある。そういう意味でも、今回の分析はその根拠となりうるものであり、大きな意義があると考えられる。

3）障害児通所支援の基本的な考え方

本検討会では、先述の「障害児支援の在り方に関する検討会」（平成 26 年 7 月報告書）で確認された障害児支援の 4 つの基本理念（障害児本人の最善の利益の保障、家族支援の重視、インクルージョンの推進、後方支援としての専門性の発揮）が引き継がれ、加えて、以下の基本的な考え方に立って検討が進められた。

❶障害のある子どもたちの自己肯定感を高め、多様性が尊重される中でその子らしさが発揮されるようにすることが通所支援の重要な役割であること

❷障害児も同じ「子ども」であり、障害児施策と子育て施策を連続線上のものとして考えていくことが必要であること

❸保護者支援として、障害を含めその子のありのままを肯定していくプロセスや、成長・発達過程でさまざまな葛藤に直面する保護者をしっかりサポートすることも障害児通所支援の大切な役割であること

上記のことは、障害や特性に対する発達支援のテクニック的な内容ではなく、障害のある子どもを真ん中においた人権的視点であり、子どもが成長・発達するうえで心理的安定が重要であるという基本姿勢を示している。障害児支援に携わる者として、常に肝に銘じておく必要があろう。

4）障害児通所支援の今後の在り方

本検討会では、障害児通所支援の在り方について以下の 4 点で整理された。

①児童発達支援センターの在り方（地域の中核的支援拠点化及び真の一元化）

◉児童発達支援センターは、平成 24 年の改正児童福祉法により障害児通園施設から移行され、また、平成 30 年の第一次障害児福祉計画では市町村に少なくとも 1 箇所整備する方針（広域設置可）が示された。児童発達支援センターは、保育所等訪問支援や障害児相談支援等を実施する地域の中核的な支援機関として位置づけられてはいたが、果たすべき役割・機能が明確でなく、取り組みに地域差が見られることから、あらためて以下の 4 つの機能に整理した。

❶幅広い高度な専門性に基づく発達支援・家族支援機能

❷地域の事業所へのスーパーバイズ・コンサルテーション機能

❸地域のインクルージョン推進の中核機能
❹発達支援の入口としての相談機能
　これらは、令和6年4月施行の改正児童福祉法で明文化され、今後センターが地域の中核的な支援機関としての役割を果たしていく根拠となった。しかし、センターだけが地域支援を担おうとすること（拠点型センターの整備）だけでなく、既に地域に存在する実力のある障害児通所支援事業所等と連携し、地域の総力で4つの機能・役割を果たしていくこと（センターが中核となり行う面的整備）も重要な視点である。

◉あらゆる障害種別の子どもが身近な地域で支援を受けられることを目的に、平成24年改正児童福祉法では、それまで障害種別ごとになっていた障害児通所支援の体系を一元化した。しかし、その後もセンターは「福祉型」と「医療型」に別れ、特に「医療型」では保育士等の配置が少なく「遊び」を通した発達支援が十分できていないといった現状を踏まえ、「福祉型」と「医療型」を一元化する方針が示された。また、「福祉型」は経過的に「主たる障害」(「障害児」「主に難聴」「主に重症心身障害」) を標榜するようになっており、実際には、障害種別で通所先が分かれている課題も存在していたため、基準の統一化・一元化を行うことの方針も出された。

②児童発達支援および放課後等デイサービスの役割・機能の在り方

◉児童発達支援及び放課後等デイサービスには、総合的な発達支援〔「総合支援型」(仮称)〕に加え、理学療法などの特定プログラムに特化した支援〔「特定プログラム特化型」(仮称)〕が混在し、支援内容・提供時間もさまざまだった。特に「特定プログラム特化型」(仮称) については、本検討会で初めて明示された類型であり、児童発達支援や放課後等デイサービスが創設された平成24年から約10年が経過し、集団での長時間支援ではなく、ニーズを絞って短時間支援のみを提供する事業所も増加している。これは保育所等との併行通園児が増加していることや、保護者が特定の専門的な療法や訓練等を希望していることも影響していると考えられるが、一方で、法人・事業所が得意とする専門分野を選んで提供している可能性も否定できない。障害児通所支援は子どもや保護者のニーズに合わせて提供されるものであり、指定基準では「応諾義務」も課されている。児童発達支援や放課後等デイサービスのガイドラインでは、集団支援および個別支援を行う総合的な発達支援と記載されているおり、元々、個別支援のみや短時間支援のみの提供を想定していなかったと思われる。本検討会では、実態やニーズの動向を踏まえ、発達支援の類型に応じた人員基準・報酬を見直すとともに、支援時間の長短（親の就労対応も含む）が適切に評価されるよう検討するとしている。具体的な検討は、令和4年8月から開催された「障害児通所支援に関する検討会」に引き継がれることとなった。一方、学習塾や習い事に類似した支援もみられるという指摘があり、それに対しては給付対象から除外することも提案された。

◉放課後等デイサービスについては、学校教育法に規定する学校に在籍していないと利用できなかったが、令和6年4月施行の改正児童福祉法で、専修学校・各種学校に通学する障害児も発達支援が必要と市町村長が特に認める場合は利用が可能となるよう変更された。なお、不登校児や中学校卒業後に在籍のない児童で支援が必要な子どももおり、団体ヒアリングでは18歳未満であれば学籍の有無にかかわらず支援を受けられるよう対象範囲を広げるべきであるとの意見もあったが、今回の検討会では検討されなかった。

③インクルージョンの推進

◉児童発達支援および放課後等デイサービスにおいて、保育所や放課後児童クラブ等への移行支援が進むよう、効果的な標準的手法を提示していくとともに、適切な報酬上の評価を検討することとされた。移行支援に係る効果的な標準的手法は、国の研究事業の成果を受けて、今後提示されることになっている。

◉保育所等訪問支援については、センターの中核機能の一つとしての実施することが求められているが、現在、さまざまな支援方法や時間等の違いがあり、現状も踏まえつつ適切な評価の在り方等を検討することとされた。一般社団法人全国児童発達支援協議会が平成28年度に国の調査研究事業の採択を受けて作成した「保育所等訪問支援の手引き」については、厚生労働省から自治体を経由して事業所に発出されている（平成29年5月31日付事務連絡厚生労働省社会・援護局障害保健福祉部障害福祉課 障害児・発達障害者支援室障害児支援係）。保育所等訪問支援ガイドラインの策定も視野に入っており、今後、児童発達支援および放課後等デイサービスのガイドラインの改正と合わせて作成されるものと期待される。

◉保育所や幼稚園・認定こども園、放課後児童クラブ等においては、児童発達支援や放課後等デイサービスとともに、障害の有無にかかわらず一体的に子どもの支援を可能とする方向で、必要な見直し・留意点等が検討されることになった。現在、保育所においては、児童発達支援を併設した場合、職員の柔軟な兼務を可能とし、また、児童発達支援利用児が併設する園で他児と一体的に保育・教育を受けられるよう、職員配置や設備共有などの基準の見直し・柔軟運用がすでに実施されており、インクルージョンの取り組みも始まっている。

④その他（給付決定、事業所指定、支援の質の向上等）

◉給付決定で勘案する障害児の状態を把握する調査指標（具体的には、個別サポート加算（Ⅰ）の判断にも利用される、いわゆる「5領域11項目」）については、日常生活動作の介助の必要度が中心となっているとの指摘がある。実際、個別サポート加算（Ⅰ）の対象となる児童の割合は、児童発達支援が放課後等デイサービスに比べ多いことがわかっている。これは、児童発達支援の対象となる未就学児はADLが未獲得であることが多いことに加え、児童発達支援と放課後等デイサービスの指標間に違いがあることも要因と考えられる。また、行政職員が指標判定を実施することになっていることなども困難さを助長している。本検討会では、当該調査指標の項目や給付決定プロセスの見直しを検討することにしている。区分決定にあたっては、児童発達支援センターや相談支援事業所でアセスメントを組み込む等の案も出されている。

◉障害児通所支援の地域偏在や、重症心身障害・医療的ケア等に対応した事業所の不足等を解消するため、障害児福祉計画における給付量の見込みにあたり、より狭い圏域や支援が行き届きにくいニーズに着眼した見込み方を検討するとされた。

◉地域の障害児通所支援全体の質の底上げに向け、センターが地域の中核となって、（1）地域の事業所に対する研修や支援困難事例の共有・検討、(2) 市町村や自立支援協議会との連携、(3) 各事業所の自己評価・保護者評価の結果の集約を通じた事業所の強み・弱みの分析・改善（地域の関係者等も参画)、(4) 事業所の互いの効果的な取り組みの学び合い等の取り組みを進める方向で検討するとされた。障害児支援分野においても人材不足は避けて通れない状況であり、支援の質の向上は喫緊の課題となっている。1法人・1事業所の所も多く、自法人・事業所だけでは質を高めるには限界もあり、地域における人材育成の仕組みは真剣に取り組む必要があると思われる。

5）令和６年４月施行の改正児童福祉法への反映

本検討会で提案された、(1) 児童発達支援センターが地域における障害児支援の中核的な役割を担う機関であることの明確化、(2) 児童発達支援における「福祉型」と「医療型」の一元化、(3) 放課後等デイサービスの対象児童の見直しなど、法改正が必要な事項については、令和4年の通常国会に児童福祉法の改正法案が提出・審議され、令和4年6月に成立、令和6年4月に施行されることとなった。

なお、あまり強調されていないが、今回の改正児童福祉法においては、これまで使用されてきた障害児支援に係る「訓練」という用語はすべて「支援」に置換されている。これは、障害児支援が障害や特性を「訓練」して正すというものではなく、子どもの尊厳を守るという権利擁護の観点に立脚して「支援」するものであるという姿勢の表れであり、歓迎できる。

図2　改正児童福祉法（令和6年4月施行）の概要

改正の趣旨

児童虐待の相談対応件数の増加など、子育てに困難を抱える世帯がこれまで以上に顕在化してきている状況等を踏まえ、子育て世帯に対する包括的な支援のための体制強化等を行う。

改正の概要

1．**子育て世帯に対する包括的な支援のための体制強化及び事業の拡充**【児童福祉法、母子保健法】

①市区町村は、全ての妊産婦･子育て世帯･子どもの包括的な相談支援等を行うこども家庭センター（※）の設置や、身近な子育て支援の場（保育所等）における相談機関の整備に努める。こども家庭センターは、支援を要する子どもや妊産婦等への支援計画（サポートプラン）を作成する。
※子ども家庭総合支援拠点と子育て世代包括支援センターを見直し。

②訪問による家事支援、児童の居場所づくりの支援、親子関係の形成の支援等を行う事業をそれぞれ新設する。これらを含む家庭支援の事業について市区町村が必要に応じ利用勧奨・措置を実施する。

③児童発達支援センターが地域における障害児支援の中核的役割を担うことの明確化や、障害種別にかかわらず障害児を支援できるよう児童発達支援の類型（福祉型、医療型）の一元化を行う。

2．**一時保護所及び児童相談所による児童への処遇や支援、困難を抱える妊産婦等への支援の質の向上**【児童福祉法】

①一時保護所の設備・運営基準を策定して一時保護所の環境改善を図る。児童相談所による支援の強化として、民間との協働による親子再統合の事業の実施や、里親支援センターの児童福祉施設としての位置づけ等を行う。

②困難を抱える妊産婦等に一時的な住居や食事提供、その後の養育等に係る情報提供等を行う事業を創設する。

3．**社会的養育経験者・障害児入所施設の入所児童等に対する自立支援の強化**【児童福祉法】

①児童自立生活援助の年齢による一律の利用制限を弾力化する。社会的養育経験者等を通所や訪問等により支援する拠点を設置する事業を創設する。

②障害児入所施設の入所児童等が地域生活等へ移行する際の調整の責任主体（都道府県・政令市）を明確化するとともに、22歳までの入所継続を可能とする。

4．**児童の意見聴取等の仕組みの整備**【児童福祉法】

児童相談所等は入所措置や一時保護等の際に児童の最善の利益を考慮しつつ、児童の意見・意向を勘案して措置を行うため、児童の意見聴取等の措置を講ずることとする。都道府県は児童の意見･意向表明や権利擁護に向けた必要な環境整備を行う。

5．**一時保護開始時の判断に関する司法審査の導入**【児童福祉法】

児童相談所が一時保護を開始する際に、親権者等が同意した場合等を除き、事前又は保護開始から7日以内に裁判官に一時保護状を請求する等の手続を設ける。

6．**子ども家庭福祉の実務者の専門性の向上**【児童福祉法】

児童虐待を受けた児童の保護等の専門的な対応を要する事項について十分な知識・技術を有する者を新たに児童福祉司の任用要件に追加する。

7．**児童をわいせつ行為から守る環境整備（性犯罪歴等の証明を求める仕組み（日本版 DBS）の導入に先駆けた取組強化）**【児童福祉法】

児童にわいせつ行為を行った保育士の資格管理の厳格化を行うとともに、ベビーシッター等に対する事業停止命令等の情報の公表や共有を可能とするほか、所要の改正を行う。

施行期日

令和６年４月１日（ただし、5 は公布後３年以内で政令で定める日、7 の一部は公布後３月を経過した日、令和５年４月１日又は公布後２年以内で政令で定める日）

図3　改正児童福祉法（令和6年4月施行）のポイント

児童福祉法

第 6 条の 2 の 2　この法律で、障害児通所支援とは、児童発達支援、放課後等デイサービス、居宅訪問型児童発達支援及び保育所等訪問支援をいい、障害児通所支援事業とは、障害児通所支援を行う事業をいう。

⇒「福祉型」と「医療型」の一元化に伴う「医療型児童発達支援」の名称の削除

2　この法律で、児童発達支援とは、障害児につき、児童発達支援センターその他の内閣府令で定める施設に通わせ、日常生活における基本的な動作及び知識技能の習得並びに集団生活への適応のための支援その他の内閣府令で定める便宜を供与し、又はこれに併せて児童発達支援センターにおいて治療（上肢、下肢又は体幹の機能の障害（以下「肢体不自由」という。）のある児童に対して行われるものに限る。第 21 条の 5 の 2 第 1 号及び第 21 条の 5 の 29 第 1 項において同じ。）を行うことをいう。

⇒「医療型児童発達支援」の名称の削除と「医療型」で提供していた内容の継続

3　この法律で、放課後等デイサービスとは、学校教育法（昭和 22 年法律第 26 号）第一条に規定する学校（幼稚園及び大学を除く。）又は専修学校等（同法第 124 条に規定する専修学校及び同法第 134 条第一項に規定する各種学校をいう。以下この項において同じ。）に就学している障害児（専修学校等に就学している障害児にあっては、その福祉の増進を図るため、授業の終了後又は休業日における支援の必要があると市町村長（特別区の区長を含む。以下同じ。）が認める者に限る。）につき、授業の終了後又は休業日に児童発達支援センターその他の内閣府令で定める施設に通わせ、生活能力の向上のために必要な支援、社会との交流の促進その他の便宜を供与することをいう。

⇒放課後等デイサービスの対象児童の専修学校等への拡大

第 43 条　児童発達支援センターは、地域の障害児の健全な発達において中核的な役割を担う機関として、障害児を日々保護者の下から通わせて、高度の専門的な知識及び技術を必要とする児童発達支援を提供し、あわせて障害児の家族、指定障害児通所支援事業者その他の関係者に対し、相談、専門的な助言その他の必要な援助を行うことを目的とする施設とする。

⇒児童発達支援センターが地域における障害児支援の中核的役割を担うことの明確化

図4　児童発達支援センター「福祉型」と「医療型」の一元化

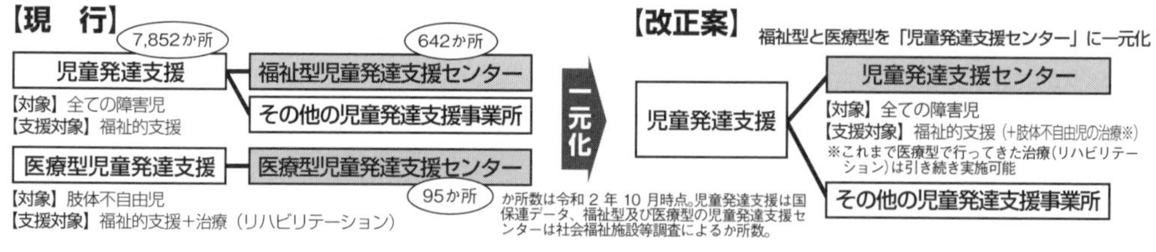

図5　放課後等デイサービスの対象児の見直し

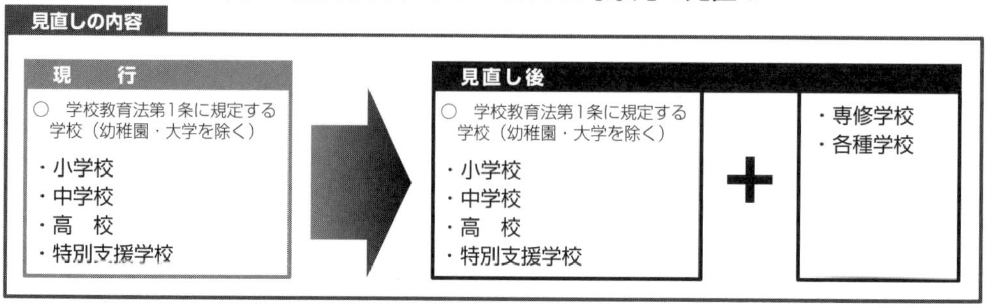

図2～5は厚生労働省資料を一部改変

3.「障害児通所支援に関する検討会」（令和４年８月〜令和５年３月）

1）開催目的

令和6年4月の改正児童福祉法の施行およびこれまで整理されてきた障害児通所支援の検討の方向性について、より具体的な方策を検討するために開催された。児童発達支援センターを中心とした地域の支援体制の整備、児童発達支援および放課後等デイサービスの在り方、インクルージョンの推進、給付決定や支援の質の向上等に係る今後の方向性と具体の取り組み方策について、令和4年8月から計11回にわたり開催された。10団体からのヒアリングも行われ、令和5年3月に報告書が取りまとめられた。

2）基本的考え方

①子どもの権利擁護を最優先

本検討会では、これまでの検討会で掲げられてきた基本理念を踏襲するとともに、令和5年4月に施行されたこども基本法等の施行やこども家庭庁への移管を念頭に置き、子どもの権利保障の視点が色濃く入っている。

具体的には、「子どもの権利に関する条約」ですべての子どもたちが持つ基本的な柱として規定されている「生きる権利」「育つ権利」「守られる権利」「参加する権利」を踏まえ、第12条の意見を表明する機会が確保と反映のほか、第2条の差別の禁止、第6条第2項の子どもの最大限の発達保障、第23条の障害を有する子どもに対する特別の養護および援助の在り方、第31条の子どもの個々に適した余暇や遊び等を保障する権利などである。いずれも、障害児通所支援を進めるにあたっては、他の子どもとの平等を基礎として、障害のある子どもも含めすべての子どもの発達、人権および基本的自由を保障し、子どもの最善の利益を社会全体で守っていく環境づくりを進める視点が最優先されるべきである。

②子どもと家族のウェルビーイングの向上

子どもや保護者が内在的に持つ力を発揮できるよう、エンパワメントの視点を持ち、子どもと家族のウェルビーイングの向上につながるよう取り組んでいくことが必要である。

③インクルージョンの推進

障害の有無にかかわらず、子どもがさまざまな遊びなどの機会を通じて共に過ごし、学び合い、成長していくことが重要である。子どもの育ちと個別のニーズを共に保障したうえで、インクルージョン推進の観点を常に念頭に、子どもや家族の支援にあたっていくことが必要である。

3）目指す方向性（本検討会報告書から抜粋して掲載）

①児童発達支援センターを中心とした地域の障害児通所支援の体制整備

令和３年10月の「障害児通所支援の在り方に関する検討会」報告書では、児童発達支援センターの障害児支援において地域の中核機能として、①幅広い高度な専門性に基づく発達支援・家族支援機能、②地域の障害児通所支援事業所に対するスーパーバイズ・コンサルテーション機能、③地域のインクルージョン推進の中核機能、④地域の発達支援に関する入り口としての相談機能に整理されたが、それらの機能を発揮するために以下のような方向性が示された。

(1) 幅広い高度な専門性に基づく発達支援・家族支援機能

◉幅広くどのような障害種別の子どもも受け入れることを前提としつつ、高度な専門性に基づく発達支援・家族支援が必要な障害児（例えば重度の障害や重複する障害、強度行動障害を有する児、医療的ケア児等）にも対応できるようにすることが必要である。

◉「児童発達支援ガイドライン」に定める４つの役割〔本人支援・移行支援・家族支援・地域支援（地域連携支援）〕と、本人への５領域（「健康・生活」「運動・感覚」「認知・行動」「言語・コミュニケーション」「人間関係・社会性」）をすべて含めた総合的な支援を提供するとともに、併せて、子どもの状態に合わせた特定の領域に対する重点的な支援も提供することを基本とすべきである（**図６参照**）。

◉子どもの発達全般や障害特性・行動特性等のアセスメントにより障害の特性や発達段階をとらえアプローチするという発達支援における基本的な支援を確実に行うとともに、子どもの今の育ちを充実させていくことと合わせて、成人期を見据えたうえで乳幼児期から段階的に必要なアプローチを行う視点、障害の有無にかかわらず子どもの育ちに大切な「遊び」を通じて支援する視点、子育て支援という観点を持って対応することが必要である。

◉家族支援にあたっては、総合的なアセスメントを実施する必要があり、また、親を

図6　発達支援における本人支援の内容（5領域）

障害のある子どもの発達の側面から、「健康・生活」「運動・感覚」「認知・行動」「言語・コミュニケーション」「人間関係・社会性」の5領域において、将来、日常生活や社会生活を円滑に営めるようにすることを大きな目標として支援。

（ア）健康・生活
（a）健康状態の把握
（b）健康の増進
（c）リハビリテーションの実施
（d）基本的生活スキルの獲得
（e）構造化等により生活環境を整える

（イ）運動・感覚
（a）姿勢と運動・動作の基本的技能の向上
（b）姿勢保持と運動・動作の補助的手段の活用
（c）身体の移動能力の向上
（d）保有する感覚の活用
（e）感覚の補助及び代行手段の活用
（f）感覚の特性（感覚の過敏や鈍麻）への対応

（ウ）認知・行動
（a）視覚、聴覚、触覚等の感覚や認知の活用
（b）知覚から行動への認知過程の発達
（c）認知や行動の手掛かりとなる概念の形成
（d）数量、大小、色等の習得
（e）認知の偏りへの対応
（f）行動障害への予防及び対応

（エ）言語・コミュニケーション
（a）言語の形成と活用
（b）受容言語と表出言語の支援
（c）人との相互作用によるコミュニケーション能力の獲得
（d）指差し、身振り、サイン等の活用
（e）読み書き能力の向上のための支援
（f）コミュニケーション機器の活用
（g）手話、点字、音声、文字等のコミュニケーション手段の活用

（オ）人間関係・社会性
（a）アタッチメント（愛着行動）の形成
（b）模倣行動の支援
（c）感覚運動遊びから象徴遊びへの支援
（d）一人遊びから協同遊びへの支援
（e）自己の理解とコントロールのための支援
（f）集団への参加への支援

出典：児童発達支援ガイドライン

エンパワメントする観点から心理カウンセリングやペアレントトレーニングなど心理面への支援についても進める必要がある。家族支援には、障害児のきょうだいへの支援という視点も重要である。

(2)　地域の障害児通所支援事業所に対するスーパーバイズ・コンサルテーション機能

◉各地域において、児童発達支援センターがスーパーバイズ・コンサルテーションにより、対応が困難な子ども・家族のケースをはじめ、個別ケースへの支援も含めた障害児通所支援事業所全体への支援を行う取り組みを進めることが必要である。

◉巡回支援専門員整備事業や都道府県等が実施する障害児等療育支援事業等を活用し、センターがスーパーバイズ・コンサルテーションを行うための体制整備を進めることが必要である。

◉スーパーバイズ・コンサルテーションが有効に機能するためには、提供する児童発達支援センターとこれを受ける事業所の相互理解や信頼関係の構築が重要であり、相互が理念や支援の手法を明確にして取り組んでいくことが重要である。

◉スーパーバイズ・コンサルテーションを行う人材について、一定の児童発達支援の業務等の経験年数（例えば5年）や一定の研修を受けること等を設定することも重要である。

(3) 地域のインクルージョン推進の中核機能

◉児童発達支援センターは、専門的な知識・経験に基づき、保育所等訪問支援やスーパーバイズ・コンサルテーションにより、保育所や放課後児童クラブ等における障害児の育ちの支援に協力等するとともに、保育所等の障害児への支援力の向上を図り、併行通園や保育所等への移行を推進していくことが重要である。

◉センターは、地域全体の子ども・子育て支援施策等を適時に効果的に後方支援できるよう、国は十分かつ柔軟な人員の配置について検討すべきである。

◉今後インクルージョンをより一層推進していくうえでは、保育所等の一般施策側の支援力の向上を図っていく必要があるが、そのためには、児童発達支援センターによる一般施策や地域のさまざまな活動への後方支援の取り組みを強化する等、児童発達支援センターをインクルージョン推進の観点から高機能化し、地域のインクルージョン推進の拠点となるよう進めていくことが重要である。

(4) 地域の発達支援に関する入口としての相談機能

◉児童発達支援センターにおいては、家族が子どもの発達に不安を感じたり、育児不安を抱えているような「気付き」の段階にある子どもや家族に対し、ていねいに発達支援の入口としての相談に対応したりすることが必要である。

◉家族支援の観点から、ピアサポーターやペアレントメンター等の活用や、親の会との連携等により、親同士のつながりをつくる取り組み、仲間づくりの取り組みを進めることも重要である。

◉発達支援の入口としての相談対応から、適切な支援につなげていく観点からも、センターは、障害児相談支援事業の指定を併せて有することを基本とするべきである。

◉発達支援について、1歳6か月児健診、3歳児健診など母子保健施策や親子教室など子育て支援施策からつながることが多い中で、母子保健施策や子育て支援施策における対応も重要である。また、アセスメントや支援等に関する相互の情報連携や支援の連携を進める仕組みを構築することが必要である。特に令和6年4月に創設されるこども家庭センターとの連携は重要であり、こども家庭センターで策定される「サポートプラン」と障害児支援利用計画との連携のあり方等も含め、具体的な方策について検討を進める必要がある。

◉各市町村は、児童発達支援センターの相談支援について、地域における、基幹相談支援センターをはじめ、委託相談支援事業、障害児相談支援事業、発達障害者支援センターや医療的ケア児支援センター等の障害児の相談支援に係る関係機関、母子保健施策や子育て支援施策、社会的養護施策の相談支援に係る関係機関の整備状況や機能を踏まえつつ、その機能と役割を整理するとともに、障害児とその家族に対して、関係機関が連携・協働しながら相談支援が提供される体制を整備することが重要である。

(5) 児童発達支援センターを中核とした地域の体制整備について

◉地域の障害児支援体制の充実に向けては、4つの中核機能すべてを十分に備え、障害児相談支援事業および保育所等訪問支援事業の指定を有すること、幅広い発達段階に対応できる等の児童発達支援センターを「中核拠点型」の児童発達支援センターとし、その整備を推進していく方向で検討していくべきであるとしている。なお、国は、人員基準（保育士や児童指導員を含む専門職の配置、その柔軟な配置の仕方等）や報酬について検討するとともに、関係機関等との連携を含め児童発達支援センター向けのスタートアップマニュアルを策定することとしている。

◉令和6年4月から、直ちに4つの中核機能を十分に備えることができない児童発達支援センターにおいては、その機能を十分に備えることができるよう、段階的に取り組みを進めていく必要がある。地域の児童発達支援センターが中核拠点型でない場合や、児童発達支援センターが未整備の場合は、関係機関が連携して機能を満たす体制を整備することが必要である（面的整備）。

(6) 福祉型と医療型の一元化および福祉型の類型の一元化について

◉令和6年4月に施行される改正児童福祉法でセンターは福祉型と医療型が一元化されるが、現在の医療型のセンターは、一元化後も併設する診療所において医師の指示のもと、肢体不自由児に対してリハビリテーションが提供できる仕組みを残す。さらに遊び等を通したさまざまな領域の発達支援を行いやすい環境整備を進め現行の福祉型を踏まえ保育士・児童指導員を手厚く配置できるようにする。

◉福祉型の3類型（「障害児」「主に難聴児」「主に重症心身障害児」）についても、基本となる人員基準や設備基準、報酬等は一元化し、そのうえで、難聴児や重症心身障害児の障害特性に応じた支援を行った場合に、必要な評価を行う方向で検討する。

②児童発達支援・放課後等デイサービス

◉各ガイドラインに定めるそれぞれの役割に加え、5領域等すべての視点を含めた総合的な支援が提供されることを基本とすべきである。

◉総合的な支援を行い、そのうえで子どもの状態に合わせた特定の領域への専門的な支援（理学療法等）を重点的に行う支援が考えられる。その際には、アセスメントを踏まえ、必要性をていねいに判断し、障害児支援利用計画等に位置づける等、計画的に実施されることが必要である。

◉ピアノや絵画のみを提供する支援は、公費により負担する支援として相応しくないと考えられ、これらの支援の提供にあたっては、ガイドラインに示される支援の視点等とのつながりを明確化した支援内容としたうえで提供することが必要である。

◉利用の仕方等により、支援時間に差異があることから、支援に対する人員の配置の状況や支援内容等にも留意しつつ、支援時間の長短を考慮したよりきめ細かい評価を行うことが必要である。

◉保護者の就労等による預かりニーズについては、家族全体を支援する観点から、子どもと家族のアセスメントを踏まえて対応することが重要である。

◉放課後等デイサービスについては、学校や家庭とは異なる場であり、安心・安全でその子らしく過ごせる場としての機能も重視すべきである。また、学校に通学できない（不登校の）障害児について、関係機関と連携して支援していくことが必要である。

③インクルージョンの推進

◉障害児支援による保育所等の一般施策への後方支援の取り組みを強化し、保育所等訪問支援等を活用しながら、保育所等の障害児への支援力向上を図っていく等、子育て支援と障害児支援が双方向から緊密に連携が行われる地域の体制づくりを進めていくことが重要である。

◉保育所等訪問支援がより効果的に活用されるよう、人員配置や報酬上の評価、運用について必要な見直しを行う方向で検討すべきである（チームでアセスメントや一定の支援を行う場合や、時間の長短も含め、支援内容を踏まえた評価の検討）。

④障害児通所支援の給付決定等

◉給付決定において、適切に発達支援の必要性や支給量を判断するとともに、その後の支援に活用していくうえでも、子どもの発達状況等も把握できる調査指標に見直すことが必要である。

◉セルフプラン率が高い現状も踏まえ、障害児相談支援による支援が行われるよう取り組みを進めることが必要。また、障害児相談支援の整備が途上にある地域等においても、適切にコーディネートが行われる方策を検討していくことが必要である。

⑤障害児通所支援の質の向上

◉市町村は（自立支援）協議会子ども部会を設置し、児童発達支援センターも参画して、地域の課題を把握・分析しながら地域の支援の質の向上に取り組むことが重要である。

◉自己評価・保護者評価について、集約・分析し、その結果を公表する等、効果的な活用方策等について検討を進めることが必要である。

◉人材育成について、専門性を身につけるため、基礎、中堅、専門といった段階的な研修体系の構築等を進めることが必要である。

4）まとめ

本検討会の開催目的は、「障害児通所支援の在り方に関する検討会」（令和３年６月～10月）で議論された内容をさらに深め、報酬改定や指定基準等の見直しに向けて具体的に議論することであった。特に、児童発達支援センターの一元化と地域の中核拠点化、児童発達支援と放課後等デイサービスの標準的な支援内容について議論されることが期待された。しかし、方向性は示されたものの、職員配置および設備等の指定基準については具体的な中身にまで踏み込んで議論されることはなく、結局、予算との関連で報酬改定時に検討が進められることになったのは非常に残念である。

児童発達支援センターの地域における中核機能の発揮については、センターが整備されていない、もしくは、整備されていても設置後間もない地域も多く、４つの中核機能を地域において十分に果たすには時間がかかることも予測される。そのような地域は、４つの中核機能を有する拠点型センターを整備するのではなく（拠点型整備）、すでに地域に根ざしている児童発達支援や放課後等デイサービス等の事業所と連携しながら４つの機能を果たしていけるようにする方が近道である場合もある（面的整備）。その場合は、センターが調整役を担えるようにするとともに、地域の障害児通所支援事業所がそれぞれの中核機能を果たせるよう必要な経費を柔軟に配分・運用できる仕組み（補助金体系等）も必要であり、国が率先して自治体に例示していくことが求められる。なお、４つの中核機能の一つである「⑴ 幅広い高度な専門性に基づく発達支援・家族支援機能」については、「幅広い高度な専門性」という用語が非常に曖昧な概念であることから、ガイドライン等で共通理解を図っていくことが求められる。具体的には、強度行動障害や医療的ケアのある子どもを積極的に受け入れてエビデンスに基づく支援を提供すること、家族支援ではペアレント・トレーニングや心理カウンセリングの提供や、虐待リスクや貧困のある家庭等を支援することが「幅広い高度な専門性」であるといった限定した理解がされないようにする必要がある。本人支援の５領域のアセスメントに加え、それぞれの専門領域におけるアセスメント、発達的視点をもったアセスメントに基づいて支援が提供されることが発達支援における専門性であり、何よりも重要である。用語の使用に関しては、誤解または都合の良い勝手な解釈がなされないように、国には十分な議論を行ったうえでガイドライン等に記載することを求めたい。

また、先の「障害児通所支援の在り方に関する検討会」で明示された児童発達支援や放課後等デイサービスにおける「総合支援型」（仮称）と「特定プログラム特化型」（仮称）という支援類型については、本検討会報告書から消えている。インクルージョンの推進が大きく打ち出されている中、これらの類型の在り方については、報酬上の時間単価の導入だけではなく、目的や支援の内容について差別化したうえで、基準等を個々に定めていくなど正面から議論していく必要がある。

4. 令和6年度障害福祉サービス等報酬改定検討チームにおける検討内容

1）主な論点（検討会等での提言を踏まえての論点：抜粋）

◉令和６年度の報酬改定に合わせ、厚生労働省内に障害福祉サービス等報酬改定チームが設置され、経営実態調査のほか、障害児通所支援の在り方に関する検討会や障害児通所支援に関する検討会等で整理･提言された課題を勘案して検討されている。

◉検討されている論点は以下のとおりであり、抜粋して概観する。なお、内容は令和５年 12 月現在のものであり、令和６年報酬基準に反映されるとは限らないことを申し添える。

(1) 児童発達支援センターの機能強化等

論点１　児童発達支援センターの機能強化等による地域の支援体制の充実

◉センターは福祉型と医療型が一元化され、かつ、福祉型における３類型（障害児、難聴児、重症心身障害児）も一元化されるため、基準の統一化が図られる見込みである（経過措置あり）。これまでの支援が継続されるような報酬上の評価も検討されている。

◉４つの機能を発揮して地域の障害児支援の中核的役割を担うセンターについて、中核拠点型と位置付けて、自治体との連携体制の確保や、相談・アウトリーチなど包括的に子どもと家族を支援できる体制の確保、専門的な支援や地域と連携した支援の実施など、取り組み体制に応じて段階的に評価を行えるようにする方針である。センター未設置地域などセンター以外の事業所等が中核的な役割を担う場合にも一定の評価を行うことも盛り込まれている。

◉ただ、地域支援機能はセンター通所児以外への子どもや機関への支援であり、通所児童の給付費で賄われることに否定的な団体意見もある。給付費はあくまでも発達支援の対価としての個別給付であり、３歳以上の未就学児には利用者負担の無償化制度はあるが、センター利用者の負担が増えることが危惧される。

(2) 質の高い発達支援の提供の推進

論点２　総合的な支援の推進と特定領域への支援の評価等

◉支援においては、5領域（「健康・生活」「運動・感覚」「認知・行動」「言語・コミュニケーション」「人間関係・社会性」）をすべて含めた総合的な支援を提供することを基本とすることになると思われる。支援プログラムにも5領域とのつながりを明確にすることが求められる。

◉児童指導員等加配加算は、専門職による支援の評価は専門的支援加算で評価するとともに、配置形態（常勤・非常勤等）や経験年数に応じた評価になる見込みである。

◉基本報酬は、支援時間による区分を設けることが検討されている。極めて短時間の支援は算定対象から原則除外するとともに、個別支援計画に定めた個々の利用者の支援時間に応じた評価が可能となるようにする。ただ、基本報酬に時間単価を導入することは、これまで専門性に特化して個別・短時間の支援提供を行ってきた事業所にとっては死活問題となる。給付費を確保するために、ニーズに基づかない支援の長時間化も危惧されることから、適正な利用ができるよう障害児相談支援が適切にアセスメントしていくことが求められるだろうし、そもそも別の基準を導入することも検討されるべきである。いずれにせよ、支援現場が混乱しないような制度設計が必要となろう。

論点3　関係機関との連携の強化

◉関係機関連携加算（I）の対象となる関係機関に、医療機関や児童相談所等を含めるとともに、個別支援計画作成時以外に情報連携を行った場合の評価が検討されている。

論点4　将来の自立等に向けた支援の充実

◉放課後等デイサービスにおいて、通所や帰宅の機会を利用して公共機関の利用などの支援を計画的に行った場合、または、高校生については学校や地域との連携のもと、学校卒業後の就労等を見据えた支援を行った場合の評価が検討されている。このように、学齢期支援としての放課後等デイサービスの多様な支援が促進されるようにするねらいがあると思われる。

(3)　支援ニーズの高い児への支援の充実

論点5　医療的ケア児・重症心身障害児への支援の充実

◉医療的ケア児や重症心身障害児への支援を促進するために、認定特定行為業務従事者による支援についての評価の見直しや、主として重症心身障害児を通わせる事業所についての評価の見直しが検討課題にあがっている。

◉医療的ケア児や重症心身障害児に、発達支援と合わせて入浴支援を行った場合や、送迎支援について医療濃度等も踏まえた評価が検討されている。

論点6　強度行動障害を有する児への支援の充実

◉強度行動障害児支援加算の見直しのほか、放課後等デイサービスにおいては、強度行動障害の状態がより強い児に対する支援や行動障害の予防的支援を行った場合の報酬や個別サポート加算（Ⅰ）の見直しが検討されている。

論点7　ケアニーズの高い児への支援の充実

◉著しく重度の障害児や、要支援・要保護児童、難聴児（人工内耳を装用児)、視覚・聴覚・言語機能に障害のある意思疎通支援児への評価を検討している。

論点8　継続的に学校に通学できない児童（不登校児童）への支援の充実

◉放課後等デイサービスにおいて、不登校児童に対して通常の発達支援に加えて、学校との連携のもと、学校への継続的な通学につながる具体的な支援を行った場合の評価を検討している。

(4) 家族支援の充実

論点9　家族への相談援助等の充実

◉家庭連携加算や事業所内相談支援加算については、オンラインによる家族支援の評価やきょうだいも相談援助等の対象であることの明確化、ペアレント・トレーニングなど子どもへのかかわり方等を学ぶことができる機会を提供した場合の評価などが検討されている。

論点10　預かりニーズへの対応

◉延長支援加算の見直しを行い、延長時間帯の職員配置については、安全確保の観点から2人以上の配置を求めるなどの運用の見直しを検討する。

(5) インクルージョンの推進

論点11　インクルージョンの推進

◉児童発達支援・放課後等デイサービスにおいて、併行通園や保育所等への移行等インクルージョン推進の取り組みを求めること（個別支援計画等に取り組み等を記載)、保育・教育等移行支援加算について、移行前の移行に向けた取り組みについても評価することを検討する。

(6) 保育所等訪問支援や居宅訪問型児童発達支援の充実

◉訪問支援時間に下限を設定することや、自己評価・保護者評価、訪問先評価の実施・公表を求めること、訪問支援員特別加算については当該職員による支援の実施を求めること、職種の異なる複数人のチームでの多職種連携による支援などについての評価を検討する。

◉医療的ケア児や重症心身障害児、強度行動障害を有する児童を含むケアニーズの高い児童への支援の評価、家族支援の評価を検討する。

2) まとめ

報酬改定の目的は、提供される支援の質と量に見合った適正な報酬（公定価格）を設定することにある。今後、普及を目指す事業の整備が促進されるよう、また、支援の質の向上に寄与できるようインセンティブを与えることもねらいである。したがって、報酬改定の論点は、充実や強化などの観点で整理される。しかし、障害児通所支援に係る経費は急増しており、報酬改定検討チームでは抑制的な発言も散見される。令和6年の報酬改定は、経営実態調査の結果をもとに障害者支援や医療、介護の報酬との整合性を図りつつ、メリハリのある基準になることが予測される。支援ニーズの高い児童や家族を積極的に受け入れ、かつ、質の高い支援を提供している事業所には適正な報酬が給付されるよう期待したい。

令和6年の報酬改定の目玉は、支援実態に応じた時間単価が導入されることであろう。短時間での支援を行っていた事業所にとっては、報酬の減額は死活問題である。経過措置が設けられるものと思われるが、事業所が立ち行かなくならないような設定にしてもらいたい。今後、高い報酬を得ようとして（事業者の利己的な理由）、子どもや保護者が望んでいない長時間支援が提供されるようなことがあってはならない。そのため、障害児相談支援がアセスメント力やコーディネート力等を向上させて、客観的に支給決定や利用にかかわれるようにすることや、自立支援協議会子ども部会等を通して事業所の支援内容を見える化する仕組み等を検討することが必要である。

5. こども家庭庁の発足と障害児施策の移管

1）こども家庭庁の発足

令和4年6月にこども基本法が成立し、既存の「少子化社会対策大綱」「子供・若者育成支援推進大綱」「子供の貧困対策に関する大綱」を一元化し、「こども大綱」が作成されることとされた。また、こども家庭庁設置法（令和4年法律第75号）に基づき、平成5年4月にこども家庭庁が創設され、障害児施策は厚生労働省から移管された。

こども家庭庁は、子育て支援施策の中で障害や発達に課題のあるこどもへの支援を所掌し、障害児の福祉の増進や保健の増進、（障害児福祉サービス、医療的ケア児の支援等）を担い、一方、厚生労働省は障害者の福祉の増進や保健の向上（障害者に対するサービス、障害者と障害児を一体として支援する施策等）を担うとされ、相互に連携し合って施策を進めていくこととなる。

図7　こども家庭庁の組織図概要

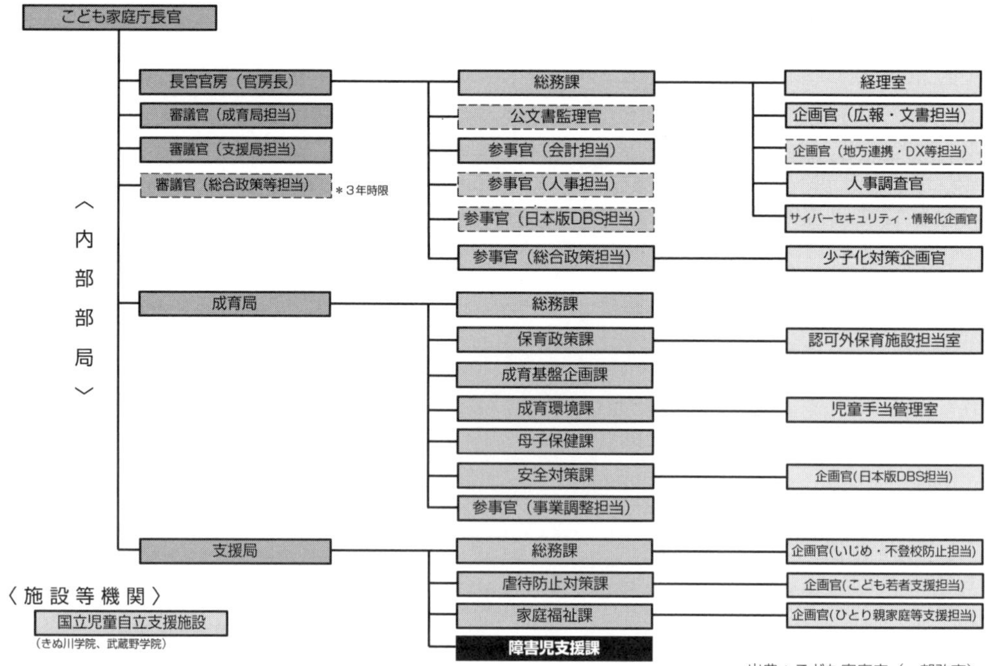

出典：こども家庭庁（一部改変）

2）こども家庭審議会における障害児を含む施策検討の場

令和4年度には、厚生労働省で児童福祉審議会「放課後児童対策に関する専門委員会」が開催され、その報告書には、放課後児童クラブにおける障害のある子どものインクルージョンの推進について記載された。このように、こども家庭庁の発足に向けて一般施策においてインクルージョン推進について議論されることが当たり前になった。

こども家庭審議会令（令和5年政令第127号）第6条第1項に基づき、こども家庭審議会に8つの部会（①基本政策部会、②幼児期までのこどもの育ち部会、③こどもの居場所部会、④科学技術部会、⑤社会的養育・家庭支援部会、⑥児童虐待防止対策部会、⑦障害児支援部会、⑧こどもの貧困対策・ひとり親家庭支援部会）が設置されている。

障害児支援部会はいうまでもなく、幼児期までのこどもの育ち部会やこどもの居場所部会にも障害児支援関係者が構成員として参加しており、障害のある子どもの視点が抜け落ちないようになっている。なお、こども家庭庁は積極的に子どもたちの声を聴き、施策に反映させようとしており、障害のある子ども本人も障害児支援部会やこどもの居場所部会が開催したこどもヒアリングの場に参加している。

3）障害児施策がこども家庭庁に移管されたことの意義

障害児施策がこども家庭庁の所管となったことで、障害児施策は子育て支援施策から分離することなく議論されていくことになり、障害のある子どもが同じ「子ども」として平等に扱われ、インクルージョンが推進されることが期待される。

障害児施策は、こども家庭庁支援局障害者支援課が所管しているが、支援局は、虐待防止対策課のほか、社会的養護やひとり親施策を含む家庭福祉課から構成されており、特に支援が必要な子どもをサポートする局となっている。被虐待児には障害や特性のある子どもが多く含まれていることがわかっており、連携して施策が進められることに大きな意義がある。

6．障害児通所支援の今後の方向性に対する期待

1）インクルーシブのさらなる推進への期待

障害児支援制度は平成24年の改正で、障害児は「小さな障害者」ではなく「子ども」として児童福祉法の枠組みに残った。しかし、厚生労働省内においては障害児施策は子育て支援担当部局とは異なっていたこともあり、子ども・子育て施策において障害のある子どものことについて検討されることはほとんどなかった。そのような中、令和5年4月にこども家庭庁が創設され、障害のある子どもが障害のない子どもと同じ舞台に立てたことは、インクルージョンを推進するうえで大きな意義がある。

こども家庭庁は、障害や発達に課題のあるこどもへの支援を子育て支援施策の中で所掌し、障害児の福祉や保健の増進を担うと説明している。これは、まさに、ソーシャル・インクルージョンの観点であり、障害のある子どもたちはインクルーシブな環境での育ち合いを優先される可能性がある。実際、こども家庭庁に設置されたこども家庭審議会の下部組織である「幼児期までのこどもの育ち部会」や「こどもの居場所部会」において、障害児支援関係者が構成員として選ばれ（一般社団法人全国児童発達支援協議会からも参画）、また、障害のある子ども本人がこどもヒアリングの場に参加し、意見を出している。

障害のある子どもとない子どもたちが、共に生活し、共に遊び、共に学ぶことは、子どもの当たり前の権利であり、障害児支援を提供するにあたっては、子どもの権利をいかに保障していくのかを考える必要がある。もちろん、子ども本人や保護者の意

向を無視してインクルージョンを進めることはあってはならないが、事業者の利益ではなく、子どもと家族の最善の利益を最優先に考慮していく姿勢が求められる。そのためには、インクルーシブな環境での育った子どもたちの将来像（おとなになった姿）や、一般子育て支援施設が障害児支援等から専門的な後方支援を受けながらインクルーシブな保育・教育を行っている好事例を広く周知していくことも重要である。

一方、インクルーシブな環境での保育・教育を優先しつつも、保護者が子どもの障害を受容できていない場合や、保育所等において合理的配慮が提供できない場合、インクルーシブな保育･教育において負の体験や誤学習をしてしまった場合､インクルーシブな保育・教育に適応するための準備として、刺激が少ない小集団での安全・安心な生活から始める必要性がある場合､同じような立場にあるピアの存在が自己の障害･特性理解や受容の促進につながるメリット等がある場合には、障害児通所支援の積極的な利用も検討されるべきである｡いずれにせよ､障害児通所支援を利用するにあたっては、一般子ども・子育て支援施策等との連携のもと、今以上にインクルージョンを意識した支援を提供することが重要である。

2）ガイドラインの改訂への期待

令和5年12月現在､ガイドラインは､児童発達支援ガイドラインと放課後等デイサービスガイドラインが策定されている。「障害児通所支援に関する検討会」報告書では、特に放課後等デイサービスガイドラインの改訂の必要性を示している。具体的には、①４つの役割〔本人支援・移行支援・家族支援・地域支援（地域連携）〕と、児童発達支援ガイドラインに掲載の本人への５領域（「健康・生活」「運動・感覚」「認知・行動」「言語・コミュニケーション」「人間関係・社会性」）の視点による総合的な支援を行うこと、②学童期・思春期の幅広い年齢層や心身の状態、関心の多様性についても対応できるよう発達段階に合わせたよりきめ細かな内容にすること、③上記視点とのつながりを明示した個別支援計画のフォーマットを示すことである。

さらに、児童発達支援においても、①将来の社会参加を促進する観点から、現在の行動上の課題やその行動の意味等にも着目してアセスメントを行い、それを踏まえて子どもが安心して過ごせるための環境調整や、自発的なコミュニケーションスキル等を身に付けるための支援の充実を図ること、②インクルージョンを推進する中で、子どもが児童発達支援と保育所等の双方を利用している場合、児童発達支援ガイドラインに基づく支援と保育指針等に基づく保育が、どのように関連するかを示していくこと、③児童発達支援事業所においても、子どもと家族の強みやニーズをトータルに把握し、児童発達支援センターや相談支援事業所と連携しながら、家族支援を進めることが必要であることなど、児童発達支援ガイドラインの改訂も提言されている。

令和3年の障害児通所支援の在り方に関する検討会報告書では、理学療法士などによる個別プログラムのみの支援や1時間程度の短時間支援が行われている実態を勘案し、「特定プログラム特化型」（仮称）が明記された。それを踏まえ、令和5年3月の障害児通所支援に関する検討会では、総合的な支援の提供を行いつつ、そのうえで子どもの状態に合わせた特定の領域に対する専門的な支援（理学療法、作業療法、言語療法等）を重点的に行う場合については、子どものアセスメントを踏まえて、相談支援事業所による障害児支援利用計画や障害児通所支援事業所による個別支援計画に位置付けて実施することとされたが、現行ガイドラインにはこれらの類型の内容等については明記されておらず、今後改訂されるガイドラインに盛り込まれることが予想される。

なお、これらのガイドラインは、保育所保育指針などのような大臣告示ではなく、都道府県等に対する技術的助言の扱いである。そのため、先述の検討会報告書では、児童発達支援や放課後等デイサービスの役割・支援内容等が適切に果たされるよう重要な事項については運営基準等に位置付けることも検討すべきとされた。

一方、保育所等訪問支援（手引きは発出）や居宅訪問型児童発達支援についてはガイドラインが策定されておらず、これらの事業についても今後ガイドラインの策定が予定されている。

ガイドラインや指定基準の改訂の最大の目的は支援の質を確保することであり、事業所はガイドラインなどに従い、自らの創意工夫によって質の向上に努める必要がある。これら事業所の取り組みを実効性のあるものにするためには、行政が実施する実地検査等においてガイドラインの活用状況を確認する仕組みなども検討されるべきである。

3）支援の質のさらなる向上への期待

障害児通所支援の職員は、保育士および／または児童指導員を基本としつつ、看護職員や理学療法士などの専門職を配置できるようになっている。子ども支援のベースを学んでいることを前提にしているが、障害児支援職員の養成カリキュラムはない。国は、障害児支援にあたる人材の育成を充実させることが急務であるとし、障害児支援と子育て支援両方の観点からの専門性を身に付けるために、子どもの権利、発達支援、家族支援、地域支援、虐待予防等の内容についての基礎、中堅、専門といった段階的な研修体系の構築や、キャリアアップの仕組みの構築を進めることが必要であるとしている。また、聴覚障害や視覚障害、重症心身障害や医療的ケア、強度行動障害等の支援ニーズの高い特定の障害のある子どもへの支援に関する専門的な研修の実施を進めていくことも重要である。市町村に整備される児童発達支援センターの拠点において、人材育成のための研修実施が期待されるが、体系化や研修カリキュラムの作成は、国が先導していくことが重要である。

国は、令和４年度に専門コース別研修「障害児支援」の標準カリキュラムを示し、国立障害者リハビリテーションセンターで全国指導者研修を行っている。障害児相談支援と児童発達支援管理責任者が合同で行う初めての研修となっており、両者の相互理解が深まり、支援の質の向上につながることが期待されている。なお、当該研修の開催は都道府県等が主体であるため取り組みにばらつきがあり、今後すべての都道府県で取り組まれることが望まれる。

一般社団法人全国児童発達支援協議会では、令和４年度厚生労働省障害者総合福祉推進事業の採択を受け、総合支援型と特定プログラム特化型の類型化のイメージ案の提示（指定課題19）や、人材育成の基礎研修カリキュラム案の提言（指定課題22）をしている。また、本協議会が出版している『発達支援学』は、発達支援に関する理論と実践について網羅的な学びに適しているので、ぜひ参考にしていただきたい。

表　専門コース別研修（障害児支援）標準カリキュラム

形　式	科目名	獲得目標	内　容	時　間
講　義	児童期における支援提供の基本姿勢	児童期における支援提供の基本姿勢および障害児支援の現状について理解する。	●障害児支援を含む児童期全般の現状と動向 ●障害児支援の基本理念と役割・機能（権利擁護、インクルージョン等を含める） ●児童発達支援ガイドラインおよび放課後等デイサービスガイドライン、保育所等訪問支援の手引き（概要および求められる基本姿勢について触れる）	1.5
講　義	児童期における支援提供のポイント	児童期における支援提供の特徴について理解する。	●児童期における支援に関する基本的視点 発達支援（狭義の発達支援と生活支援） 家族支援（子どもの成長発達と家族、保護者への支援、きょうだいや家族の存在） 地域連携（関係機関の把握と調整、役割分担） ●子どものライフステージと支援 乳幼児期、学童期、思春期、青年期各期の特徴と発達課題ライフステージにより移り変わる関係機関と移行期の支援（就園、就学、進級、進学、就職等） ●子どもの社会化・関係性の拡がりと支援における連携 友達の重要性 各ライフステージ毎の関係機関・関係者との連携(横の連携) ライフステージの移行や将来に向けた連携(縦の連携)	2.0
講　義 ・ 演　習	児童期における発達支援	発達支援の重要性について理解する。	●児童期におけるアセスメントの実際（年齢・生活・発達像に基づく課題の整理を含める） ●支援に関する計画の作成における発達支援の視点 ●発達支援の視点からのモニタリングの意義とポイント	1.5
講　義	児童期における相談支援の目指す方向性	児童期における相談支援専門員と児童発達管理責任者の関係について理解する。	●児童期における相談支援の特長と役割、基本的視点 ●児童期における相談支援の現状（障害児福祉計画と体制整備、セルフプランについてを含める） ●児童発達支援管理責任者の地域連携における役割と現状 ●相談支援専門員と児童発達支援管理責任者の連携（計画書や支援方針の共有を含めた協働のあり方や現状と課題等について触れる） ●児童期における支援会議（サービス担当者会議や個別支援会議等の機能、会議の進め方および留意点等について触れる）	1.5
演　習	児童期における相談支援の初期的な対応	相談支援専門員と児童発達支援管理責任者の連携、障害児支援利用計画と個別支援計画の関係性について理解する。	●児童期の相談支援のプロセスと障害児支援利用計画の作成・児童期における相談支援専門員と児童発達支援管理責任者の連携（チーム支援の必要性、情報・目的の共有と役割分担の重要性） ●相談支援専門員と児童発達支援管理責任者が実施する連携等のための会議（サービス担当者会議等の運営の基本） （※以上について、事例に基づく演習を実施する。）	2.0
演　習	児童期における支援提供プロセスの管理に関する演習	児童期における個別支援計画の策定や中間評価と計画の修正等による支援提供のプロセス管理、支援提供に係るマネジメントについて理解する。	●障害児通所支援等の支援提供プロセスと個別支援計画の作成 （※以上について、モニタリングまでを含めた一連の支援提供プロセスの管理について、事例に基づく演習を実施する。）	3.0
講　義	支援内容のチェックとマネジメントの実際	相談支援専門員及び児童発達管理責任者としての役割について、児童期における支援提供のプロセスに沿って研修の振り返りを行い、研修修了後の実践に向けた気づきを持つことができる。	●児童発達支援管理責任者および相談支援専門員の役割の再確認 ●児童発達支援管理責任者および相談支援専門員の自己評価 ●児童発達支援管理責任者と相談支援専門員、関係機関（自立支援協議会を含む）との連携に関する自己評価 ●今後の業務改善（チーム作りを含む）に向けたアクションプラン作成	1.5

計　13.0

参考資料

1. 障害児通所支援の在り方に関する検討会（～令和３年 10 月）
https://www.mhlw.go.jp/stf/newpage_19218.html

2. 障害児通所支援に関する検討会（～令和５年３月）
https://www.mhlw.go.jp/stf/newpage_27047.html

3. 令和６年障害福祉サービス等報酬改定検討チーム（～令和６年３月）
https://www.mhlw.go.jp/stf/shingi/other-syougai_446935_00001.html

4. こども家庭庁 こども家庭審議会
1）障害児支援部会（令和５年６月～）
https://www.cfa.go.jp/councils/shingikai/shougaiji_shien/
2）幼児期までのこどもの育ち部会（令和５年５月～）
https://www.cfa.go.jp/councils/shingikai/kodomo_sodachi/
3）こどもの居場所部会（令和５年５月～）
https://www.cfa.go.jp/councils/shingikai/kodomo_ibasho/

5. 厚生労働省 社会保障審議会 放課後児童対策に関する専門委員会(～令和5年3月)
https://www.mhlw.go.jp/stf/shingi/shingi-hosho_491253.html

6. 令和４年度厚生労働省障害者総合福祉推進事業
1）障害児通所支援の支援内容に関する調査研究
【報告書】https://www.mhlw.go.jp/content/12200000/001113441.pdf
【正誤表】https://www.mhlw.go.jp/content/12200000/001113443.pdf
2）障害児通所支援における支援の質の評価に係る調査研究
【報告書】https://www.mhlw.go.jp/content/12200000/001113512.pdf
【資料集】https://www.mhlw.go.jp/content/12200000/001113513.pdf

7. 『発達支援学：その理論と実践～育ちが気になる子の子育て支援体系～』
全国児童発達支援協議会（編集）協同医書出版社 2011

8. 『障害のある子を支える児童発達支援等実践事例集』
全国児童発達支援協議会（編集）中央法規出版 2017

9. 『障害のある子を支える放課後等デイサービス実践事例集』
全国児童発達支援協議会（編集）中央法規出版 2017

新版刊行にあたり

2020年は穏やかな天候の中で、誰もが希望や期待に胸を膨らませて始まりました。

我々の子どもやその家族のそれぞれの地域での育ち、暮らし、生活に寄り添い、支援をする発達支援事業も未だ途上とはいえ、確かな前進を遂げている昨今ではないでしょうか。

とりわけ、2012年にスタートした「児童発達支援」「放課後等デイサービス」「保育所等訪問支援事業」「障害児相談支援事業」の四事業はインクルーシブな地域生活の実現に不可欠な事業として関係者の大きな期待の下で始まったものでした。しかし、その現状は「放課後等デイサービス」に象徴されるように、発達支援施策というよりは保護者の就労支援施策の色合いが濃いものとなっています。

そうした問題意識を受けて、国は2019年度に「放課後等デイサービスの実態把握及び質に関する調査研究」を障害者総合福祉推進事業として実施しましたので、その成果を踏まえた迅速な見直し、修正が期待されています。

子どもたちは待ったなしの昼夜を過ごしていることを思う時、国の関係検討会や委員会での協議がこのところの新型コロナウイルス騒ぎでペースダウンしているのは気になります。また発達支援事業の更なる充実拡大を図るにも人財と財政の裏付けが不可欠ですが、コロナ対応での医療面、福祉面、経済面での支出が増大し、国の財政事情は今年度一般会計予算の200%超という驚異的な債務事態に陥ると言われています。このような国家的非常事態にあって子ども関連の財政要望がどこまで通るのか、下手をすれば今あるものまで削り取られるのではないかと危惧されます。

しかしながら、一般社団法人 全国児童発達支援協議会（CDS Japan）はこのような事態にあったとしても決して怯むこともなく、粛々と我々の掲げる「障害のある子どもも、障害のない子どもも、すべての子どもが共に健やかに育つ社会の実現」をMissionに、Passionをもってしなやかに、したたかに行動するのみです。こうした試練に満ちた時代であってみれば、希望を持ち続けること、諦めないことこそが今もっとも大事な姿勢ではないでしょうか。

「3密」回避と言われる時代、発達支援はその本質的特性として、その真逆のスタンスを取らざるを得ません。今こそ新しい視点での、新しい発達支援像が求められているのかもしれません。その意味ではCrisisはChanceであり、Changeを志向したChallengeの時とも言えます。

CDS Japanでは2015年に出版した『障害児通所支援ハンドブック』を、このたび大幅に見直し、修正をかけて新版を出しました。本書が発達支援に携わる多くの皆さんの新たなるチャレンジに役立つハンドブックとなることを願いつつ。

2020年6月吉日

一般社団法人 全国児童発達支援協議会
会 長　加藤正仁

もくじ

増補新版 障害児通所支援ハンドブック
児童発達支援　保育所等訪問支援　放課後等デイサービス

増補　今後の障害児支援の方向性

第Ⅰ部　総　説

第Ⅱ部　児童発達支援

A. 事業の概要

B. 事業の目的と重要性

C. 事業の進め方

第Ⅲ部　保育所等訪問支援

第Ⅳ部　放課後等デイサービス

A. 事業の概要

おことわり

1．使用する用語について

「障害」の表記について

「障害」を「障がい」や「障碍」と記載する文書が増えていますが、真に問題であるのは、「害」という漢字だけではなく、「しょうがい」という言葉そのものだと考えられています。また、「「障害」は社会との関係における「障害＝バリア」を表している」という考え方もあり、内閣府「障がい者制度改革推進会議」の「第二次意見」でも、当分の間、このままの表記で使用する旨記載されました。

本報告書では、「しょうがい」という言葉の根本的見直しが必要であるという観点から、すでに制度や団体の名称で用いられている表記以外は漢字のひらがなへの置き換えはせず、「障害」という用語をあえて使用します。

「発達支援」および「療育」について

報告書文中では、両語をほぼ同義に使用しています。つまり、「障害のある子ども（もしくはその可能性のある子ども）が地域で育つ時に生じる様々な問題を解決していく努力のすべて。障害のある子どもの育児への支援や、子どもの発達の基盤である家庭生活への支援も含む。」という概念で用いています。主には「発達支援」を用いますが、障害者基本法などでは「療育」という用語も用いられることから、事業名などで使用されている場合には「療育」という用語は残しています。

「発達障害」について

発達障害者支援法で定義された「自閉症、アスペルガー症候群その他の広汎性発達障害、学習障害、注意欠陥多動性障害その他これに類する脳機能の障害」として使用します。

「児童発達支援計画」「保育所等訪問支援計画」「放課後等デイサービス計画」の記載について

児童福祉法では、それぞれの事業の管理責任者が作成する「個別支援計画」について、見出しのような個別の名称が付けられています。しかし、その認知度は低く混乱している現状があります。成人を対象としたサービスでは「個別支援計画」に一元化されており認知度も高いため、本書では障害者総合支援法と統一して「個別支援計画」を使用することにします。

2．文章・表・グラフなどの略表記について

児童発達支援センター ⇒「センター」

医療型児童発達支援センター ⇒ 医療型「センター」

※ただし、児童発達支援センターを医療型児童発達支援センターと比較する場合には、（福祉型）「センター」と記述します。

児童発達支援事業 ⇒「事業」

第Ⅰ部

総　説

1．はじめに

障害児通所支援は、平成24年改正児童福祉法によって大きく改編され、「児童発達支援」「保育所等訪問支援」「放課後等デイサービス」などの新規事業が登場した。これらの事業は、同時に登場した「障害児相談支援事業」が作成する利用計画に基づいて提供される。

平成24年の児童福祉法改正は、障害の軽減を目指す医学モデルの支援から、障害のある子どもたちの地域での育ちと成人期の暮らしを見すえた生活モデルの支援への画期的な転換であり、ノーマライゼーション理念や国連ICFの理念（医学モデルから社会モデルへの転換）を具現化し、障害者の権利に関する条約（以下、障害者権利条約と略す）が提唱するインクルーシブ社会を目指す重要な改革であった。

第Ⅰ部では、各種事業のキーワードとなる「発達支援」を解説するとともに、障害児通所支援の理念的背景と目的などについて述べる。

2．発達支援の定義

1）療育から発達支援へ

発達支援を定義する時、わが国における障害のある子どもへの支援の歴史の中で用いられてきた「療育」の意味とその変遷を改めて考える必要がある。

かつて、日本最初の肢体不自由児施設である整肢療護園の創設に尽力された高木憲次東京大学名誉教授は、「肢体不自由児」の社会的自立をめざすチームアプローチを「療育」と名づけ、「現代の科学を総動員して不自由な肢体をできるだけ克服し、それによって幸いにも復活した肢体の能力そのものをできるだけ有効に活用させ、以って自活の途の立つように育成させること」と定義した。この時点では、「療育」は肢体不自由児の社会的・経済的自立を目指すチームアプローチを意味していたと考えられる。

その後、北九州市立総合療育センターの初代所長高松鶴吉氏は、「療育」の対象を障害のある子どもすべてに拡大するとともに、「注意深く特別に設定された特殊な子育て、育つ力を育てる努力」として、子どもの育ち全般への支援と育児支援の重要性を強調した。

その後、平成7年12月に知的障害、肢体不自由、難聴幼児の各通園施設の代表が集まった「三種別通園療育懇話会」が、支援の対象を障害が確定していない子どもたちにも広げ、対象児の能力改善のみならず、育児支援なども含んだ広い概念として「発達支援」を提唱し、通園施設を一元化して「発達支援センター」とし、20万人口あたり1か所を設置するという「発達支援センター構想」を発表した。その翌年の平成8年3月には中央児童福祉審議会も「障害児通園施設の在り方について」を提出して、障害児通園施設の「一本化」を意見具申している。このように、障害種別ごとの「専門性」による「障害の改善」という医学モデルの療育体系から、すべての障害を対象に保育機能＝育児支援を共通基盤にした生活モデルの施設体系への転換を目指す機運が生まれてきた。

「発達支援」という概念が公式に提示されたのは、「平成15・16年度厚生労働科学研究・障害保健福祉総合研究事業『障害児（者）の地域移行に関連させた身体障害・知的障害関係施設の機能の体系的なあり方に関する研究』」（主任研究者：岡田喜篤）の分担研究として実施された「障害児通園施設の機能統合に関する研究」（分担研究者：宮田広善）においてである。この研究報告では、障害児に対するチームアプローチによる治療教育的支援＝「療育」という従来の概念を、障害の確定されていない子どもにまで拡大して、育児支援や家族支援、障害があっても育ちやすく暮らしやすい地域の開拓＝地域支援までを包含した広い概念に発展させた。

2）発達支援の定義

発達支援は、「障害の軽減・改善」という従来の医学モデルの支援にとどまらず、地域・家庭での育ちや暮らしを支援する生活モデルの概念である。

全国児童発達支援協議会がまとめた「発達支援の指針（2016年改訂版）」によれば、発達支援とは「障害が確定した子どもへの（運動機能や検査上の知的能力の向上などの）障害改善への努力だけでなく、障害のある子ども（またはその可能性のある子ども）が地域で育つ時に生じるさまざまな課題を解決していく努力のすべてである。そのなかには、子どもの自尊心や主体性を育てながら発達上の課題を達成させ、成人期に豊かで充実した自分自身のための人生を送ることができる人の育成（狭義の発達支援）、障害のある子どもの育児や発達の基盤である家庭生活への支援（家族支援）、地域での健やかな育ちと成人期の豊かな生活を保障できる地域の変革（地域支援）が包含されている」と定義されている。

発達支援（狭義）の目標は、単に運動機能の向上や検査上に表される知的能力の向上にとどまらず、「育つうえでの自信や意欲」「発話だけに限定されないコミュニケーション能力の向上」「将来的な地域生活を念頭においた生活技術の向上」「自己決定、自己選択」なども射程に入れるべきであり、換言すれば「障害のある子どものエンパワメント」ということもできる。

なお、発達支援という用語は、発達障害者支援法においても記載されているが、その違いには注意を要する。発達障害者支援法における発達支援は、「自閉症、アスペルガー症候群その他の広汎性発達障害、学習障害、注意欠陥多動性障害などを対象とした、医療的、福祉的および教育的援助」とされており、本書で定義する発達支援の概念とは異なることを明記しておく。

3. 障害児通所支援登場の背景

1）平成 24 年児童福祉法改正の背景と目的

戦後長年にわたり福祉制度の基盤であった措置制度は、「弱者の救済」を国家の責任と位置づけて、障害福祉だけでなく児童、高齢者福祉などの社会福祉制度全般を発展させた。しかし、ノーマライゼーションの理念の浸透とともに、利用者と事業者の対等な関係が保障されないことが問題となり、加えて障害種別に分かれた施設体系の問題など、さまざまな問題が指摘されて、平成 12 年の社会福祉基礎構造改革につながった。

その結果、利用者が、事業者と対等な関係で契約を結びサービスを享受する「利用契約制度」がスタートした。障害者福祉では平成 15 年にはじめての利用契約制度であるいわゆる支援費制度が始まり、平成 18 年には障害者自立支援法（法律第 123 号：平成 17 年 11 月 7 日制定、平成 18 年 4 月施行）が施行された。しかし、障害児支援の領域には本格的な利用契約制度は導入されず、障害者自立支援法施行時に「3 年後の見直し」の課題の一つとして残された。そして、平成 20 年の「障害児支援の見直しに関する検討会」で議論されたのち、平成 24 年度の児童福祉法改正によってようやく利用契約制度として現行の制度が実施されることとなった。

このような利用契約制度への流れと並行して、障害者権利条約の批准に向けた法整備が進んだ。平成 23 年 7 月には障害者基本法が抜本改正され、障害の定義に自閉症等の発達障害が含まれるとともに、はじめて障害「児」を対象とした「療育」の条項が規定された。

私たちは、これらの法制度改革の流れを理解したうえで平成 24 年度の児童福祉法改正を理解する必要がある。障害児（発達支援を要する子ども）は、「身近な地域で、市町村の責任の下、一般の子育て施策で支援された上に、それぞれの障害や発達課題に対応した個別的で専門的な支援を受ける権利」を有し、国および地方公共団体はその環境を保障する義務を有するのである。

> **■障害者基本法「療育」**
>
> 第17条　国及び地方公共団体は、障害者である子どもが可能な限りその身近な場所において療育その他これに関連する支援を受けられるよう必要な施策を講じなければならない。
>
> 2　国及び地方公共団体は、療育に関し、研究、開発及び普及の促進、専門的知識又は技能を有する職員の育成その他の環境の整備を促進しなければならない。

2)「障害者の権利に関する条約」の批准と発達支援

わが国は、2014（平成26）年1月20日に障害者権利条約を批准した。2006年12月の国連採択から7年あまり、障害者基本法など多くの国内法の改正と障害者差別解消法などの新法の制定を経て、世界で140番目の批准国となった。

障害者権利条約は、一般原則として「障害者の尊厳、自律および自立の尊重、社会への完全かつ効果的な参加および包容など」、一般的義務として「合理的配慮の履行を含む障害を理由とする差別の禁止」を謳い、第7条に「障害のある児童の権利と自由」、第24条には「インクルーシブ教育」が記載されている。

障害者権利条約の目標は、障害のある人（子ども）の権利の保障と差別の禁止である。障害のある人や子どもには、障害を個人的努力によって「克服」するのではなく、障害があっても自由に幸福に育ち暮らすことを社会全体が保障する社会モデルの支援が約束されている。

障害者権利条約の批准によって、障害児支援施策は、「子どものアイデンティティの確立を基盤とした発達支援」「家族支援を前提とした育児への支援」「育ち・暮らしやすい地域を創る努力」が一層求められるようになった。

3)「児童の権利に関する条約」と発達支援

「児童の権利に関する条約」(以下、児童権利条約)は、1989年11月に国連で採択され、我が国は1990（平成2）年9月に署名、1994（平成6）年4月22日に批准、同年5月22日に発効した。

児童権利条約の第23条には、「締約国は、精神的又は身体的な障害を有する児童が、その尊厳を確保し、自立を促進し及び社会への積極的な参加を容易にする条件の下で十分かつ相応な生活を享受すべきである」と記載されており、障害児は地域社会への参加を前提として、教育、訓練、保健サービス、リハビリテーション・サービス、雇用のための準備及びレクリエーションの機会を享受できるものとしている（**図 1**）。

図1　障害児支援の考え方

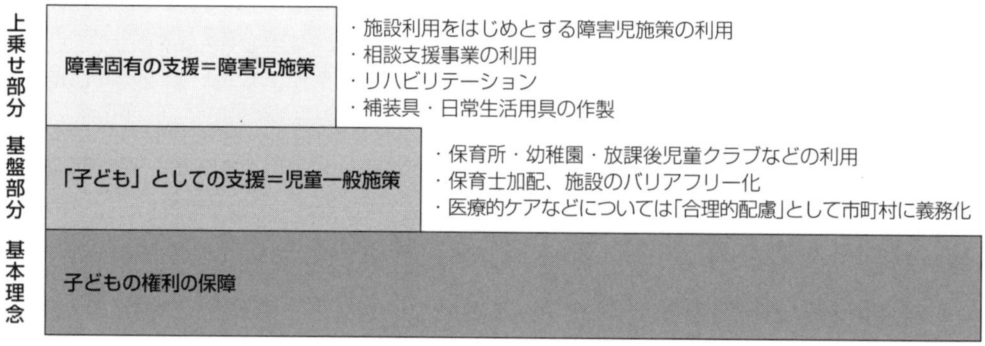

4）子ども・子育て支援制度と障害児支援

詳細は他書に譲るが、平成 27 年度からスタートした子ども・子育て支援制度（以下、新制度）における障害児の位置づけを児童権利条約に則って考察すれば、障害児は新制度によって「子ども」として支援されたうえに、障害特性に応じたさまざまな支援を提供される権利をもつ。つまり、保育所、普通学校、（放課後は）放課後児童クラブなどの一般児童施策の利用を前提として、障害児通所支援、放課後等デイサービス等の利用が図られるべきである。障害児施設は、これら一般の児童施策への支援を、保育所等訪問支援事業などをツールとして「後方支援」の立場を担うことになる。

平成 26 年 7 月 26 日に発出された「障害児支援の在り方に関する検討会報告書」では、障害児支援の基本理念として「地域社会への参加・包容（インクルージョン）の推進と合理的配慮」「障害児の地域社会への参加・包容を子育て支援において推進するための後方支援としての専門的役割の発揮」「障害児本人の最善の利益の保障」「家族支援の重視」を掲げており、障害児施設は保育所等の一般児童施策の「後方支援機能」として、障害のある子どもの地域社会へのインクルージョンを支援するよう求められている。そのような一般児童施策と障害児支援施策の連携･協働の要となるのは、新制度では利用者支援事業であり、障害児施策では障害児相談支援事業である（**図 2**）。

また、このような地域連携システムにおいて、児童発達支援センターは地域における障害児支援の中核として、医療、保健、福祉、行政などと協力して障害児とその家族を支援する要になることを求められている（**図 3**）。

図2　子ども・子育て支援制度と障害児施策

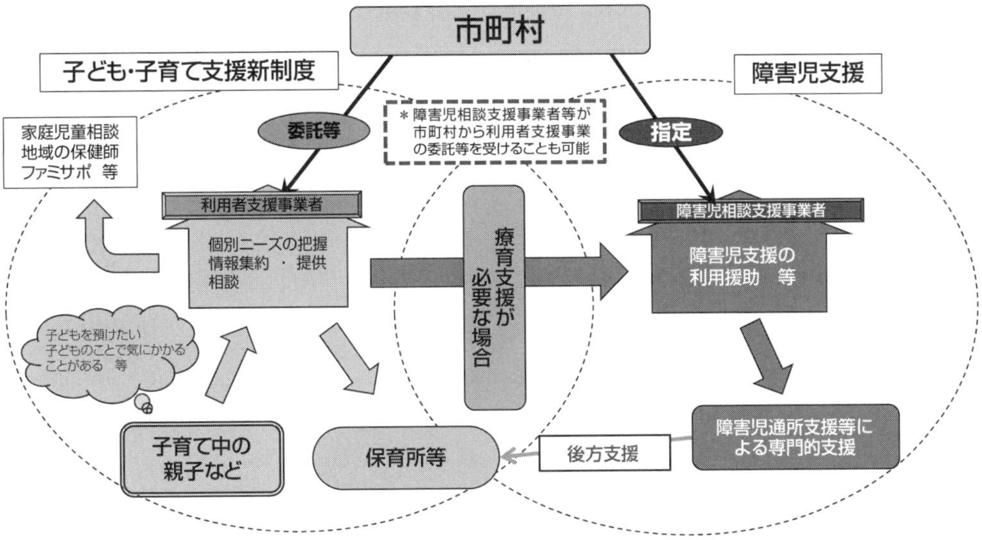

「障害児の在り方検討会報告書」

図3　障害児の地域支援体制の整備の方向性のイメージ

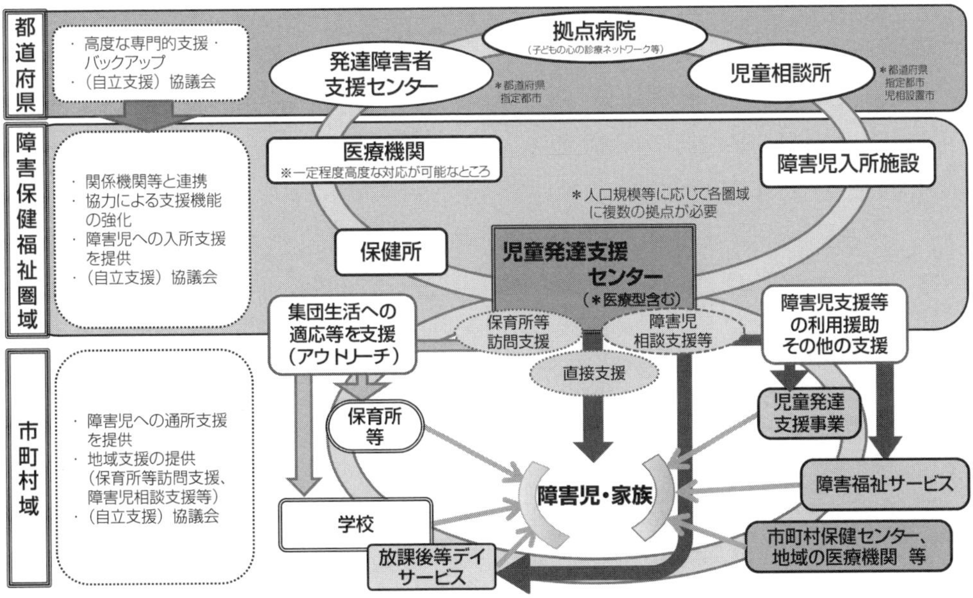

障害保健福祉主管課長会議資料　平成23年6月10日

4. 障害児通所支援３事業の意義と原則

1） 平成24年度に開始された障害児通所支援の意義

①児童発達支援

本事業は、厚生労働省障害部局として初めて、「障害」や「～不自由」という名称が冠せられない事業として登場した。よって、事務処理要領には障害の確定診断や障害者手帳がなくても利用できるとされている。

「障害児施設の一元化」が目指した目標は、前述したように「専門的支援による障害の軽減」という医学モデルの支援から「育ちの支援（保育・育児支援を基盤とした専門性の提供）」という生活モデルの支援への転換である。

厚生労働省から「児童発達支援ガイドライン（平成29年）」が発出されている。巻末資料を参照されたい。

②保育所等訪問支援

本事業の目標は「地域連携・地域変革」である。障害のある子どもたちが、地域社会に包含されて健やかに育つために、施設の専門機能を保育所等に提供して、地域における発達支援機能を開拓、育成する。基本的立場は、障害のある子どもが施設に通わなくても施設の専門性を享受しつつ地域で健やかに育つことができる地域の創生であり、「地域の施設化」ではなく「施設の地域化」でなければならない。

③放課後等デイサービス

本事業の目標は「発達支援の継続的提供」と「（放課後の時間を利用した）成人期への準備」である。

学齢期は福祉的支援が途絶しやすく、従来から幼児期から成人期への福祉的支援の継続が課題であった。本事業の開始によってライフステージをまたぐ福祉的支援の継続が可能になった。

発達支援の観点からは、学齢期の子どもは授業の積み重ねによってアカデミックスキルを発達させ「勤勉性」や「有能感」を積み上げる。しかし、アカデミックスキルだけでは人は生きていけない。人が地域社会で暮らしていくためには、ソーシャルスキルやライフスキル[1]が必要であり、学齢期の子どもたちはこれらのスキルを放課後や休み時間に子ども同士の関係の中で培う（**図4**）。放課後は子どもの発達にとっては非常に重要な時間である。しかし、障害のある子どもは大人と過ごすことが多く、また地域から離れた特別支援学校に通っていることも多いため放課後活動にも支援が必要になる。本事業はこのような背景と目的をもって創設された。

厚生労働省から「放課後等デイサービスガイドライン（平成27年）」が発出されている。**資料編**を参照されたい。

図4　学齢期における生活力の育成

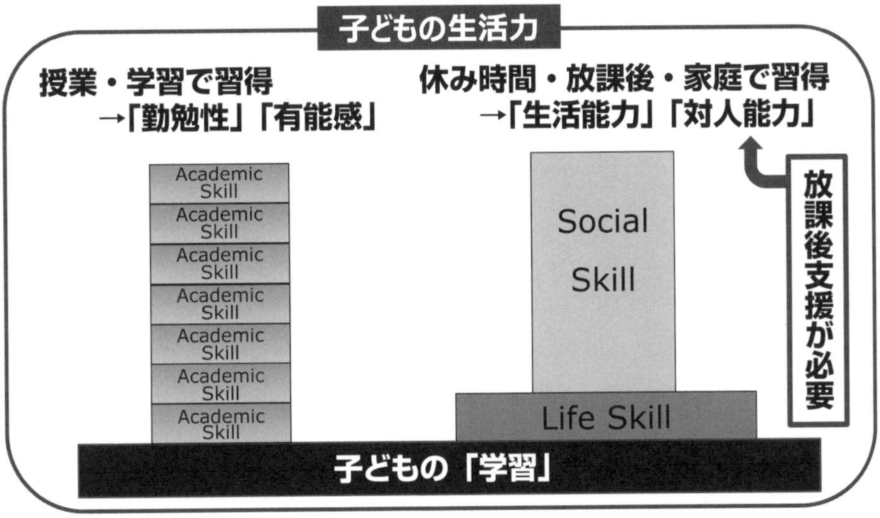

2）障害児通所支援の一般原則

児童福祉法に基づく指定通所支援の事業等の人員、設備及び運営に関する基準（平成24年厚生労働省令第15号）の第3条には、通所支援を提供するにあたって以下のような一般原則が提示されている。事業展開にあたって留意が必要である。

❶適切で効果的な支援の提供：保護者と障害児の意向、適性、障害特性等をふまえた個別支援計画を作成し、計画に基づく支援の提供、効果の評価を行わなければならない

1）世界保健機関（WHO）は「日常のさまざまな問題や要求に対し、より建設的かつ効果的に対処するために必要な能力」と定義している。WHOはライフスキルの最も重要な項目として、①意思決定能力　②問題解決能力　③創造的思考　④批判的思考　⑤効果的なコミュニケーション能力　⑥対人関係の構築と維持能力　⑦自己認識　⑧共感する能力　⑨感情を制御する能力　⑩緊張とストレスに対処する能力――をあげている。

❷**障害児の立場に立った支援**：障害児の意思や人格を尊重し、常に障害児の立場に立った支援の提供に努めなければならない

❸**地域と家庭と連携した運営**：地域や家庭との結びつきを重視し、行政、障害福祉サービス事業者、児童福祉施設その他の保健医療等との連携に努めなければならない

❹**人権の擁護、虐待の防止等**：障害児の人権の擁護、虐待の防止等のため、責任者設置等必要な体制整備を行い、従業者に対し研修を実施する等努めなければならない

5. 家族支援の重要性

1）幸せな障害児は幸せな家庭で育つ

子どもはまず家族の中で育つ。人が生活する技術を身につけたり、社会で生きていく自信をもったり、幸せを実感したりする場面はまず家庭である。家族が幸せであり、家庭の機能が保たれていることこそ、発達支援の基盤である。幸せでない家庭で、障害のある本人だけが幸せになれることはない。自立していく力が育てられることもない。発達支援を行ううえで、子どもに最も大きな影響を与える環境である家庭への支援は欠かせない。しかし、現代の家族では「家族機能」が脆弱化していると言われる。親の失業や離婚、介護問題、きょうだいの問題（不登校など）など家族を取り巻く状況はきびしい。福祉行政や労働行政との協働関係を構築しつつ対応しなければ、障害のある子どもの生育環境は保障できない。

障害のあるもしくはその可能性のある子どもの子育ては、子ども自身が親の子育て能力を引き出すことが困難であり、加えて多動、コミュニケーションの困難さ、医療的ケアの実施など、日常的な育児負担が大きいためさらに家族機能が損なわれる危険性がある。育児相談だけでなく、ペアレントトレーニングなどの育児機能を強化する支援も不可欠である。

家族支援の内容は、障害の気づきから告知後の障害受容へのサポート、子どもの発達の理解の促進や具体的な情報提供、他の保護者との出会いの場の提供、先輩保護者からの子育て情報など多岐にわたる。また、各種の手帳の取得や特別児童扶養手当の申請についての情報提供、生活用具の申請などさまざまな福祉サービスの利用援助なども必要である。こういったさまざまな支援が織りなされることによって、家庭は子どもが発達し、健全に育つために適切な環境となっていく。

2）親の障害受容のプロセスと支援

脳性麻痺・重症心身障害・難聴・知的障害・発達障害などの障害の状況によって、初期支援の開始年齢も対応も異なる。

胎児エコーで脳奇形に気づかれる場合もあり、最近では出生前遺伝子検査で障害が発見されたり、出生早期に診断を告知されたりする場合もある。難聴の場合は、新生児聴覚スクリーニングや健診で乳幼児早期に診断・発達支援がスタートすることが多い。一方、知的障害は１～３歳頃に他児との発達の違いに保護者が気づき、障害の状況が明確になる前から支援がスタートすることが多い。自閉症等の発達障害の場合は気づかれにくく３～４歳頃またはそれ以後に集団の中で気づかれ、保護者の障害理解を促す支援が重要なこともある。

いずれの場合も共通しているのは、「気づきの段階」は保護者・家族が子どもの発達に対する心配・困り感・疑問が生じるとともに、他児との違いを感じ始め、子育ての困難さによるストレスとともに不安や焦燥が大きくなる時期だということである。そして、子どもの障害が明確になると、多くの場合「健康な子ども像」「期待していた家族像」を喪失することとなり、落胆、否定、罪悪感、悲嘆などの強い精神的ストレスを受けることとなる。

親・家族の障害受容に関して、ドローターは「先天奇形を持つ子どもの誕生に対する親の正常な反応」で、「ショック・否認・悲しみと怒り・適応・再起のプロセスを経る」としている。これらの感情は正常反応であるが、一方、「誕生の時は、ショックだけではなく愛情やかわいさを感じることも少なくない」「一連の感情は子どもの成長過程での節目で繰り返される」「常時さまざまな感情が交錯する」とも言われている。こうしたプロセスを理解しておくことは、家族への支援を考えるうえで重要である。

支援者は、保護者に寄り添い、これらの感情を非難することなくあたり前のこととして受け止め、気づきの段階から、診断、受容のプロセスにおいて継続的な支援をすることが望まれる。

具体的には、心理担当職員、クラス担任保育士、看護師などによる保護者との個別のカウンセリングにより、保護者の感情を受け止めていくことや、保護者グループで互いにありのままの感情を出し認め合うこと、時には理学療法などの場面でも保護者の話を傾聴することも支援の一つである。

このような支援により保護者は、子どもの発達状況・予後などを含めた診断や障害名を受け止め、家族それぞれの人生観・価値観の見直しと再構築とともに、「かけがえのないわが子」として子育てを再スタートするだろう。

3）保護者への情報提供と育児支援

前述の障害の受容の過程への支援とともに、具体的な子育て支援も重要である。

たとえば､脳性麻痺の乳児の「抱き方」を例にとってみる。姿勢が安定せずどうやっても泣きやまない子どもの抱き方のコツを支援者が伝え、保護者が上手に抱いて子どもが泣きやむことができると「私が抱いてあやすことで、この子が穏やかになる」という子育ての自信や安心感へつながる。自閉症児の場合「子どもがかわいいと思えない」と言っていた保護者が、具体的な遊びの提供で「もう１回やってと言って、目を合わせて私のほうに来るんです」とうれしそうに話されることもよくある。

遊びや生活にかかわる具体的な支援とともに、保護者が子育てにおいて努力していることを見つけてフィードバックし、子育てのねぎらいのことばを伝えることも重要である。

子育てに自信をもつことで子育てへの意欲が高まり、保護者のエンパワメントにつながる。また、体罰などについては、その行動が不適切であることを伝えると同時に、適切な子育ての方法を伝えて指導を重ねるなかで、保護者の努力をねぎらう場面をもつことも重要である。しかし、児童相談所への通告も含め、他機関との連携で支援を進めることが必要な場合もある。

保護者研修会などでは、発達・運動・健康づくり・コミュニケーションなどについての講義、子どもに関する福祉サービスについての情報提供、就学にかかわる情報提供などを行うことで、より子どもの発達の理解や把握につながることもある。保護者の自主活動、たとえば、地域の子育て資源の調査、特別支援学校や成人施設の見学など、企画から実施までを応援することで、お互いの交流が図れ、仲間づくりにつながることも多い。

また、ライフサイクルからみた家族を考えてみると、乳幼児期にはさまざまな重要なできごとが起こる。障害の発見と告知、子育てや家族のライフプランの変更、保育所などの集団への参加、就学にかかわる判断など、家族が重大な決定を下さなければならないイベントを矢継ぎ早にこなさざるを得ない時期である。保護者に対する精神的な支えとともに、家族の価値観に沿った対応、子育てに関する情報提供や具体的支援、将来に向けたさまざまな選択肢の提示などが重要となる。

4）家族支援の対象

発達支援を行う場合、子どもと主たる養育者だけでなく、きょうだい、養育者の配偶者、祖父母を含む家族を常に視野に入れておく必要がある。

主たる養育者（多くは母親）は子育てにかかわる時間が多く、子どもの困り感を実感する機会も多い。また、他の子どもと接する場面も多く、医療機関や発達支援場面においても支援者からの情報が入るため、夫婦などの間での情報量のギャップ、子どものとらえ方の違い、育て方の方向性の違いなどが生じやすい。また、障害のある子どもへ育児の比重や気遣いが多くなり、きょうだいに関してはかかわりが少なくなることが多い。祖父母が具体的な育児支援をしている場合もあるが、世代間ギャップのため祖父母の障害理解が困難で両親の精神的な負担をくみとれていない場合には、逆に子育ての困難度が増すこともある。

具体的な家族支援は個別に行うこともあるが、家族参観日などで夫婦や祖父母が支援の場面に参加することで子どもへの理解を深めてもらうこともできる。父親の会などでさまざまな活動を通して交流を図り、時には、先輩保護者からの話を聞くなど活発に活動している事業所もある。きょうだいについては、保護者にかかわりの重要性を伝えるとともに、行事などの際に、「きょうだい班」をつくってきょうだいで同士の活動を楽しみながら交流を深めたり、きょうだいの気持ちを語る場面を設定して紹介し合ったり、きょうだいならではのプログラムをもつ施設もある。(**第Ⅱ部 児童発達支援** C. 事業の進め方 参照)

5) 要保護児童と家族支援

平成30年度に全国の児童相談所で対応した児童虐待相談数は159,850件に及ぶ。令和元年度に全国児童発達支援協議会が実施した調査では、社会的養護の必要な(虐待もしくは不適切な養育の可能性のある)児童に関する項目において、社会的養護が必要と回答された児童は、有効回答309か所、総児童数14,554名中325名であり、

Q&A「虐待が疑われる時の対応」

Q **子どもの体に傷があり虐待が疑われます。どう対応したらよいでしょうか?**

A いつ、誰が、どのように支援するのかを判断し、加えて、緊急度を判断しなければなりません。事業所の中に対応チームをつくっておくことも重要です。まず、現状の把握のため、傷の写真を撮るとともに、保護者に状況の確認を行い記録しておきます。場合によっては医療機関の受診を勧め、傷の状況を客観的に把握します。

虐待が疑われる場合は、児童相談所への通告が必要です。しかし、通告いかんにかかわらず、緊急対応が必要な場合を除くと、その後の育児支援が重要となります。家族の生活状況、通園時の視診や子どもの精神状態などの把握をしながら、保護者の困り感に寄り添って、不適切な育児に対するアドバイス・具体的な育児支援を行いながら、発達支援を行うことが重要となります。

Q&A 「DVに関する相談を受けた時の対応」

Q **通園している子どものお母さんから、「夫からのDV（家庭内暴力）」について相談を受けました。どう対応したらよいでしょうか？**

A DVに関しては、見守りから一時保護を要する場合までさまざまな状況が考えられます。
お母さんの訴えを十分に聞き、家族の経済状況、頼りになる親族の有無、家族の健康状況、メンタルヘルスなどの基本情報を確認します。見守り以上の強い対応が必要と判断された場合には、配偶者暴力相談支援センターなどの相談機関の紹介とともに、児童相談所、保健センター（保健師、精神保健相談員など）、役所の担当課などと支援に向けた連携会議を行い、子どもとお母さんの保護に係る協議をすることになります。時にシェルターなど一時保護が必要な場合もあり、外部に一切情報を漏らさないことも重要です。

全体の2.2%となっている。平成29年度の1.4%から大幅に増加しており、各事業所において「虐待への対応と予防」に配慮した対応がさらに求められている状況がうかがわれた。児童虐待のリスク因子として子どもの先天異常や精神発達遅滞などが指摘されており、近年、発達障害においてとくにその頻度は高くなったと言われているため、今後一層の配慮が必要と考える。

また、事業所内での対応とともに、児童相談所・保健センターなど地域機関との積極的な連携により、家族を支援する必要がある。

6. 障害児通所支援と障害児相談支援事業

1） 障害児相談支援事業創設の意味

「障害児相談支援事業」は、平成24年の児童福祉法改正に伴い、「児童発達支援」「保育所等訪問支援」「放課後等デイサービス」などの障害児通所支援事業とともに登場した。障害児通所支援は、障害児相談支援事業によってコーディネートされて、相談の受け付けから子どもの評価、障害児支援利用計画の作成、サービス提供者への引き継ぎ、サービス利用後のモニタリングなどにより継続的にフォローされることになった。

我が国の社会福祉（児童福祉、高齢者福祉、障害福祉）は、二十一世紀に入り、「官・事業所優位」と批判されながら50年以上も続いた措置制度の時代から、「利用契約制度」の時代に移行した（社会福祉基礎構造改革）。利用契約制度は、サービスの利用者がサービスの提供者と対等な立場でサービスを享受できる制度であり、インクルージョンの時代における社会（生活）モデルの支援のための重要な制度基盤である。この改革により、児童福祉では平成 9 年に保育所の選択利用制度、高齢者福祉では平成 12 年に公的介護保険制度がスタートし、障害者福祉では平成 15 年に「支援費制度（後に、障害者自立支援法、障害者総合支援法）」がスタートした。また、障害児福祉においては「平成 24 年改正児童福祉法」により本格的に実施されることになった。

インクルージョンの時代における障害福祉にとって利用契約制度は必須かつ重要な制度基盤である。しかし、障害のある当事者やその家族の中で、自らの障害や置かれた環境を客観的に評価し適切なサービスを組み合わせて、自ら希望する生活を設計できる人は限られている。サービス利用者の立場に立って事業所との契約とサービスの適切な利用を支援できる仕組みがなければ、措置制度における「事業者優位の仕組み」と同様の状態になってしまう危険がある。

そこで、日常的な相談にのり、障害の状況を判断し、地域生活支援や育児への支援のために必要なサービスを組み合わせて提案する「武器」となる手法が必要になる。それこそが障害児・者ケアマネジメントであり、ケアマネジメント手法を具体化する事業が「障害児・者相談支援事業」である。

図5　社会モデルの支援における相談支援事業の立場

●社会モデルの支援の目標
⇒ インクルージョン
●社会モデルの支援の制度基盤
⇒ 利用契約制度
（利用者と事業者が対等な立場で契約し利用する制度）
しかし！　利用者は客観的自己評価はできず、
制度・サービスについての情報や知識もない
●利用契約制度推進の武器
＝ 相談支援事業（障害児・者ケアマネジメント）

2）障害児相談支援事業と障害児通所支援

障害児相談支援は、障害者自立支援法（現・障害者総合支援法）の改正に伴う「特定相談支援（計画相談）」の登場に合わせる形で創設された。

障害児相談支援は、児童福祉法に規定する障害児通所支援（児童発達支援、放課後等デイサービス、保育所等訪問支援）の支給決定の際に必要となる「障害児支援利用計画案」を作成し、支給決定後の「障害児支援利用計画」の確定、一定期間毎の「モニタリング（継続障害児支援利用援助）」を行う事業である。なお、障害児入所支援に対する利用援助は未だ児童相談所の役割であり、短期入所や居宅介護などの障害者総合支援法に基づくサービスの利用については「指定特定相談支援（計画相談）」が適用される。

障害児相談支援は、障害児支援利用計画作成にかかる業務を行うものであるが、障害児通所支援の利用相談から始まることは稀である。「育てにくい」「発達が気になる」など、子育ての不安から相談が始まることが多く、本来の障害児通所支援につなげるまで密に親子に関わることが多い。そのため、計画案の作成だけでなく、保護者との信頼関係をもち、保護者の不安に寄り添っていることが多い。

合わせて、児童期の支援は市町村保健センターや医療機関、保育所や学校などの関係機関の数が多くかつ短いサイクルで関わりが変化するため丁寧な連携が不可欠になるが、障害児相談支援事業所がその連携の要を担っていることも多い。

地域における障害児支援の要となる児童発達支援センターは、個別支援会議などを通じて、もう一方の要となる障害児相談支援事業所と深くかかわり連携することにより、子ども達により良い発達支援を提供し、家族を支援し、地域を変革していくことが必要である。

3）障害児相談支援事業所と保育所等訪問支援事業所との関係

障害児通所支援の中でも保育所等訪問支援は、障害児福祉関係事業所だけでなく教育機関、児童福祉機関など多くの機関との連携が必要であり、かつ障害児等療育支援事業や巡回支援専門員整備事業などの同様の目的を持った事業との調整が必要になる。このような調整を実施する中心となるのが障害児相談支援事業である。よって、障害児相談支援事業と保育所等訪問支援との関係を整理しておくことにする。

保育所等訪問支援を利用する場合には受給者証の取得が必要となるため、利用の必要性の有無を含めたアセスメントを実施していかなければならないが、現在厚生労働省が示している支給決定の流れでは、支援の必要性を判断するのは相談支援事業所だけである。しかし、相談支援事業所の判断に計画の多くの部分を委ねてしまうと、保育所等訪問事業所の見解が反映されにくくなることも懸念される。

そこで**図6**のような相互の連携を重視したプロセスを提案したい。この流れにすれば、厚生労働省が示す流れを変えることなく、保育所等訪問を実施するにあたって相談支援事業所と保育所等訪問事業所が協力しながら同時に動くことができ、必要性の有無に関して協議することもできる。加えて、他の事業（障害児等療育支援事業など）の利用についての協議もでき、支援の実施方法をより多角的に考えることもできるようになる。

保育所等訪問は、事業所と契約して支援が開始されるまでには、訪問先との連絡調整や個別支援計画の作成などに多くの手続きや時間が必要であり、準備段階で保護者のモチベーションが低下してしまうこともある。今回示した修正案では、障害児支援利用計画案作成までにアセスメントを相談支援事業所と保育所等訪問事業所が連携を図りながら行え、双方が実施するアセスメント後に事前連絡会議も開催できるので、支援の実施の必要性の有無も判断できる。また、契約後のアセスメント作業にかかる時間も短縮でき、支援開始までの期間も短くなることが期待できる。

図6　担当者間の連絡調整会議を重視した計画相談の提案

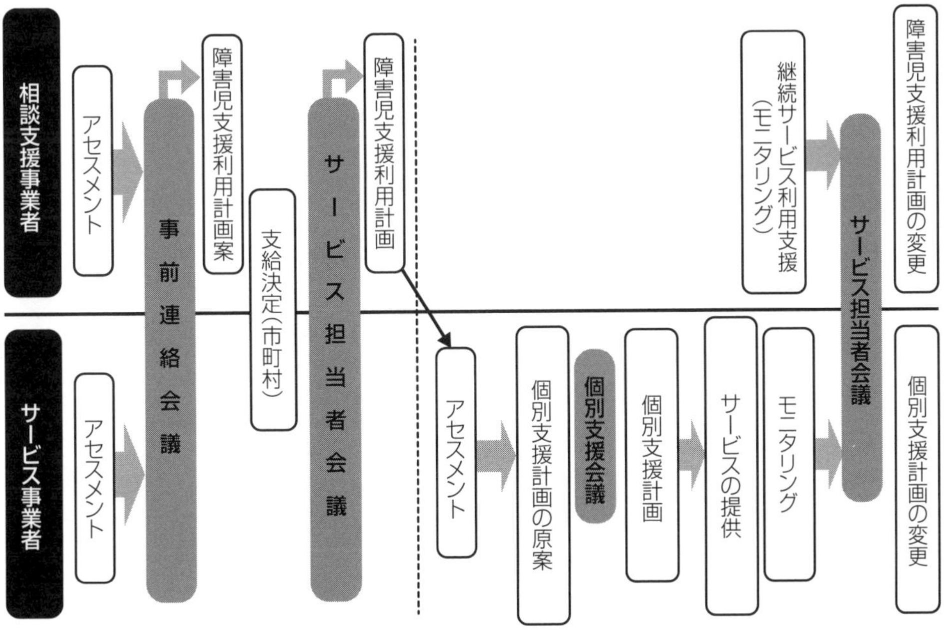

全国児童発達支援協議会（CDS Japan）について

一般社団法人 全国児童発達支援協議会（CDS Japan）は、障害種別にかかわらず、すべての子どもの発達支援・家族支援・地域連携をmissionとした全国の集まりです。

地域で子どもの発達支援や家族支援に深くかかわり、確かな信頼と評価を得ながらそのノウハウを蓄積してきた発達支援の通所施設と事業所が集まり、子どもの幸せを願う思いを、技術を、力を結集させ、活動しております。

地域で暮らす支援を必要とする子どもとその家族への支援施策が一層の充実、拡大、発展するために取り組みます。そして、支援が必要な子どもたちを通じて、あらゆる子どもたちが幸せに成長・生活できる社会の実現が私たちの願いです。

一般社団法人 全国児童発達支援協議会

URL http://www.cdsjapan.jp/ E-mail office@cdsjapan.jp

第Ⅱ部

児童発達支援

A. 事業の概要

1. 児童発達支援の概要

1） 障害児通園施設の一元化＝児童発達支援センターと児童発達支援事業の登場

①障害児通園施設一元化の歴史

障害児通園施設の歴史は、障害のある子どもたちの「機能改善」や「社会参加」に対する親の願いの歴史である。

入所施設から始まった障害児への支援は、就学猶予・免除を受けた学齢期の在宅障害児たちの発達支援や日中活動場所の確保という親たちの願いを受けて障害児通園施設へと発展した。まず、昭和32年に知的障害児通園施設が設置され、昭和38年から肢体不自由児（入所）施設に通園部門が設置されて昭和44年に肢体不自由児通園施設として制度化された。そして、昭和50年に就学前の難聴児のための難聴幼児通園施設が設置されて障害児通園施設体系が完成した。

その後、昭和54年の「養護学校義務制」によって就学猶予・免除されていた障害児の就学が可能となり、障害児通園施設の主な支援対象は乳幼児になった。この時期に乳幼児健康診査の制度も確立し、「（障害の）早期発見、早期療育」の流れの中で障害児通園施設の開設が進み、「早期からの発達支援の場」としての立場が確立した。

しかし、従来から通園施設には、「障害種別に分かれており障害が違えば身近に他の障害の施設があっても利用できない」「利用には『障害確定』が必要で『気になる段階』からの支援ができない」「発達の基盤となる家族・家庭を支援する制度をもっていない」などの問題が指摘されていた。

とくに、障害児通園施設が障害別に分かれている点については、中央児童福祉審議会障害福祉部会が平成8年3月、通園施設の統合＝機能の一本化を骨子とした「障害児の通園施設の在り方について」を意見具申し、どんな障害も受け入れられ重複した障害にも対応できる専門性の高い障害児通園施設となるように求めている。また同時期（平成7年12月）に知的障害、肢体不自由、難聴の三種別の通園施設の代表が集まった「三種別通園療育懇話会」も、障害児通園施設の機能統合の必要性を訴えて「発達支援センター構想」を発表している。

このように、平成 24 年改正児童福祉法により障害児通園施設の一元化が達成される 20 年近く前から、障害種別ごとに分けられた障害児支援の限界性と問題点に対して改革が求められていた。

②「生活モデルの発達支援」に向けた一元化

「障害児施設の一元化」は、平成 22 年 12 月に国会を通過し平成 24 年 4 月から施行された改正児童福祉法により現実のものとなった。一元化によって障害種別や設置の地域格差などによって利用しにくかった通園施設の利用促進が図られるとともに、子どもの育ちと育児を基盤にしたより専門的かつ広範な支援が提供できるようになった。障害別に分かれていた障害児通園施設の児童発達支援センターへの一元化は、地域での育ちを支援し、（成人期における）地域での暮らしを準備する生活モデルの障害児支援の幕開けにほかならない。

その立場性は名称にも表れている。「児童発達支援センター（事業）」という名称は、厚生労働省障害部局の事業としてはじめて「障害」や「～不自由」「通園・通所」などの語句が使用されていない施設名称であり、事務処理要領にも障害の確定や手帳の所持を利用要件としない旨が書かれている。児童発達支援センター（事業）はまさしく、身近な地域で利用できる、障害の種別を問わない、さらに障害の有無すら問わない、発達支援が必要な子どもすべてを対象にした新時代の事業である。

では、生活モデルの発達支援とは何か。

子どもたちが育つ過程で出合う社会的困難は障害種別ごとにあらわれるわけではな

表1　医学モデルと生活モデル

	医学モデル	生活モデル※
障害の原因	病気･外傷などの健康状態から直接的に生じる	不適切な社会環境
責任の帰属	個人	社会全体の共同責任
対処の方法	障害の改善・個人の努力／専門職の訓練による改善	完全参加に向けた社会的行動
目標・課題	医療技術の向上による障害の克服	「人権」を基盤にした社会の変革

（注）「モデル」＝概念、認識、考え方
※一般的な文献では「社会モデル」と記載されることが多いが、本書では子どもの支援という観点から「生活モデル」と記述する。

い。発達障害の子どもも脳性麻痺の子どもも、6歳になれば就学で悩み、18歳になれば卒業後の進路や地域生活に悩む。障害を社会のバリアによる暮らしにくさと捉え、障害に対する支援を受けつつ、家族や地域社会から認められ豊かな地域生活を主人公として送ることができる力を育成するのが生活モデルの発達支援である。生活モデルの発達支援のためには、障害種別ごとの専門的な支援の前提として「life skill（日常のさまざまな問題や要求に対し、より建設的かつ効果的に対処するために必要な能力)」を育てる支援が乳幼児期から成人に至るまで一貫して提供されなければならない。知的障害や肢体不自由などそれぞれの障害に特有の課題については、個別に立案される支援計画の中で対応するべきであり、医療的ケアやリハビリテーションなどの医療機能が必要なら施設や行政の努力で準備し（診療所の設置や特別支援加算[1)]の利用など)、施設で確保できなければ医療機関などへの協力依頼などによって確保する（医療連携体制加算[2)]の利用など）必要がある。

加えて「親同士のつながり」についても、これまで障害種別で分かれた通園施設への入園や「(障害別に分かれた）養護学校」への就学によって分断されていたが、障害児施設の一元化や特別支援教育体制の整備によって統合されたため、障害種別を越えて協力して「年齢ごとに共通してあらわれる社会的障壁」に立ち向かうことが期待できるようになった。

③「生活モデルの発達支援」における医療専門職の役割

従来の通園施設（とくに肢体不自由児通園施設）では、多くの「医療専門職」がそれぞれの専門性に基づいて子どもを評価し、医師は医師の、理学療法士、作業療法士や言語聴覚士はセラピストとしての「専門性」を提供してきた。それぞれの職員の「専門性」は重要であり、子どもの障害の個別性に対応できる発達支援の中で重要な役割

1） 指定基準に定める機能訓練担当職員を配置している事業所において、通所支援計画をふまえ、自立生活に必要な日常生活動作、運動機能等に係る訓練や心理指導に係る特別支援計画を作成し、訓練等を行った場合に、当該訓練等を受けた障害児につき、1日あたりの所定単位数を加算する。加算の対象となる職種の範囲としては、児童福祉施設等の最低基準等で規定している理学療法士、作業療法士、言語聴覚士または心理指導担当職員とする。

2） 医療的なケアを要する者に対し、医療機関または訪問看護ステーションとの契約に基づく連携により、当該医療機関または当該訪問看護ステーションから看護職員の訪問を受けて提供される看護への加算。看護職員が直接看護の提供をせずに介護職員等のたんの吸引等に係る指導のみを行った場合や、研修を受けた介護職員等が看護職員の指導のもとでたんの吸引等を実施した場合についても評価される。

を果たしてきた。

しかし、「専門職による支援」には「子どもをどのように育てていくのか」という共通した理念や人間観がなければならない。子どものさまざまな障害とそれに対する専門的技術（スペシャリズム）は、それだけが追求され、それだけが独り歩きする時、「自己満足」や「子どもや親不在の営み」に変貌してしまう。「スペシャリズム」は、常に「ジェネラリズム（社会や人間を普遍的にとらえる力、そうしようとする努力）」という強い接着剤でつながれている必要がある。つまり、「子どもをどんな人間に育てていきたいのか」「人間にとって何が幸せなのか」「子どもたちが幸せになれる社会とは」など、社会の中で育ち、社会的存在として生きていく子どもたちを育てる者としての共通の認識や理念をもつ必要がある。

かつて言われたような「早期療育による障害の軽減」については確実なエビデンスは示されておらず、逆に「早期療育が提唱される以前の脳性麻痺の歩行獲得率と現在のそれとは有意差がない」という研究報告（北原ら;平成 11 ～ 13 年度厚生科学研究）もある。中枢神経の損傷が不可逆であり早期の訓練によっても障害の軽減が期待どおりにもたらされないなら、児童発達支援における発達支援は、障害がありながらも育っていく子どもの育ちと暮らしに結びつく生活モデルでなければならない。それは、「指導・訓練・管理」ではなく「育児を支援すること」から始まる発達支援であり、訓練室という特殊な環境で子どもたちが得た「活動のイメージ」を、保育場面などを通してしっかり日常の暮らしにつなげていく発達支援である。そして、乳幼児期から成人期まで継続した援助の提供を通して、成人期の自立を阻害するさまざまな問題の解決を、乳幼児期にかかわる職員が理解し解決策を幼児期から準備する支援でなければならない。

④育児支援の必要性と重要性

障害児とくに脳性麻痺児を対象とした「早期発見・早期療育」の重要性が叫ばれ始めて 40 年余りになる。その間、乳幼児健康診査は充実し、早期療育を担う通園施設も各地でつくられてきた。支援の対象も、当初の脳性麻痺児から知的障害児、自閉症児等の発達障害児、さらには障害が確定していない子どもにも拡大されて現在に至っている。

しかし、子どもに障害があった時に最初に困るのは「育てにくさ」であり、親子関係や社会性の問題などの将来の問題はここから生じてくることを考慮すれば、「早期からの発達支援」は「早期訓練」として進められるのではなく「早期育児支援」として開始される必要がある。

⑤発達支援の目標

「できない部分」をできるようにして自信を育てていくことは重要である。しかし、この部分だけが最優先されるところにこれまでの「療育」の問題があったといえる。発達支援は、「マイナスをゼロにしようとする（できないことをできるようにする）」だけの努力から解き放たれ、子どもたちのできる部分を伸ばし、それを認めながら「育つ意欲」を育て「暮らす楽しさ」を提供し、成人期の豊かな生活につなげていく努力に変わらなければならない。

30年以上も前からリハビリテーションの領域では、「ADL（日常生活活動能力）からQOL（生活や人生の質）へ」というスローガンが謳われている。WHOの「国際障害分類」は2001年に「国際生活機能分類」に変り、障害の軽減と社会参加を障害児・者個人に求める立場から、障害児・者の社会参加や活動を社会の責任としてとらえる障害観に変化してきている。その結果、障害のある人の「自立」のとらえ方も大きく変わった。21世紀の障害児支援の目標は、どんなに重い障害をもっていても、日常的に機器の力を借り他人の助けを受けたとしても、自分の人生の方向を自分で選んで「主人公」として生きていける「障害者」を育てることである。

ここで、社会で自信をもって自分自身が選んだ人生を送ることができる（これが「自立」である）ために必要な能力とは何かを考えてみる。私たちがこれまで重要だと信じてきた「歩く」「しゃべる」「読み・書き・計算」は（大切ではあるが）必須条件ではない。車椅子でも自立した生活を送っている人は数限りなく存在するし、しゃべることができなくても豊かなコミュニケーションの世界をもっている人がいる。「読み・書き・計算」も同様で、計算できることと買い物ができることは別の能力であるし、書字障害や生育環境のために字が書けなかったけれども立派な仕事を成し遂げた人も少なくない。

子どもたちが社会で自立して生きていくためにまず必要な要素の一つめは、「育ちや暮らしへの意欲」「『自分が愛されている』という安心感」「『自分が認められている』という自信」である。

二つめは、「（ことばだけでない）コミュニケーションする力」である。重い障害のあるためにことばがなくとも、子どもたちは視線や表情、筋肉のちょっとした動きなどでたくさんのことを訴えている。自閉症児のパニックも、彼らにとっては何かを訴えようとする意思表示だ。支援者は、ことばだけにこだわるのではなく、乳幼児期からこのような訴えを敏感に読みとって理解しながら育てていく必要がある。

そして、三つめは「（買い物ができる、身だしなみに気をつかえる、周りの人と『折り合い』をつけられるなどの）生活する技術」である。これまで、私たち発達支援に携わる者や教育者は、目の前の発達課題や学習課題の積み重ねが生活につながると信じてきたが、前述したように「計算ができても買い物ができない（逆に、計算ができない就学前の子どもでもお使いはできる）」などの事実から、地域で暮らしていくには「生活技術 social skill」や「生活技術を駆使しそれを楽しめる能力 life skill」を育てる必要がある。

そして最後に、「自分で決めて、自分で選ぶ力」はどんなに重い障害があっても乳幼児童期から育てられる必要がある。自分で選ぶ力が育てられていない人たちは、親や他人が決めた人生を歩まなければならない。「決めること」は難しくても、「選ぶこと」は小さい頃からの努力で（どんなに知的な遅れが重くても）可能になるはずである。そして、「選ぶこと」の結果が「決めること」につながる。

発達支援にかかわる職員は上記の事実を理解し、目前の「機能」や「能力」にとらわれることなく、子どもの生活力の向上や将来の自立的生活に必要な能力の育成をさまざまな職種の協働作業を通してそれぞれの能力を発揮し提供していく姿勢が必要である。この点については、肢体不自由児や重症心身障害児の発達支援を主要課題とされた医療型児童発達支援センターも居宅訪問型児童発達支援（後述）も同様である。

2）児童発達支援の法的位置づけ

児童発達支援は、平成 24 年 4 月の児童福祉法の改正により「障害児通所支援」に位置づけられ、旧「障害児通園施設」と旧「児童デイサービス」および旧「重症心身障害児（者）通園事業」（おもに就学前の児童を対象とするもの）が統合された事業であり、未就学児童に対して障害者基本法第 17 条に規定する「療育」を行う。なお、就学児童に対して行われる旧「児童デイサービス」は「放課後等デイサービス」として独立した（**図 1**）。

図1　障害児通園施設の一元化と居宅訪問型児童発達支援の創設

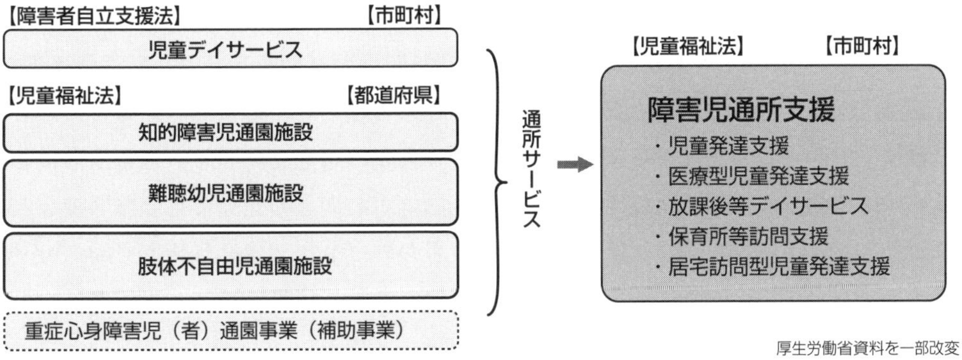

厚生労働省資料を一部改変

従来の「障害児通園施設」は「センター」に、小規模かつ職員配置基準が緩やかな「児童デイサービス」や「重症心身障害児（者）通園事業」の幼児部分は「事業所」になり、ともに社会福祉法における「第二種社会福祉事業」として位置づけられたが、両者の目的は以前と同様である。

児童発達支援は前述した支援を行うが、医療型児童発達支援または指定医療機関（独立行政法人国立病院機構もしくは独立行政法人国立精神・神経医療研究センターの設置する医療機関のうち厚生労働大臣が指定するもの）は、肢体不自由児を対象として機能訓練等を行うこととされている。

なお、「センター」は同法第43条に規定する児童福祉施設であり、児童福祉施設の設備および運営に関する基準（最低基準）に基づいて都道府県等が定める基準に関する条例を遵守しなければならない。対象となる児童の障害種別については法律上規定されていないが、「センター」にあっては、従来の障害種別の通園施設の基準を踏襲し指定を受ける際に対象とする主たる障害種別を掲げることが求められている。

法律上、児童発達支援には年齢要件に関する規定はないが、同じ障害児通所支援である「放課後等デイサービス」が就学児を対象とすることが規定されていることから、「センター」や「事業所」の対象は就学前児とするのが適切であろう（就学児を受け入れる場合は、その割合によって報酬単位が下がることに留意）。

児童発達支援の対象児童は、「身体に障害」「知的障害」「精神に障害（発達障害を含む）」「難病」のある児童であり（児童福祉法第4条第2項）、医学的診断の有無や身体障害者手帳や療育手帳の所持は問わず、「気づきの段階」からの支援が可能である（厚生労働省社会・援護局障害保健福祉部長通知 障発0330第14号 平成24年3月30日）。

就学前の支援は、安心・安全な環境の中で、安定した生活習慣の積み重ねと遊びを通した発達の促進など、基本的には保育を基盤とする発達の土台づくりが目標となる。集団支援と個別支援を組み合わせて効果的な支援を行うことが基本であるが、利用者や地域事情、事業所のコンセプトなどにより、毎日通園・間隔を空けた通園、母子通園・単独通園、併行通園などさまざまな形態が可能である。

なお、平成30年4月より施行となった居宅訪問型児童発達支援は、児童発達支援、医療型児童発達支援または放課後等デイサービスを受けるために外出することが著しく困難な重度障害のある児童を対象に、当該障害児の居宅を訪問し、日常生活における基本的な動作の指導、知識技能の付与、生活能力の向上のために必要な訓練などを提供する。現在、実施施設・対象児童は少ないものの（令和元年6月時点で約30か所、67人が対象）、在宅の障害児の発達支援の機会の確保、訪問支援から通所支援への移行を推進するものとして期待されている（44ページ参照）。

■児童福祉法（一部要約）

第６条の２の２　この法律で、障害児通所支援とは、児童発達支援、医療型児童発達支援、放課後等デイサービス、居宅訪問型児童発達支援及び保育所等訪問支援をいい、障害児通所支援事業とは、障害児通所支援を行う事業をいう。

○２　この法律で、児童発達支援とは、障害児につき、児童発達支援センターその他の厚生労働省令で定める施設に通わせ、日常生活における基本的な動作の指導、知識技能の付与、集団生活への適応訓練その他の厚生労働省令で定める便宜を供与することをいう。

○３　この法律で、医療型児童発達支援とは、上肢、下肢または体幹の機能の障害のある児童につき、医療型児童発達支援センターまたは独立行政法人国立病院機構もしくは独立行政法人国立精神・神経医療研究センターの設置する医療機関であって厚生労働大臣が指定するもの（「指定医療機関」という。）に通わせ、児童発達支援および治療を行うことをいう。

○５　この法律で、居宅訪問型児童発達支援とは、重度の障害の状態その他これに準ずるものとして厚生労働省令で定める状態にある障害児であって、児童発達支援、医療型児童発達支援又は放課後等デイサービスを受けるために外出することが著しく困難なものにつき、当該障害児の居宅を訪問し、日常生活における基本的な動作の指導、知識技能の付与、生活能力の向上のために必要な訓練その他の 厚生労働省令で定める便宜を供与することをいう。

■児童福祉法施行規則（一部要約）

第１条　児童福祉法第６条の２第２項に規定する厚生労働省令で定める施設は、法第 43 条に規定する児童発達支援センターその他の次条に定める便宜の供与を適切に行うことができる施設とする。

第１条の２　法第６条の２第２項に規定する厚生労働省令で定める便宜は、日常生活における基本的な動作の指導、知識技能の付与および集団生活への適応訓練の実施とする。

2. 指定基準

1）児童発達支援管理責任者の業務と役割

児童発達支援管理責任者の業務は、❶個別支援計画のプロセス管理、❷支援の質の管理、❸関係機関との連携、❹相談・援助とされている。以下に詳細を述べる。

❶「アセスメント→ニーズ・課題の整理→計画原案の作成→計画確定のための会議の開催→保護者・本人への計画説明→支援の質の管理→モニタリング（評価）→計画の見直し」という発達支援における一連のプロセス管理である。指定基準で

は、個別支援計画の作成にかかる業務を行うとされているが、実際にはこのプロセスを一人で行うのではなく、担当者がまず作成した計画素案をもとに児童発達支援管理責任者が中心となってチームで原案をつくりあげることが重要である。

❷事業所における支援の質を向上させるため、支援スタッフに対する日々の技術的指導（OJT）のほか、内部研修の企画や外部研修派遣などを行う。もちろん、児童発達支援管理責任者自身も常に発達支援の技術を探究し質の向上に努めることが求められる。

❸相談支援専門員との連絡調整や障害児支援利用計画とのすり合わせが重要になる。その他、保育所などの関係機関との連携、小学校への移行支援の中心的な役割を担う。

❹指定基準上、児童発達支援管理責任者にのみ課されている責務である。障害児相談支援には基本相談がないため、その代わりに保護者などからの日々の相談に応ずることを想定したものと考えられる。

このように児童発達支援管理責任者の主な業務は、直接支援に携わることではなく、支援の質の管理および支援の周辺にある連携や相談などを行うことである。

なお、平成29年度から児童発達支援管理責任者になるための要件が変更され、子ども支援や障害者支援の経験が重視されるようになった。具体的には、実務経験に児童福祉施設での支援や児童福祉に係る事業の従事期間が算入できるようになるとともに、3年以上の児童または障害者への支援経験が必須となった。

2）人員基準

表2　児童発達支援の人員基準

職　種	児童発達支援センター	医療型児童発達支援センター	児童発達支援センター以外で行う場合	居宅訪問型児童発達支援
管理者（注1）	1人	1人	1人	1人
医師・薬剤師等	–	診療所として必要とされる数	–	
嘱託医（注2）	1人以上	–	–	
看護職員	–	1人以上	–	
理学療法士または作業療法士	–	1人以上	–	
児童指導員および保育士	障害児数を4で除して得た数以上 ・児童指導員1人以上 ・保育士1人以上	・児童指導員1人以上 ・保育士1人以上		

職　種	児童発達支援センター	医療型児童発達支援センター	児童発達支援センター以外で行う場合	居宅訪問型児童発達支援
児童指導員、保育士または障害福祉サービス経験者	―	―	・障害児が10人までは2人以上 ・10人を超えて5またはその端数を増すごとに1人以上を追加 ・半数以上が児童指導員または保育士	
訪問支援員	―	―	―	・訪問支援を行うために必要な数 ・障害児について、介護、訓練等を行う業務その他の業務に3年以上従事した理学療法士、作業療法士、言語聴覚士、看護職員、保育士、児童指導員、心理指導担当職員
栄養士（注3）	1人以上	―	―	
調理員（注3）	1人以上	―	―	
その他必要な職員	・機能訓練を行う場合は必要（注4） ・難聴対象の場合は言語聴覚士4人以上	言語訓練等を行う場合は必要	機能訓練を行う場合は必要（注5）	
児童発達支援管理責任者	1人以上	1人以上	1人以上	1人以上

（注１）常勤で、原則として管理業務に従事するもの（管理業務に支障がない場合は兼務可）
（注２）主たる対象の障害が知的障害の場合は、精神科または小児科、難聴の場合は、耳鼻咽喉科の診療に相当の経験を有する者
（注３）40 人以下の施設にあっては栄養士を、調理業務の全部を委託する施設にあっては調理員をおかないことができる
（注４）配置した場合は児童指導員および保育士の総数に充てることができる
（注５）配置した場合は児童指導員、保育士または障害福祉サービス経験者の総数に充てることができる

（主たる障害が重症心身障害の場合）

職　種	児童発達支援センターで行う場合	児童発達支援センター以外で行う事業として実施する場合
嘱託医	1人以上	1人以上
看護職員	1人以上	1人以上
児童指導員または保育士	障害児数を4で除して得た数以上 ・児童指導員1人以上 ・保育士1人以上	1人以上
機能訓練担当職員	1人以上（注6）	1人以上
栄養士（注7）	1人以上	−
調理員（注7）	1人以上	−
児童発達支援管理責任者	1人以上	1人以上

（注 6）配置した場合は児童指導員および保育士の総数に充てることができる
（注 7）40 人以下の施設にあっては栄養士を、調理業務の全部を委託する施設にあっては調理員をおかないことができる

Q&A「児童発達支援管理責任者の兼務」

Q **児童発達支援管理責任者は他の業務と兼務してもよいのでしょうか？**

A 児童発達支援管理責任者は、指定児童発達支援事業所ごとにおくこととされています。１人以上は専任かつ常勤でなければならないとされており、「児童発達支援管理責任者専任加算」も設定されています。専任でなければならない理由は、児童発達支援管理責任者が、通所支援計画の作成および提供した指定通所支援の客観的な評価のほか、子どもおよびその家族の相談・援助、従業者への指導助言、関係機関との連携などの重要な役割を担う者であるため、これらの業務の客観性を担保する観点から、直接支援の提供を行う指導員などとは異なる者でなければならないからです。支援の評価や従業者への指導助言を行う目的で支援に加わることは可能ですが、児童発達支援管理者としての職務が何よりも優先されるべきです。なお、管理者との兼務は可能ですが（「センター」の場合は専任加算ができません）、児童発達支援管理責任者は管理者と従業者をつなぐ重要な役割もあるため、できるだけ兼務は避けたいところです。その他、多機能型事業所の他事業の児童発達支援管理責任者またはサービス管理責任者と兼務することは要件を満たせば可能とされています。この場合、定員等一体的に運営している場合には、児童発達支援管理責任者専任加算を算定することが可能です。

3）設備基準

児童発達支援の設備基準は**表３**のとおりである。

表3　児童発達支援の設備基準

	児童発達支援センター	医療型児童発達支援センター	児童発達支援事業	居宅訪問型児童発達支援
指導訓練室	・定員：概ね10人 ・障害児1人あたりの床面積：2.47㎡以上 ※主たる対象者が難聴および重症心身障害児の場合は、定員および床面積の要件を適用しない	・医療法上に規定する診療所として必要とされる設備 ・訓練室、屋外訓練場、相談室および調理室 ・浴室および便所の手すりなど身体の機能の不自由を助ける設備 ・階段の傾斜を緩やかにすること	・指導訓練室、支援の提供に必要な設備および備品を備えること ・指導訓練室は、訓練に必要な機械器具を備えること	・事業の運営を行うために必要な広さを有する専用の区画を設けるほか、支援の提供に必要な設備及び備品等を備えること（利用申込みの受付、相談等に対応するに適切なスペースを確保） ・設備及び備品等は、専ら当該指定居宅訪問型児童発達支援の事業の用に供するものでなければならない。ただし、障害児の支援に支障がない場合は、この限りでない
遊戯室	・障害児1人あたりの床面積：1.65㎡以上 ※主たる対象者が難聴および重症心身障害児の場合は、定員および床面積の要件を適用しない			
その他	・屋外遊戯場（センターの付近にある屋外遊戯場に代わるべき場所を含む）、医務室、相談室、調理室、便所、その他、支援の提供に必要な設備および備品等を備えること ※ただし、主たる対象とする障害を知的障害とする場合には、静養室を、主たる対象とする障害を難聴とする場合には、聴力検査室を設けること			

3.「児童発達支援ガイドライン」の策定（平成29年7月）

平成26年に厚生労働省内で開催された「障害児支援の在り方に関する検討会」の

報告書で、障害児支援においてはこれまで保育所保育指針のような支援の質を担保するための指針が存在しておらず、早急に障害児通所支援のガイドラインを策定する必要があるという意見が出された（平成26年7月)。それに基づき、平成27年4月に「放課後等デイサービスガイドライン」が、続いて平成29年7月に「児童発達支援ガイドライン」が策定された（**資料編** 参照)。

児童発達支援ガイドラインでは、「児童発達支援」をあらためて「本人支援」「家族支援」「地域支援」の三つの視点で整理したことに加え、ソーシャルインクルージョンの推進、具体的には、保育所等の一般施策への移行や並行利用を促進するため、「本人支援」に新たに「移行支援」が加わった。支援にあたっては、保育所保育指針の「養護」のねらいや内容が示され、具体的には、健康や発育の確保のための保健的で安全な環境の提供、生理的欲求を満たすこと、信頼関係に基づく応答的な関わりや主体性・自発性、自信の醸成などが不可欠であり、さらに、「生活」と「遊び」を重視し、「環境」を通した支援を心がけることなどが明記された。このように、障害のあるなしにかかわらず、子どもが成長・発達するうえで共通する大切な視点が提示されたことの意味は大きい。

児童発達支援においては保育所保育指針だけでなく、幼稚園教育要領、特別支援学校幼稚部教育要領、幼保連携型認定こども園教育・保育要領のねらいと内容を理解しておく必要性が示されている。本ガイドラインでは、本人支援について、「保健・生活」「運動・感覚」「認知・行動」「言語・コミュニケーション」「人間関係」の5領域に分け、それぞれのねらいや内容が詳細に提示され、加えて、障害種別ごとの合理的配慮事項も掲載された。これらの発達的視点はアセスメントや個別支援計画作成を行うにあたって非常に参考になるものである。

ガイドラインでは、支援にあたって、個別支援計画に基づきPDCAサイクルで支援を展開するのはもちろん、「生活の流れ（タイムテーブル)」や「活動プログラム（発達支援プログラムや指導案と呼ばれ、活動毎、日・週・月・季節・年間毎に作成される)」の作成およびそれらに沿った支援の重要性にも言及している。その他、障害児相談支援事業所との協働や関係機関との連携のほか、事業所として遵守すべき倫理や衛生・安全対策も詳細に示されている。放課後等デイサービスと同様に、職員による自己評価および保護者等による評価表が添付されており、最終的に事業所が自己評価を行い、公表することも義務付けられた。課題の改善を通して支援の質の向上が期待されている。

B. 事業の目的と重要性

1. 児童発達支援に求められる機能と役割

1）児童発達支援センターおよび児童発達支援事業について

児童発達支援センター（以下、「センター」と略す）とその小規模型である児童発達支援事業所（以下、「事業所」と略す）は、発達支援を要する子どもたちに対して、子どもの時期にしかできない子どもらしい活動を通じて子ども自身の自尊心や自己アイデンティティを育てると同時に、育てにくさを感じる保護者に対して子育て支援を行う事業である。つまり、医学モデルの「治療＝治す・改善させること」だけではなく、生活モデルの「それぞれの子どもの生きる力・育つ力を応援し、あたり前の育ち・暮らしを支援すること」をも重要な目的とする事業である。したがって児童発達支援の共通項は「子育て支援」であり、生活・遊びを主体とする「保育」を基盤として、それぞれの障害特性に応じた専門的支援を提供することが重要である。当然、身近な地域での支援が重要であり、各市町村においてはその規模にかかわらず児童発達支援を行う事業所を設置する必要がある。

児童発達支援における支援内容は、規模にかかわらず（「センター」でも「事業所」でも）同様になされるべきであり、発達支援の基盤は保育である。

人員基準や設備基準で明確に規定される「センター」には、児童発達支援ガイドラインにおいて、「地域の中核的な支援機関として、保育所等訪問支援や障害児相談支援、地域生活支援事業における巡回支援専門員整備や障害児等療育支援事業等を実施することにより、地域の保育所等に対し、専門的な知識・技術に基づく支援を行うよう努めなければならない」とされている。また、児童発達支援、とくに「センター」が提供するべき地域支援の内容として、「連携・ネットワークの中核機関としての役割」「保育所等訪問支援」「障害児等療育支援事業」などを実施するよう明記されている（**第Ⅰ部 図3**-17ページ）。

加えて「センター」には、地域における障害児支援にかかわる人材の育成や事業者間連携、啓発活動などにおけるリーダーシップも求められている。

2）居宅訪問型児童発達支援について

平成 28 年 5 月 25 日、「障害者の日常生活及び社会生活を総合的に支援するための法律及び児童福祉法の一部を改正する法律案」が可決・成立し、家庭訪問による発達支援を目的とした「居宅訪問型児童発達支援」が登場した（平成 30 年 4 月 1 日施行）。その改正児童福祉法には、「居宅訪問型児童発達支援とは、重度の障害の状態その他これに準ずるものとして厚生労働省令で定める状態にある障害児であって、児童発達支援、医療型児童発達支援又は放課後等デイサービスを受けるために外出することが著しく困難なものにつき、当該障害児の居宅を訪問し、日常生活における基本的な動作の指導、知識技能の付与、生活能力の向上のために必要な訓練その他の厚生労働省令で定める便宜を供与することをいう。」とされている。法律上は「障害児通所支援」に分類されているが、名称のとおり児童発達支援の一類型とも見てとれる。居宅訪問が認められていない「保育所等訪問支援」の「穴」を埋める事業になることも期待されている（**図 2**）。

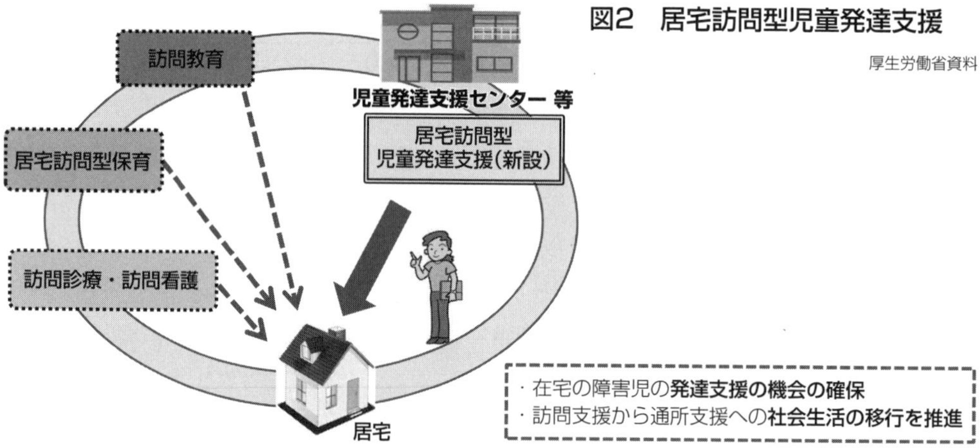

図2　居宅訪問型児童発達支援

厚生労働省資料

対象年齢は就学前に限らず、18 歳に達するまでで、児童の状態像の事例として、①重度の障害の状態であって外出が困難と考えられる事例（各種手帳の重度判定を基本とし、重度の精神障害の状態にあり、自発的な外出ができない場合や、強度行動障害の状態にあり他人を傷つけるなど集団生活が著しく困難である障害児）、②人工呼吸器を装着している状態その他の日常生活をいとなむために医療を要する状態であって外出が困難と考えられる事例、③重い疾病のため感染症にかかるおそれがある状態であって外出が困難と考えられる事例などがあげられている。

支援にあたっては障害児相談支援事業所における障害児支援利用計画案の提出が必須で、医師の診断書や児童相談所の意見書など客観的な評価が求められている。

「居宅訪問型保育」や「保育所等訪問支援」との役割分担や利用対象が問題となるが、

前者は「保護者の就労などにより保育に欠ける重度障害児」への長時間の保育（発達支援は一義的目的としていない）、後者は保育所や学校などの「集団活動の場」への訪問による集団活動への支援という点に違いがあると考えられる。

近年さまざまな領域において、訪問教育、居宅訪問型保育、訪問看護、居宅介護などさまざまな訪問型支援が登場し（Q&A「疾病等により外出が困難な障害児に対する支援」）、地域での育ちと暮らしへの多様な支援が現実のものになってきた。積極的に利用して重い障害のある子どもの支援の充実につなげることが必要であるが、インクルージョンの時代における発達支援の立場からは、「居宅訪問による支援」が重度障害児を家庭内にとどめてしまう結果になることは避けなければならない。この事業が「外出が困難な子どもの家庭訪問による発達支援」にとどまることなく、子どもたちの地域移行へのスタートになる事業となるよう、通所支援や保育所・学校につなげて

■訪問支援員特別加算

障害児の支援経験がある作業療法士や理学療法士等の専門性の高い職員を配置して訪問支援を行う場合に評価する。

（加算対象者）①理学療法士、作業療法士、言語聴覚士、保育士若しくは看護職員又は児童指導員、児童発達支援管理責任者、サービス管理責任者若しくは心理指導担当職員であって、障害児支援の経験が５年以上

②障害児支援の経験が 10 年以上

■特別地域加算

中山間地域等に居住する利用者の居宅訪問については、移動コストを勘案することとし、特別地域加算を創設する。

事例

居宅訪問型児童発達支援事業の取り組み（姫路市立白鳥園）

在宅の重度障害児（5 歳、重症仮死後脳性麻痺、胃瘻造設、人工呼吸器装着）に対して、月 1 回の頻度で居宅訪問型児童発達支援を実施した。訪問支援員は保育士と医療職（理学・作業療法士・言語聴覚士・看護師）とし、訪問当日の課題に合わせて２～３名で訪問した。支援計画は保育士が中心となって立て、医療職が体調面の管理などの環境を整えながら介助のポイントなどを伝えた。

「絵本を読んであげたい」「子どもらしい体験をさせたい」という保護者の思いに応えて、「同年齢の子どもがするような当たり前の経験」を提供できる計画を立て、保護者が日常的にできる活動（わらべうた・絵本の読み聞かせなど）、訪問支援員がいるからこそ安全にできる活動（タオルブランコなど）、自然にふれ季節を感じられる活動などを提供した。また、指先や舌などの僅かな動き、表情、筋緊張や呼吸数、心拍数の変化などによる快不快や驚き、要求などの表現を保護者と確認し共有した。

その結果、「子どもの気持ちが分からない」と言っていた保護者が、「気持ちよさそう」「ビックリしたのかも」など、子どもの反応を理解して言葉で表現できるようになっていき、「我が子のことが分かる」という自信につながった。

子ども集団への参加の可能性を探り移行していくために、学校や病院との連携だけでなく、訪問看護や訪問リハなど他の事業所が訪問する時間帯に合わせて訪問し、入浴や介助などを含めた家庭での支援の在り方についても共有した。

医療の支えが常時必要な子どもとその保護者に対して、今後も、子どもらしい生活や経験、保護者の子育ての楽しみと自信、家族の幸せな暮らし、地域とのつながりなどに視点をおいて支援していきたい。

Q&A 「疾病等により外出が困難な障害児に対する支援」

Q **障害が重くて外出や通院、通園、通学などが困難な児童が在宅で利用できる制度を教えてください。**

A 以下のような支援が受けられます。ただ、市町村によって制度の導入の有無や支給量に差がありますので注意が必要です。詳細は市町村窓口や教育委員会などに問い合わせてください。

	訪問教育	居宅訪問型保育	訪問看護	居宅介護
概要	障害が重度・重複していて特別支援学校等に通学困難な児童生徒に対し、教員が家庭、児童福祉施設、医療機関等を訪問して行う教育	保育を必要とする乳児・幼児であって満3歳未満のものについて、当該保育を必要とする乳児・幼児の居宅において家庭的保育者による保育を行う事業（3歳以上の幼児に係る保育の体制の整備の状況その他の地域の事情を勘案して、保育が必要と認められる幼児であって満3歳以上のものも対象） ※平成27年4月1日から子ども・子育て支援新制度の中で開始	疾病又は負傷により居宅において継続して療養を受ける状態にある者に対しその者の居宅において看護師等が行う療養上の世話又は必要な診療の補助を行う	利用者が居宅において自立した日常生活又は社会生活を営むことができるよう、入浴、排泄及び食事等の介護、調理、洗濯及び掃除等の家事並びに生活等に関する相談及び助言その他の生活全般にわたる援助を効果的に行う
対象者	障害が重度・重複していて特別支援学校等に通学困難な児童生徒	保育の必要性の認定を受けた乳幼児のうち、障害、疾病等の程度を勘案して集団保育が著しく困難である等と認められた乳幼児	居宅において継続して療養を受ける状態にあり、通院困難な患者で、要介護と認定された者	障害支援区分1以上 障害児はこれに相当する心身の状態である者
訪問者	特別支援学校の教員	家庭的保育者1人につき乳幼児1人 ※家庭的保育者が保育士や看護師（准看護師含む）である場合には加算あり	看護師、准看護師、保健師、助産師、理学療法士、作業療法士、言語聴覚士	介護福祉士、居宅介護職員初任者研修課程等の修了者など
利用日数等	児童の状態次第（週3日、1回2時間程度）	保育の必要性の限度内で利用 ※月平均275時間程度（保育標準時間認定）又は月平均200時間程度（保育短時間認定）	保険給付の対象となるのは通常週に1～3回まで。1回の訪問は30～90分基本	認定次第

いく方向性をもつことが必要である。

なお、平成30年度報酬改定により居宅訪問型児童発達支援への加算が創設された。

2. 平成24年児童福祉法改正の目的

前述したように、子ども本人に対する発達支援を行うにあたっては、単に運動機能や検査上にあらわれる知的能力の向上にとどまらず、「育つうえでの自信や意欲」そして「(発話だけに限定されない) コミュニケーション能力の向上」や「将来的な地域生活を準備する生活技術の向上」「自己決定、自己選択の能力向上」などを念頭におく必要がある。言い換えれば、子どもの「生活する力」を育てることが最重要課題である。そして、その目標は「発達上の課題を達成しながら自尊心や自己アイデンティティを育て、その結果として、成人期に豊かで充実した自分自身の人生を送る人を育てること」である。そのためには、乳幼児期〜学童期〜成人期を見通した一貫した支援が必要であり、成人期に起こるさまざまな問題を見すえて乳幼児期から解決を図ることが重要である。

障害のある子ども（またはその可能性のある子ども）は、さまざまな形やさまざまな程度の「育てにくさ」をもっている。ゆえに、そのための育児支援、家族支援が必須課題となる。そのためには、それぞれの障害特有の課題に即した個別支援計画の作成とその計画に基づく発達支援が必要である。地域における「育ちにくさ」「暮らしにくさ」は、乳幼児期では「相談場所の乏しさ」「一般児童施策からの疎外」「身近な場所で発達支援を受けられる資源の少なさ」などが主要な原因になっていることが多い。

平成24年改正児童福祉法によって「身近な場所で発達を支援できる資源」「幼児期から障害種別を超えた保護者の交流の場所」「地域での子育て支援の基地」という方向性が明確にされたことは重要である。

法改正による利点や意義を以下に示す。

1）障害児支援利用計画と個別支援計画による重層的なサービス提供

「センター」や「事業所」内での「個別支援計画」が、障害児相談支援事業による「障害児支援利用計画」と連動して作成されることにより、個々の状況に合ったサービス利用が可能となり、地域にあるさまざまなサービスを重層的に利用できるようになった。現在、地域資源は十分とは言い難く地域格差もあるが、障害児支援にもケアマネジメント手法が導入され、個々の子どもに合ったオーダーメイドの地域資源を利用できる仕組みが整ったと評価できる（図3）。

図3　障害児支援利用計画と個別支援計画の作成

●障害児支援利用計画⇒ 相談支援専門員が作成

総合的な援助方針や解決すべき課題をふまえ、複数の事業所のサービス等を見通して、最も適切なサービスの組み合わせ等を検討して作成

●個別支援計画⇒ 児童発達支援管理責任者が作成

（児童発達支援計画）

サービス提供事業所では、障害児支援利用計画の総合的な援助方針等をふまえ、事業所が提供する具体的な個別支援計画を検討し作成

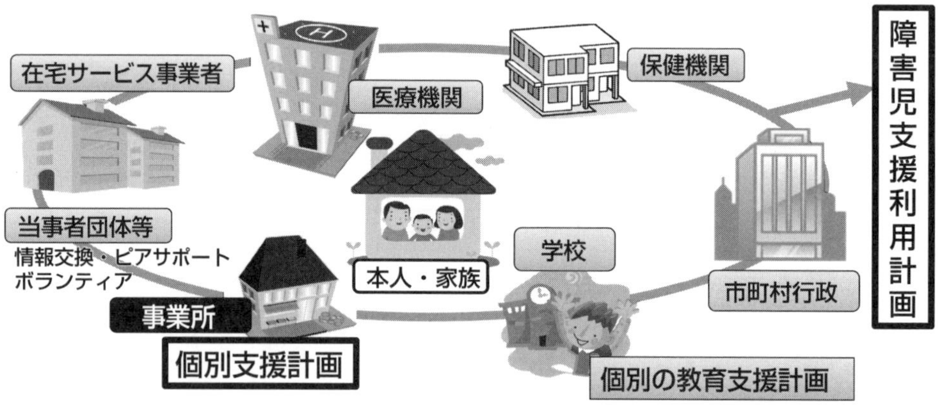

2）障害確定前の支援・障害種別によらない支援

発達支援を必要とするすべての子どもが事業の対象となり、障害確定前にも支援できるようになった。未だに「主たる障害」という規定（「肢体不自由→医療型児童発達支援」「難聴→旧難聴幼児通園をベースにする児童発達支援センター」など）が残されてはいるものの、法律上は障害種別が一元化され、自閉症等の発達障害も含めて支援が必要な子どもが身近な地域で発達支援を受けられることになった。

今後、人材育成の課題として、職員がさまざまな障害に対する発達支援の研鑽を積み、カウンセリングマインドの獲得も含めて経験を蓄積していくことが求められる。

3）身近な行政による発達支援

通所支援の実施主体が市町村へ移行し、児童福祉法の法体系の中で運営されることになり、発達支援を一般の子育て支援策とともに検討することが可能となった。市町村の「努力格差」による地域格差の拡大も懸念されているが、とりあえず発達支援を

必要とするすべての子どもの支援が身近な地域で行われるように法的な基盤ができたことは進歩である。

地域格差が問題になる地域においては今後、本人、家族、事業者が積極的に市町村行政に働きかけていくことが必要である。

4） 重症心身障害児支援が義務的経費へ

「重症心身障害児（者）通園事業」として行われていた重症心身障害児（以下、重症児と略す）の支援が、補助事業から義務的経費になり、安定的に支援できる法的基盤ができた。加えて、おもに重症児の支援を行う事業は5人から開始することができ、第二種社会福祉事業にもなったことから、診療所や訪問看護ステーションなど医療的に専門性の高い事業所が事業を実施する事例も出てきた。

5） 規制緩和による地域資源の供給量の拡大

「センター」も第二種社会福祉事業となったが、「事業所」に関してはさらに緩やかな実施基準、指定基準の変更、小規模ニーズへの対応（10人以上、重症児は5人以上）が可能となり、NPO法人、株式・有限会社などの参入が増加して「事業所」が急速に増えている。

C. 事業の進め方

1. 児童発達支援の実施について

1）運営のあり方

①契約時に必要となる書類

契約時には「契約書」と「重要事項説明書」「個人情報の使用に係る同意書」について、事業所が保護者に説明し署名をもらうが、これらの書類だけでは不十分である。さらに必要と思われる書類を以下にあげる。

衛生・健康管理においては、子どもの状況を細かく把握するために「アレルギーの状況」や「けいれん発作の有無と服薬の状況」、重症心身障害のある子どもなどは「骨折しやすいかどうか、咀嚼・嚥下機能」などの医療情報も必要になる。また、事業所側の対応を明示するために「事業所に服薬を依頼する場合の要領」や「けがをした時の事業所の対応」「登園できない感染症」についても資料を作成し保護者に提示すると保護者も理解しやすい。その他、③で述べる規約整備についてもわかりやすくまとめ、保護者に示しておくと施設の透明性が高まる。

②個別支援計画（児童発達支援計画）

「個別支援計画」は、児童発達支援を行うにあたって支援の根拠となるものである。相談支援事業者が作成した「障害児支援利用計画」を参考にするとともに、保護者・家族の希望聴取と子どものニーズ把握をもとに児童発達支援管理責任者や現場担当者（担任）が保護者や家族、関係者も参加する個別支援会議に向けて原案を作成する。

計画書の書式は各事業所で多少の違いはあると思われるが、「児童発達支援ガイドライン」の「児童発達支援の提供すべき支援」の「発達支援（本人支援及び移行支援）」、「家族支援」「地域支援」で示す支援内容から子どもの支援に必要な項目が適切に選択され、その上で、具体的な支援内容を設定されている必要がある（**表4**）。

個別支援計画の作成に当たっては、標準化されたツールの活用も含め、子どもの多様なニーズを総合的に把握するためにアセスメントを行うことが必要となる。子ども

表４　個別支援計画書（児童発達支援計画書）の例

事業名	指定児童発達支援事業	所　属	○○子ども発達支援センター ○組（週２回通所）
児童名	○○　○○さん	生年月日	平成○○年○○月○○日（○歳○か月）

支援目標	長期目標（12か月後）	短期目標（6か月後）
	・集団活動場面を楽しみます ・行動や気持ちをサインやことばで表現します	・自分に気づく、変化に気づくことを楽しみます ・１日の流れがわかり、気づいて動くことができます

項　目		目　標	支援内容	期間	優先順位
発達支援	生活面（食事・排泄・着脱衣等）	食事：すくう、刺す動作で食べます 排泄：トイレ行動の流れを理解します 着脱：前後、靴下等の向きに気づきます	・使いやすい食具や姿勢を調整します ・遊びの中ですくう、刺す動作を取り入れます ・一連の流れを確認しながら経験させていきます ・目印を付け、注意を促していきます		
	運動面	物や遊具に合わせ姿勢を調整します 歌と見本に合わせ動作模倣します	・遊具や道具の操作への誘導、操作を見守ります ・身体感覚、ボディイメージを意識できるような遊び（歌を伴う手遊び・お遊戯、バランス等）を取り入れます		
	視覚的認知と手の操作	一定量の作業に持続して取り組みます 「同じ」「違う」の楽しさに気づきます	・形や大きさ、色などの異同に着目した弁別遊びを取り入れます。指示の明確化やセッションの始まりと終わりを意識できるようにします		
	ことば・コミュニケーション	大人の働きかけに気づきます 名称、用途、動作後の理解や表現が拡がります 要求や拒否、報告をことばで伝えます	・フリープレイ中に機会を見つけて見本を提示、自発行動に随伴して代弁（意味付け）や各種模倣（逆模倣、拡充模倣等）を実施します ・セリフのある設定遊びなどを提供します		
	対人・社会性	担当や友だちとのやりとりを楽しみます	・活動の中でやりとり遊びを設定します ・分配等役割を与えるような活動、遊びをします		
	行動・情緒	取り組みを終わりまでやりきります できた、うれしいの気持ちを共有します	・やり終えたことの積み重ねを見える化していきます ・気がそれそうな時には、働きかけで気づきを促します［スケジュール：動作（指さしで気づかせる）→何するの？→言語指示］		
	集団参加	集団や友だちに合わせて行動を調整できるようになります（一斉の指示で動ける、友だちを意識して同じ行動をとれる、順番を待つことが徐々に増える）	・楽しい雰囲気で、集団への拒否感を抱かないよう工夫します。視覚刺激（ペープサート等）で気づける工夫します。手つなぎや順番を待つこと等集団を意識する遊びを取り入れます		
家族支援		保護者が不安にならないよう関係機関での支援の様子をできるだけ知ることができます。就学について一緒に考えていきます	・保護者面談の時間を定期的に設け、保育所や当所での様子をていねいに伝えます。保護者の一番気になっている就学については、父母会とや教育と連携した教育相談会の開催（５月）とフォローをします		
地域支援		関係機関が情報を定期的にやりとりし、互いに信頼しあい、困った行動には対応方法を共通化します	・並行通園の保育所や他児童発達支援事業所と情報共有します（特に得意、できた点）。ケース会議やモニタリングの際には関係者を招きます		

全体の支援指針	
	・周囲の様子や指示、自分のできることに気づき、自ら行動していく力を育みます ・一定した生活の流れを提供します：一連の流れを理解し、見通しをもって、次の行動を自ら気づいてやれるようにします。また、積み重ねで日常生活動作の獲得が促され、「できた」という感覚を味わえるようにします ・初期段階では、担当職員（通所中の養育者）との安定した愛着関係を築き、安全・安心の関係の中で、いろんなことにチャレンジできるように支援します ・年齢や発達年齢に合った運動遊びや手指遊び、創造遊びなどのさまざまな遊びを提供します。そのなかで物の「同じ」「違う」（形、色、概念等）や自分の行動による環境の変化に気づけるよう創意工夫を楽しめる活動になるよう工夫します ・意識や注意が逸れてしまう時には、視覚刺激等を用いた流れの説明やわかりやすい場面の設定、１つの活動時間を短めにするなどの環境側の工夫を行うとともに「場」や「他児」へ注目を促し、集団で行動する基礎をつくります ・場面や気持ちに合わせたことばかけをし、模倣することで表現を広げていきます。それには、遊びを通して担任と安定した関係を築き、そのなかでの気持ちや遊びの共有、コミュニケーション力を支援します ・できた達成感を積み上げていくことで自信をつけ、その後の自発的な取り組みや意欲につなげ、将来にわたって必要な「自己肯定感」の醸成に努めます

児童発達支援管理責任者	保護者への説明日	保護者のサイン
○○　○○　㊞	平成○○年○○月○○日	○○　○○　㊞

本人の発達などの状況や家族・地域社会の状況のみならず、子どもや家族の意向を適切に把握する必要がある。

個別支援計画には、児童発達支援管理責任者を中心に実施したアセスメントを記し、短期目標と長期目標を設定して記述する。作成後は保護者に説明して同意を得たうえで署名によって確認し写しを渡す。支援開始後は定期的に見直すことになるが、事業所内だけで決定するのではなく、相談支援事業者によるモニタリング後の担当者会議で話し合うことが必要である。

個別支援計画は、家庭や関連機関などの「横の連携」、移行支援などの「縦の連携」の基本ツールになるため、他機関にも支援の内容や流れが確認できるものにする必要がある。

また、モニタリング等を実施後には必要な支援の検討・改善を行うことが必要となるため、PDCAサイクル（Plan: 計画→ Do: 実行→ Check: 評価→ Action: 改善）で構成されるプロセスが必要であり、支援の結果は、記録・評価され、次の支援に活かしていくものであると「児童発達支援ガイドライン」にも記載されている。

③事業管理における規約整備と法令遵守について

ア）法令遵守について

事業を運営していくうえで法令遵守は最優先されなければならない。

人員・運営基準の遵守また給付費請求に関する事務の適正な処理、労働基準法、児童虐待防止法、個人情報保護に関する法律の遵守などがあげられる。事業所や法人は業務管理体制を整備しなければならない。

なお、日常的に使用する車椅子のベルトやミトン型手袋などの行動制限も虐待対象になるため、本人、保護者に十分な説明を行い同意書などで確認しておくことも必要である。

イ）危機管理マニュアルの整備

事業を運営していくうえで危機管理は重要で、職員の意思統一を図るためにマニュアル化しておく必要がある。

とくに重要なものは「個人情報保護に関するマニュアル」（体制づくりを含む）と「虐待防止に関するマニュアル」である。これらについてはマニュアル化にとどまらず、継続的に事業所で研修を行う必要がある。また「災害対応マニュアル」も必須で、計画的に訓練を行うことが必要である。

その他、利用児のけがやてんかん発作などに対する「救急対応マニュアル」、通園バスの交通事故や利用児の所在確認ができなった時などの「事故対応マニュアル」、「不審者対応マニュアル（防犯マニュアル）」「食中毒対応マニュアル」「アレルギー対応マニュアル」「感染症・インフルエンザ対応マニュアル」などを備えておくと迅速かつ適切な対応が可能となる。

また、ガイドラインには地震や風水害などの緊急事態に対して、重要な事業を継続または早期に復旧させるための「事業継続計画（BCP）」の策定が望ましいと記載されており、特別支援学校のガイドライン[3]が参考となる。

④利用契約に向けた調整に関して

事業所は、利用を希望する親子に対しては利用定員を満たしていない限り応諾の義務がある。しかし、近隣でより子どもの状況に合った支援が提供できる通所支援が確保できればその限りではない。人口が少なく事業所がない地域では、市町村のバックアップのもと、広域で事業所を確保し、必要に応じて設備的バリアの改善、リハビリテーション機能の充実や医療的ケア体制の整備などに努力する必要がある。また、地域における育ちや暮らしを積極的に支援するために、近隣の医療機関への職員研修や特別支援学校との交流、相談支援事業所との連携などを進めることも必要になる。

定員超過に関しては、事業所の多くは年度当初（4月）から利用開始し、3月に退卒園するスケジュールで運営しているため、定員が満たされてしまえば利用希望児全員の要望に応えられなかったり、年度途中の利用開始が難しかったりという問題がある。保育所との併行通園や他の「事業所」との併行利用なども検討しながら利用児のニーズに応える努力が必要である。

また、障害児の通所給付費の支給決定が児童相談所（都道府県）から市町村へ移行したことにより、市町村が実施する居宅サービスなどと一体となったサービス提供が可能になった。しかし、市町村によっては障害児支援の資源が乏しかったり、行政がサービス利用の供給と需要のバランスを正確に把握できていなかったりする場合も多い。市町村は地域の状況を的確に把握し、不足している状況があれば必要量の確保に向けて事業者への積極的な働きかけをしなければならない。加えて、事業所によっては市町村をまたいだ利用も考えられるため、都道府県等を巻き込んで障害保健福祉圏域単位で調整できる体制が必要になってくる。

処遇困難事例の検討や不足する地域資源の確保などについては、（地域自立支援）協議会の子ども部会などで、行政や教育、事業所などの関係機関が話し合い、事業所の確保や地域の実情に即したシステムづくりを検討することが望まれる。

3）「知的障害特別支援学校における事業継続計画（BCP）策定のためのガイドライン」
http://www.zenchipren.jp/activty/bcp2011.pdf

2） 発達支援の質の保障について

①発達支援の質の確保のための条件

発達支援の質の確保のためにはいくつかの条件が必要になる。

発達支援の技法の集積のために職員研修計画を立て、現場職員に事業所内外で一貫して研修を受講させ、それを他の職員と共有させるシステムが必要となる。具体的にはOJT研修のシステム化や研修会報告の効率的な実施などが考えられる。また、職員のストレスを軽減するための組織づくり、やりがいや達成感を感じる職場づくりも重要である。

次に発達支援を行う人員や設備の整備を行う必要がある。今回の児童福祉法の改正で3障害が一元化されるとともに発達障害児も対象となった。そのため、職員の配置や資格要件、医療専門職などの人員確保、指導訓練室や遊戯室の面積や設備の検討など、さまざまな障害をもった子どもの発達支援に対応できるよう見直していく必要がある。

また、発達支援を実践するにあたっては、PDCAサイクルに基づくことが重要である。つまり、事業所は綿密なアセスメントをもとに計画を立て（Plan）、計画を実行し（Do）、実践の後に発達支援が計画に沿っているかどうかを確認し（Check）、そして計画に沿っていない部分を改善して実践を進める（Act）ことが必要である。

②人材育成に関して

事業所にとって最も重要なことの一つは人材の確保と育成である。計画的な職員採用や職員の処遇改善に向けた取り組みは人材確保のためには欠かせない。しかし、大学や養成校で習得した知識や技術だけでは、障害児の発達支援に十分に携わることは不可能である。養成校で理念、方法、評価などを学んだ「児童指導員・保育士」「医療専門職」「心理担当職員」などが、事業所ごとに積みあげられたカリキュラムを実践しつつ子どもの成長・発達段階への支援の経験を積み上げるとともに、園内外の研修を積み重ね、発達支援の専門性の習得につなげていかなければならない。

発達支援に携わる職員は保育士、児童指導員、理学療法士、作業療法士、言語聴覚士、公認心理師などさまざまな資格を有している。職場研修の充実や専門研修への派遣などスキルアップを図ることは当然であるが、多様化する利用児童のニーズに対応するためには、職員の自主的な研修会への参加や新たな資格の取得に対して、特別休暇や奨励金の支給を行うなど職場環境を整備することも重要である。

従来、障害のある子どもの支援は「発達の促進」「障害の軽減」「基本的な生活習慣の確立」などを大きな目標として、通園施設や事業所に通って指導を受けるというものであった。これからの発達支援は、幼児期から子ども自身の自尊心やアイデンティティを育てるとともに、地域での育ちを念頭においた施設での支援を日常生活場面でも経験できるようにしていく必要がある。日常生活の大半を家庭で過ごす子どもたちにとって親が最良の支援者になれるような、ペアレント・トレーニングなどの提供にも力を入れる必要がある。親を育成することは間接的に子どもに対する支援の強化になるだけでなく、より楽な育児にもつながる。また、ペアレント・トレーニングを積んだ保護者には、同じ立場の保護者たちに対するファシリテーターや相談役としてのペアレントメンターの役割も期待できる。事業所の職員には、このような保護者育成の技能も不可欠である。

③施設の質の向上に関して

子ども・子育てをめぐる社会環境は大きく変化してきており、すべての子どもに良質な成育環境の保障と子どもを大切にする社会の実現が求められている。

「児童福祉施設最低基準および児童福祉施設施行規則の一部を改正する省令」が平成23年9月1日に公布され、平成24年4月1日に施行された。同省令には「社会的養護の施設の第三者評価の義務化」が盛り込まれている。児童養護施設や情緒障害児短期治療施設などは、自ら行う業務の質の評価を行うとともに定期的に外部の者による評価を受けて結果を公表し、常にその改善を図らなければならなくなった。当該事業所は3年に1回以上の第三者評価の受審と結果の公表が義務づけられており、それにより施設運営の質の向上や透明性の確保が期待されている。

現在のところ、児童発達支援事業所はこの評価を受けることは義務づけられてはいないが、社会福祉法第78条第1項では、福祉サービスの質の向上のために、自らサービスの評価を行い、その他の措置を講ずることが社会福祉事業者の努力義務とされている。第三者評価の積極的な受審により、事業所それぞれが提供するサービスの質について改善すべき点が明らかになる。また職員の自覚や改善意欲の醸成、さらにはさまざまな課題の共有化が図られるなどのメリットがある。

しかし、現在、第三者評価の評価項目はおもに成人の事業所を対象としたものであり、第三者である事業者に児童発達支援に関する十分な専門的評価技量が備わっていないことも多い。今後、児童発達支援の機能や乳幼児期の支援の視点、個別の支援内容などを含めた具体的な評価項目を抽出し、基盤となる評価表の策定と評価内容の検討などが求められる。

④医療型児童発達支援センターの運営について

肢体不自由児通園施設から移行した医療型「センター」は、本体報酬が低いうえに、難治性てんかんや医療的ケアを要する児童、あるいは体力的に弱い重度障害児の利用が多いため、欠席も多く経営面で困難な事業所が多い。そのため、大半が公立の事業所となっている。また、保育士や児童指導員の配置基準が１名以上であり、保育士等の配置が十分でないため知的障害などの他障害の受け入れが進まず、「一元化」の目標と矛盾した状況がある。医療型「センター」が他障害の受け入れを希望し、その基盤としての支給額の増加を図ろうとするなら以下の方法も考慮する必要がある。

人員基準や設備基準を満たしており常勤医がいて診療所が開設できている場合、保育職員の増員（利用児４人に職員１人）を図り、「センター」と診療所を分離した運営が可能かどうかを検討する。実際に、平成24年度の調査では回答69施設のうち11施設が（福祉型）「センター」に移行している。

（福祉型）「センター」への移行を考慮する場合、１日利用児が定員に満たない場合は（調査では医療型「センター」の利用率は50%を割っている）、１日利用定員の削減を図れば保育士等の配置が基準に合致させることができる。また、それでも施設基準や人員基準等の条件が整わない場合には、児童発達支援の「事業所」（利用児５人に職員１人）への移行も考慮すれば、受け入れの柔軟性が生まれ、給付の増額も図れる。

診療所をもっていて診療報酬を請求している場合には、（福祉型）「センター」と診療所を分離すれば、「地域の障害児医療センター」としての発展を期待しつつ増収を図れることになる。常勤医が不在で診療報酬の請求ができていない場合は、理学療法士等の医療職を直接処遇職員として配置して「センター」としての人員基準をクリアし、特別支援加算を請求することで給付は増額になる。

医療型「センター」のままであっても、平成27年度の報酬改定で３人以上の保育士（または児童指導員）を配置している場合には、「保育職員加配加算」が新設された。また、欠席の多い子どもには「家庭連携加算」などを利用した訪問による支援も可能になった。

いずれにしても、発達支援を要する子どもにとって保育機能は欠かせない。また、障害種別に制限されない発達支援が求められているので、さまざまな障害のある子どもの受け入れを進めていくべきである。さらに、診療所も地域に開かれることが望ましく、公立・民間を問わず地域貢献を前提とした施設運営の安定化が図られることを期待したい。

2. 家族支援について

家族支援は、障害の特性や発達の各段階に応じて子どもの「育ち」や「暮らし」を安定させることを基本にていねいに進める必要がある。「児童発達支援ガイトライン」のねらいにも記載されているように、家族からの相談に対する適切な助言やアタッチメント形成（愛着行動）などへの支援、家庭の子育て環境の整備、関係者・関係機関との連携による支援などが求められている。

とくに、乳幼児期は、前述のように、障害の発見と告知、子育てや家族のライフプランの変更、保育所などの集団への参加、就学に向けた準備など、家族が重大な決定を下さなければならないことが多く、家族支援は子どもへの支援の要ともいえる。

子どもの発達上の課題についての気づきへの支援から、障害の特性理解・特性に応じた育児支援、個別での相談や心理カウンセリング、集団での懇談、研修会など家族の状況に応じて様々な支援形態を組み合わせながら支援することが望ましい。

1）個別での支援・カウンセリング

まず、家庭での子どもの様子や育児において保護者が困っていること、うまくいってうれしかったことなど、子どもや家族の状況をていねいに聞き取り、子どもの発達などに関わるアセスメントを行う。子どもの発達に関わるアセスメントをもとに、得意なこと・苦手なこと・少し頑張ればできることなど、こどもの発達の状況を客観的に伝え、発達課題への気づきを促す。

子どもの発達にかかわる特性や具体的な関わり方をアドバイスするとともに、すでに保護者が子どもへの関わりでうまくいっていることをフィードバックする。発達支援を要する子どもの子育ては、様々な場面で難しさを抱えており、これまでの関わり方が上手くいってなかったのではないかと心配していたり、子育ての自信を失っていたりすることも多々あり、うまくいっていることのフィードバックは重要である。

また、現在子育てを担うのは多くは母親であり、家族からのサポートが受けられなかったり、孤立していたり、子育てがうまくないと言われるなどストレスを抱え込んでいることも多く、心情を聴き、気持ちに添いながらサポートを行うことが重要である。

2）保護者研修・懇談など

集団での懇談は、わが子やお互いの子どもの発達や変化を語る中で、子どもの成長に気づいたり、喜びあったり、共感したりすることで、保護者同士のつながりを作るきっかけにもなる。子育ての楽しさや難しさを共有したり、様々な情報交換をしたりすることで、孤立した子育ての予防となり、子育ての仲間づくりとなる。

保護者研修は、通所する子どもの障害状況にもよるが、障害特性の理解と支援・コミュニケーション支援・生活づくり・発達・就学研修・思春期を視野に入れた子育て・サポートブックの作り方など、プログラムを立てておくと、有効な情報提供となる。

また、父親や祖父母などの家族への支援も欠かせない。父親は主たる育児を担う母親の精神的な支えとなる役割や、母親と共に乳幼児期のさまざまな重要な決定をしていく役割がある。家族参観日や行事などを通じて研修会や懇談を行ったり、その後懇親会を持ったりするなど、事業所に応じた工夫が必要である。

3）保護者会等への支援

事業所によっては保護者が自主的に保護者会を結成して、保護者の意見を集約して事業所のスタッフへ要望を伝え、ともに子どもの発達支援にかかわる環境作りを行うなどしているところもある。保護者会は先輩の保護者から子育てや子どもの発達理解、障害の受けとめにかかわる心情を聴くなど、交流を通して学びが深まることが多い。一方で、集団が苦手な保護者もいるため、気を配りながら保護者会への支援を行うことが求められる。

また、別途「パパの会」などを形成しているところもある。父親によっては、家族を支える立場であり職場ではプライベートなことは話せないなどのため、「パパの会」が本音で子どもことを話せる場となることもある。父親同士のつながりがそれぞれの家族とのつながりに発展することもあり、子育ての仲間づくりになるという声もよく聞かれる。

4）兄弟姉妹（きょうだい）への支援

乳幼児期の障害のある子どもの子育ては、多くの手間と時間、精神的なエネルギーを費やすことが多く、きょうだいにかかわる時間や気持ちが制約されることが多い。努めて１対１できょうだいにかかわる時間を作ることや活動を仕組むこと、愛情をかけていることを言葉や行動で示すこと、きょうだいの発達に合わせて障害の理解を促すことなどが大切となる。家族参観日や行事の参加などを通じて、障害の理解やきょうだい同士の交流を図ることもできる。

また、「きょうだいの会」などで、自分と同じ立場の仲間がいることに気づき、活動をともにすることで、障害のあるきょうだいへの理解が深まるきっかけになることもある。

事例

きょうだいの支援

広島市西部こども療育センター「なぎさ園」での
行事を通じたきょうだい支援

きょうだいが園に来所する家族参観日・お泊り療育において、5 歳以上のきょうだいは「きょうだい班」を編成し、ボランティアとともに別途活動に取り組んでいる。きょうだい同士で楽しい活動を共有するとともに、通園している子どもたちがどのような生活をしているのか園の生活の様子を観察する、きょうだいとしての同じような悩みや思いを共有する時間を設けるなどの支援を行っている。

●6 月　家族参観日

約 30 人のきょうだいを地域別に 3 グループに分け、「きょうだい班」を結成し、「忍者」になりきって各クラスの参観を行う。

●7 月　お泊り療育

事前に、きょうだいは、通園児の紹介シートを書いて持ってくる。

「きょうだい班」で、オリジナルカレーづくり、キャンプファイヤーでの出し物、忍者になって通園している子どもを観察し、感じたことや素敵なところの発表などを行い、きょうだい新聞を発行。年齢の高いきょうだいは、リーダーになるなどの役割をもってもらう。

また、夏休みは、保護者会の自主活動として、年長以上の幼稚園・小学校のきょうだいたちを保護者同士で見守ることもある。

これらの活動を通して、仲よくなった家族同士できょうだいを交えた活動や、地域での自主グループでの活動を行うなど、地域での長いスパンの交流につながることもある。

「きょうだいに対する心配が大きかったが、きょうだい同士の交流を見ることで精神的な負担が少なくなった」という保護者も多い。また、職員にとっても、きょうだいを知ることで家族全体を把握し、適切な家族支援につながることも多い。

5）ペアレント・トレーニング

ペアレント・トレーニングは家族支援プログラムの一つである。ペアレント・トレーニングは、行動療法理論に基づいた子どもの不適切な行動の修正だけでなく、親が子どものもつ困難さを理解し、親と子どもがよりよいコミュニケーション関係を築けることに主眼をおいている。行動に焦点をあてて、ほめるなど「注目のパワー」を効果的に使い、具体的な方法や子育てのコツを伝え、グループで練習していく。アメリカ UCLA の神経精神医学研究所のハンス・ミラー博士によって開発され、おもに自閉症や AD/HD をはじめとした発達障害をもつ子どもの子育てに効果が認められている。

こうした家族支援を通じ、家族が子どもの障害特性と対応をより深く理解し、安心して子育てできるように支援していくことが大切である。そして、上に述べた家族に対する直接的支援だけでなく、さまざまなサービス利用に関する情報提供も重要である。日中一時支援、居宅介護などは子どもを対象として提供されるが、間接的には家族へのレスパイトケアともなる。障害のある子どもの介助を行っている家族が心身のリフレッシュをして毎日を過ごすことも家族のwell-beingにつながるので、積極的に情報を提供していく必要がある。

3. 一元化された児童発達支援のあり方

1）多様性のある児童発達支援の形態

子どもの通園形態については、毎日通うことで日々の生活や体験を積みあげることが必要な子どもから、幼稚園や保育所を生活の基盤として必要に応じて発達支援を提供する子どもまで、支援形態はさまざまである。

さまざまな障害種別、発達課題のある子どもたちを支援するためには、その支援の内容や頻度は子どもの状態像に合わせて設定するべきであり、多様な支援形態の準備が必要となる。施設の一元化の理想を具現化するためには、通園形態としては毎日通園か日数限定通園か、併行通園か否か、支援形態としては個別支援か集団支援かなど、子どもや家庭の実態に合わせて多様な支援形態をもつ必要がある。通園形態について以下に記述する。

①毎日通園

毎日通う子どもについては、日々の生活そのものが発達支援につながるメリットがある。したがって、個別支援計画においても半年から年単位での計画と実践が必要となる。

②毎日以外の通園形態

❶保育所などに通いながら（併行通園）、週２回～月１回など決められた日に発達支援を行う

❷保育所などに通わず在宅で週数回～月１回など、少ない時間で子どもの体力や必要度に応じて発達支援を行う

通園回数の少ない子どもの発達支援を進めるためには、まず、子どもの生活全般を支援できる質の高い保育が用意されなければならない。ソーシャルスキルを含めた具体的支援と保護者に対する環境調整の指導など、個々の子どもの発達ニーズと保護者ニーズに合わせて多様な支援を提供することが必要である。

いずれにおいても、子どもの発達状況や家庭環境に関するアセスメント、家庭や保育所などの日々の活動や生活場面の把握とともに、関係機関との連携も必要となる。

2) 障害種別に着目した支援のあり方

上記に記載した支援形態とともに、それぞれの障害種別や発達課題に応じた具体的な支援に取り組んでいく必要がある。個々の支援内容については多岐にわたりその内容も深いため他書を参考としていただき、ここでは、支援のポイントと今後の方向性を中心に記述する。

①一元化における発達支援のあり方

一元化された事業所において、さまざまな障害のある子どもを同一施設で発達支援を行う場合のポイントを示す。

まず、それぞれの子どもの発達ニーズに合わせて個別支援計画を立て、クラス編成を行う。指導室の数や施設の規模にもよるが、肢体不自由児のクラス、知的障害児のクラスなど、障害別、支援課題別にクラスを分けることも一つの工夫である。また、指導室以外に静養室など静かにできる環境があると、てんかんなどがあって音刺激や活動によって発作を起こす子どもの利用や、自閉症の子どもたちのクールダウンスペースとしても使える。

一方、同一場面で発達支援をする際には、たとえば肢体不自由児の場合は、椅子やバギーなどを用いることで、子どもの視線が他児と同じレベルとなり、集団での活動を進めることができる。部屋のコーナーに休養できる小さな空間をつくることも一つの工夫である。

難聴の子どもの場合、補聴器や人工内耳の専門的なサポートは難聴を主たる対象とする「センター」や医療機関および聴覚特別支援学校などが行うことになるが、子どもの生活面での支援内容を把握し、聴力活用だけでなく、発達障害児に実施している視覚支援などの活用によって、遊び・生活・コミュニケーションを広げることができる。呼吸器など装着している医療的ケアの必要な子どもの場合は、医療的ケアの実施や体調の安定をベースにしてプログラムを組む必要がある。

一元化によるメリットとして、他害のある自閉症の子どもに肢体不自由児への接し方を具体的に教えることで、適切な行動を学び、人への気づきを促すことができた例があげられる。散歩・行事などでは、知的障害のある子どもが肢体不自由児のバギーを押すなど、役割をもつことで自尊心の育ちにも貢献することができる。肢体不自由児は動きが活発な知的障害児とのかかわりの中で、一緒に遊びたい気持ちや競争心が芽生え、運動・食事・コミュニケーションへの意欲やリハビリへの積極性などが喚起されることも多い。肢体不自由児がビッグマック（大型スイッチ）などのAAC（拡大代替コミュニケーション）を用いながら、知的障害児の活動を応援するなど相互のかかわりによる「育ち合い」が喚起されることも多い。

また、保護者間においても相互に異なる障害の理解が促進されることで、心のバリアフリーに寄与する場面も少なくない。

②重症心身障害児の発達支援

重症児とは、重い身体障害と重い知的障害を合併した子どもを指し、**表５**に示す大島の分類の１～４の状態を示している。「重症心身障害」は医学用語ではなく行政用語であるため明確な定義はなく、重度の知的障害を伴う脳性麻痺だけでなく、難病による重度障害児から最重度の知的障害のために運動面でも著明な遅れがある子どもに至るまで、状態像は多様であり、原因や状態像に合わせた適切な支援が必要となる。てんかんや呼吸障害などのさまざまな合併症を伴うため、通所支援においては、常に健康・安全に配慮したケアの提供と支援環境の整備が重要となる。

ア）地域の医療機関との連携について

重症児の場合、体調を崩しやすいこと、体調が急に悪化するなど、医療対応が必要な場合が多いことから、緊急時に対応できる医療機関を確保しておくとともに、主治医と密に連絡をとり合うなどして、医療との連携を密に行うことが重要である。また、通園頻度も無理のない形で設定する。

イ）重症児を受け入れるための制度・連携について

重症児を対象とする児童発達支援や放課後等デイサービスについては、給付単価が高く設定されているだけでなく、定員５名での事業開設が認められているなど制度的には配慮されている。しかし、看護職員や理学療法士または作業療法士の配置などが

表５　重症心身障害児の区分（大島の分類）

					IQ
21	22	23	24	25	80
20	13	14	15	16	70
19	12	7	8	9	50
18	11	6	3	4	35
17	10	5	2	1	20
走れる	歩ける	歩行障害	座れる	寝たきり	0

大島一良：重症心身障害の基本問題、公衆衛生 35：648-655，1971 より改変

図４　日常的に医療的援助を要する障害児（者）への支援

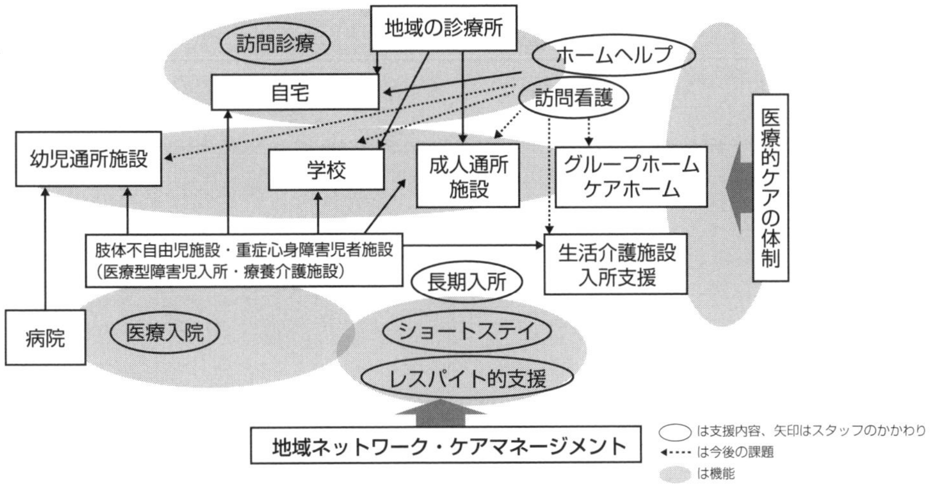

求められ、出席率も低いため事業運営は難しいことが多い。

③難聴児の発達支援

難聴児は、0、1歳から補聴器（必要に応じて人工内耳）を装用して適切な発達支援を受けることで、6歳までに年齢相応の言語力・会話力を習得して小学校普通学級に就学することができるとされている。また、知的障害などを合併する難聴児であっても、補聴器を装用して適切な発達支援を受けることで、能力に応じた言語力やコミュニケーション能力を習得するといわれている。

難聴に対する教育は聴覚特別支援学校の幼稚部でも行っているが、乳幼児期の発達支援は、従来難聴幼児通園施設がおもな役割を担ってきた。今回の法改正で、旧・難聴幼児通園施設以外の「センター」でも難聴児に対する指導が課題となった。

旧・難聴幼児通園施設以外の「センター」における難聴児の支援について全国児童発達支援協議会の平成29年度の調査では、対応できない主な理由としては、「難聴児の療育ができる言語聴覚士がいないこと」が最多であった。難聴児の発達支援を進めるためには、聴力検査機器などの設備とともに難聴乳幼児の聴力検査、補聴器調整・装用指導、人工内耳装用指導などを基盤として言語指導ができる複数の言語聴覚士が不可欠であり、現在のところ、このような言語聴覚士がいる通園施設は旧・難聴幼児通園施設しかない状況である。

そこで旧難聴幼児通園施設のない地域にある「センター」などで難聴児の発達支援を行うためには、子どもの通っている医療機関や聴覚特別支援学校の幼稚部などとの連携を十分に行うとともに研修などを積極的に受講して、児童発達支援センター自体が難聴児を支援できる職員を養成する必要がある。

Q&A「視覚障害合併児の発達支援」

Q **視覚障害を合併する知的障害児が通園を希望していますが、当施設ではこのような事例を扱ったことがありません。どうしたらよいでしょうか？**

A ひとことで視覚障害といっても、医学的には障害の内容や程度がさまざまです。視力障害、視野障害、色覚異常、光覚障害など眼科的な問題が多いと思われますが、その他高次脳機能による形態や文字の読みとりや構成課題に困難がある視覚認知障害や空間的距離感と弁別が難しい視空間認知障害まで、さまざまな状態が含まれます。こうした医学的背景をふまえて支援を検討するために、まずは眼科や脳神経学に関する医学的評価を受ける必要があるでしょう。

また、知的障害の内容や程度を含め、視覚情報の乏しさから周囲に働きかける意欲や態度が損なわれていないか、社会性や対人コミュニケーションの状況、聴覚・触覚・固有覚など他の感覚機能、手の操作性や粗大運動機能などの評価も合わせて検討できるとよいでしょう。

また、支援を検討する際には、視覚特別支援学校や視機能訓練の専門家とも連携し、施設内の設備や備品、食器具や更衣などの生活用具、おもちゃなど、本人に適合した設備や用具をできるところからできる範囲で工夫しつつ、通所にかかる目的や目標をどこにおくのかを保護者とよく相談されてみてはいかがでしょうか。

支援の基本的方針としては、移動方法や歩行能力を含めた粗大運動能力、操作性や目と手の協応性、日常生活動作、聴覚・触覚や固有覚などの感覚機能、好きな遊び、対人社会性の能力などの子どもの能力を評価し、視覚障害の特性も合わせて支援することを考えましょう。視機能支援として、拡大教材や視覚補助具の活用、照明器具の検討、聴覚・触覚・固有覚などの他の感覚の活用などがあり、視覚特別支援学校等の専門機関と連携し、それぞれの役割を分担整理しながら、こうした支援の活用を進めていきたいものです。

④知的障害を伴わない発達障害児の発達支援

ここでは自閉症児とAD/HD児の発達支援について述べるが、詳細は専門書に譲る。また、学習障害児の支援については就学以降に障害が明らかになることが多く、通所支援の対象になることが少ないので、ここではふれない。

自閉症児の発達支援を行うには障害特性を理解することが必要である。先の見通しの悪さや人の気持ちを読むことの苦手さ、想像力の弱さ、感覚刺激に対する過敏や鈍麻など、さまざまな症状が混ざり合って本人が自分のおかれている状況を理解できず、生活をするうえでの困難を生ずる。このような子どもの支援には、自分か現在おかれている状況を理解できるよう生活環境をわかりやすく設定することと、自分の気持ちを伝える方法を獲得させることが重要である。具体的な支援の方法として、さまざまな環境の構造化（物理的構造化、時間の構造化、作業課題の構造化[4]・視覚的構造化）が必要である。また、話しことばをもっていたとしても、コミュニケーションの手段としては使用できていない場合もあり、そのような言語と認知能力のギャップを理解したうえで発話だけに限定されないコミュニケーション手段の獲得をめざすことが有効である。

また年長になるに従って、集団生活でのトラブルが増加することが多く（順番、貸し借り、勝負など）、実際の生活場面をロールプレイなどで経験させて指導するソーシャルスキルトレーニングも取り入れていく必要がある。

AD/HD児も、注意散漫、多動、多弁、衝動的行為などで、生活をするうえでの困難を生ずる。環境の調整により注意・集中を高めることや、長所を見つけて伸ばし自信をつけさせることが発達支援のポイントとなる。

発達障害の特性理解に基づいた発達支援を受けられないと、自尊心が傷つき、二次的な障害につながり、その結果、地域生活がより難しくなる。発達障害児の発達支援の基本は、自分と自分のおかれている状況の関連性を理解し、さらには意欲的に周囲に関係をもとうとすることができるようにすることである。その結果、もてる力を駆使することができ、達成感や成就感により自信をつけ、自尊心を育んでいくことができる。

また、指導や配慮だけでは問題行動などへの対応が難しいケースでは、医療機関とも連携して、服薬の必要性についても考慮していく必要がある。

3）医療的ケアを必要とする子どもへの支援

①医療的ケアについて

「医療的ケア」とは、口腔・鼻腔・気管カニューレ内の吸引、経管栄養など、従来は医療行為（医師法では「医行為」）とされ医療職によって担われてきた行為であるが、在宅の重度障害児・者の増加に伴って、親・家族だけでなく教員や福祉施設職員も実施することが必要になってきた「医療的生活維持行為」をいう。

重症心身障害に併存することが多いが、重症児・者のすべてが医療的ケアを必要とするわけでもない。加えて、最近では知的障害も肢体不自由もないが医療的ケアを要する子どもが増加し、障害児支援施策の課題となってきている（**図5**）。

近年、暮らしや育ちに医療的ケアを必要とする子ども（以下、医療的ケア児と略）

4）作業課題の構造化：課題の順番や量、時間をわかりやすく設定する支援方法

図5　重症心身障害児・者と医療的ケア児・者

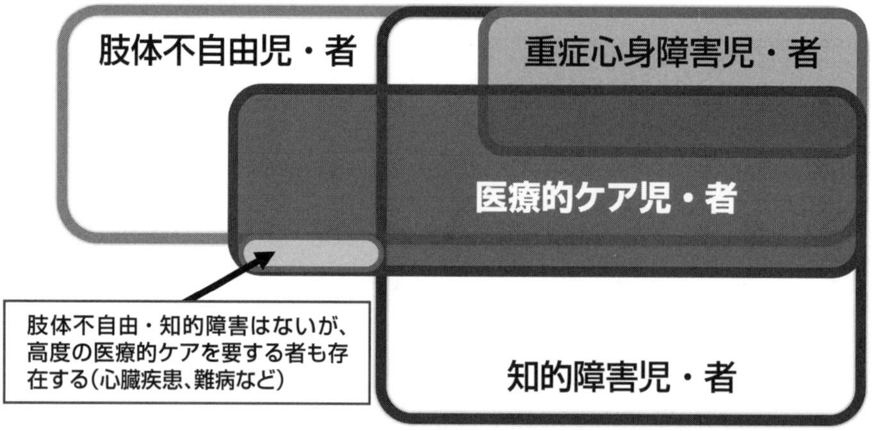

が増えている。平成28年度、何らかの医療的ケアを必要とする0歳から19歳未満の在宅の児童は18,272人で平成17年の約2倍、うち人工呼吸器装着児は3,483人で約13倍となっている[5)]。成人での正確なデータはないが、医療的ケア児が成人になるだけでなく、中途障害や進行性疾患などが加わってさらに多くなるため、生活介護事業や居宅介護等の訪問型事業でも重要な課題になっていることが推察される。

このような状況を背景に、平成30年度から都道府県等に作成が義務化された障害児福祉計画においても、国が示した「第1期障害児福祉計画に係る基本指針」では、令和2年度末までに、「主に重症心身障害児を支援する児童発達支援事業所及び放課後等デイサービス事業所を各市町村に少なくとも1か所以上確保すること」とされている。

②障害児通所支援における医療的ケアについての考え方

医療職以外の職員は、従来は医療的ケアを実施できなかったか、「違法性阻却（形式的には法律に抵触するが実質的には違法性を問われず処罰されない）」として緊急避難的に実施せざるを得なかった。しかし、平成24年度から制度化された「喀痰吸引等研修」を受講し実地研修を受けることでこれらの医療的ケアを実施することができるようになった。また、看護師のいない施設で看護師の関与が必要な場合には、後述する医療連携体制加算を利用して医療機関から支援を求めることもできるようになっている。

5）田村正徳ら、厚生労働科学研究「医療的ケア児に対する実態調査と医療・福祉・保健・教育等の連携に関する研究」平成29年度研究報告書

喀痰吸引等研修の実現によって、痰の吸引（咽頭手前までの口腔・鼻腔吸引、気管カニューレ内吸引）、経管栄養（経鼻胃管、胃ろう）は、研修を修了した医療職以外の者が実施できるようになった。しかし、①気管切開管理（気管カニューレより奥の吸引）、②経鼻エアウェイ、③酸素療法、④薬液吸入（臨時）、⑤人工呼吸器療法、⑥腸ろうからの注入、⑦人工肛門管理、⑧座薬使用（臨時）、⑨中心静脈栄養などの医療行為はまだ医療職の手に委ねられることが多い。障害児通所施設や学校現場では、さまざまな手技や支援内容を未だ「医療的ケア」として実施していることも多いため、**図４**に示したような医療機関との連携だけでなく、事業所内での日常的な研修や手順の確認、責任体制の明確化などが必要である。

医療的ケア児に関しては、後述するようにさまざまな事業が創設されているので、積極的に利用して医療的ケアが必要な重度障害児の発達支援を遂行していきたい。

医療的ケアは、重度障害児の発達支援や生活支援を円滑かつ安全に提供するための「合理的配慮」である。障害がいかに重くさまざまな専門的ケアを必要とするにしても、障害者権利条約や障害者差別解消法で保障された権利を医療的ケア児も享受する権利がある。小規模な通所事業所で医療系職員の確保が難しかったとしても、さまざまな事業・制度を駆使して、発達を支援していくことは事業所としての責務である。

Q&A 「医療連携体制加算」

Q **おもに知的障害児の発達支援を行っている施設ですが、医療ケアの必要なお子さんが入園しました。医療連携体制加算について具体的に教えてください。**

A 看護師が配置されていないために医療的ケアや医療行為が必要な子どもの受け入れが困難な事業所は、「医療連携体制加算」の利用をお勧めします。近隣の医療機関や訪問看護ステーションとの連携によって看護師が事業所を訪問して吸引・経管栄養の管理・導尿・人工呼吸器の管理などを行えます。看護師が直接実施しなくても、手技の指導のみを行った場合や介護職員が看護師の指導のもとで医療的ケアを実施した場合にも算定できます。看護師が訪問することで、家族の常時のつき添いがなくなり、療育や生活が医療ケアのために途切れることがなくなり、さまざまな発達支援の効果が出ることが期待されます。

なお、算定は看護師１名につき１日８名までとなっています。９名以上の対象児がいる場合には、複数の看護師の訪問を依頼するか、８名の子どものみ算定するかのどちらかになります。平成30年度報酬改定により、従来４区分であった医療連携体制加算は、４時間以上の支援の区分を新設し６区分となりました。

事例

医療的ケアを必要とする子どもへの取り組み

訪問看護ステーションを基盤とした児童発達支援
（おもな対象が重症心身障害児）

療養通所介護事業所（介護保険制度のデイサービス：通所介護）では、自主事業として、あるいは日中一時支援事業として、従来から重症心身障害児・者に対してのサービスを提供してきていた。

今回、障害福祉サービスとして位置づけられたことで、医療的処置が必要な児童が安心して利用できる施設として開設が可能となった。

日本訪問看護財団では「療養通所介護を活用した重症心身障害児・者の“児童発達支援事業等”の事例集〈開設ガイド〉」を作成し、すでに児童発達支援事業等の指定を受けて障害児・者の支援を行っている事例を収集し、これには手続き、人員や設備、日々の運営をどうするのか、安全なサービス体制はどうするのかなどが記載されている。

日本訪問看護財団　http://www.jvnf.or.jp/katsudo/kenkyu/24kenkyu/2405-2.pdf

③医療的ケア児のためのさまざまな事業・制度

医療的ケア児の増加に伴い、近年さまざまな制度やシステムが打ち出されてきている。詳細は他書に譲るが、以下に障害児通所支援に関係する事項の概略を述べる。

ア）喀痰吸引等研修

平成24年度に教育・福祉職員などを対象にした「喀痰吸引等研修[6)]」が制度化され、児童発達支援事業所や学校、生活介護事業所などにおいて職員が医療的ケアを実施できる体制が整った。研修の受講については、実施予定の事業所が登録し、国・都道府県が実施または登録事業者が実施している講習会と実習を受ける。ある決まった一人の子ども対象のケア（特定の者）か不特定の子ども対象のケア（不特定多数の者）かにより、研修の時間が異なる。研修後、かかりつけの診療所や病院からの指示書の発行により吸引などができるようになる。吸引や注入の実施にあたっては、家族と主治医、担当職員と十分に手技などを確認してから行う必要がある（**図6・7**）。

なお、従来「違法性阻却」の範囲で医療的ケアを実施してきた事業所においては、研修制度の確立によって突然中止することになれば子どもや家族に影響が大きくなる

6）参考資料：厚生労働省「喀痰吸引等の制度について」 ※厚生労働省のサイトで検索してください。

ため、医療的ケアにかかわる職員ができるだけ早く研修を受けることを前提に、当分の間は「違法性阻却」が認められることになっている（***Q&A*「医療的ケアの実施と緊急避難」**）。介護福祉士は平成 24 年度から養成校での単位に組み込まれているので、今後の卒業生は資格取得と同時に吸引などの行為が可能となる。

また、旧重症心身障害児施設など医療機関と位置づけられている施設については、医療職以外の職員による吸引などの医療的ケアの実施は認められていない。

図6　喀痰吸引等研修

【対象となる医療行為】
○たんの吸引（口腔内、鼻腔内、気管カニューレ内部）
○経管栄養（胃ろうまたは腸ろう、経鼻経管栄養）

喀痰吸引等研修	不特定多数	①喀痰吸引および経管栄養について、対象となる行為のすべてを行う類型	**基本研修** 講義 50H ＋ 各行為のシミュレーター演習	＋	**実地研修**
		②喀痰吸引（口腔内および鼻腔内のみ）および経管栄養（胃ろうおよび腸ろうのみ）を行う類型	**基本研修** 講義 50H ＋ 各行為のシミュレーター演習	＋	**実地研修** （気管カニューレ内吸引および経鼻経管栄養を除く）
	特定の者	③実地研修を重視した類型	**基本研修** 講義および演習 9H ※重度訪問介護従事者養成研修と併せて行う場合には20．5時間	＋	**実地研修** ※特定の者に対する必要な行為についてのみ

厚生労働省資料から抜粋

図7　介護職員等による喀痰吸引等の提供（施設の場合）

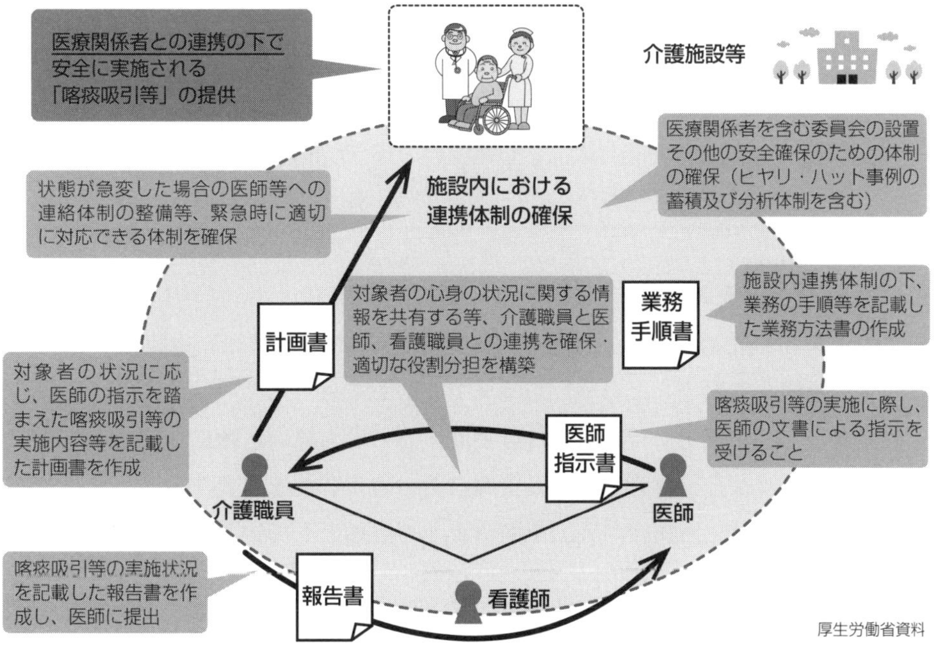

厚生労働省資料

Q&*A* 「医療的ケアの実施と緊急避難」

Q **当園では保護者からの依頼で痰の吸引などの「医療的ケア」を看護師に指導されながら保育士が実施してきました。痰の吸引等の講習が制度化されましたが、今後は研修を受けないとできないのですか？**

A 法律上、「原則として医療行為は医療職以外はできない」とされています。しかし、口腔吸引などの医療的ケアは、特別支援学校や福祉施設などでも従来から実施されており、厚生労働省も違法性阻却（参考②参照）の対象として認めてきました。平成 24 年に介護職員への痰の吸引等の研修制度がスタートし、違法性阻却状態を合法化するために講習を受けることが推奨されています。しかし、医療的ケアは子どもの日々の生活や命を守るために必要なことなので、急に中止すれば子どもの生活の支障をきたします。「保護者、主治医の同意」「看護師等の医療関係者による医学的管理」「ケアの質を確保する研修の実施」「学校や施設、行政による体制整備」などを条件にしつつ、違法性阻却の範囲内で従来のケアを継続しながらできるだけ早く研修を受けることが望まれます。

〈 参考① 〉厚生労働省 Q&A

Q 特定行為の範囲今般の制度化によって、介護従事者にも可能となった行為以外の行為は、実施できなくなると考えてよいか。

A 喀痰吸引と経管栄養以外の行為か医行為に該当するか否かや、介護職員か当該行為を実施することか当面のやむを得ない措置として許容されるか否かは、行為の態様、患者の状態等を勘案して個別具体的に判断されるべきものであり、法が施行された後もその取り扱いに変更を加えるものではない。

〈 参考② 〉緊急避難（刑法 37 条 1 項）

人や物から生じた現在の危難に対して、自己または第三者の権利や利益（生命、身体、自由、または財産など）を守るため、他の手段がないためにやむを得ず他人やその財産に危害を加えたとしても、やむを得ずに生じさせてしまった損害よりも避けようとした損害のほうが大きい場合には犯罪とはならない（実質的違法性阻却）

イ）医療的ケア児等コーディネーター養成研修事業

日常生活を営むために医療的支援を要する状態にある障害児や重症心身障害児等（以下、「医療的ケア児等」という）が地域で安心して暮らしていけるよう、医療的ケア児に対する支援が適切に行える人材を養成するとともに、医療的ケア児の支援に携わる保健、医療、福祉、教育等の関係機関などの連携体制を構築することにより、医療的ケア児等の地域生活支援の向上を図ることを目的としている。事業内容としては、「医療的ケア児等を支援する人材の養成」「保健、医療、福祉、教育等の各分野の関係機関及び当事者団体等から構成される協議の場を設置」であり、養成研修を受けた人材を配置している計画相談事業所や障害児相談支援事業所には「要医療児者支援体制加算」が支給される。

なお令和元年度から、地方自治体の支援体制を強化し医療的ケア児等とその家族に対してきめ細やかな支援を届けるために、本事業と「医療的ケア児支援促進モデル事業」などを一つの事業に統合した「医療的ケア児等総合支援事業」がスタートしている。

ウ）看護職員加配加算

児童発達支援または放課後等デイサービス給付費の算定に必要となる従業者の配置数に加え、看護職員を配置して、医療的ケアが必要な障害児に対して支援を提供することができる旨を公表している場合に、看護師の人数に比例して加算が設定されている。

エ）医療連携体制加算

***Q&A*「医療連携体制加算」を参照（67 ページ）。**平成 30 年度報酬改定により、従来 4 区分であった医療連携体制加算は、4 時間以上の支援の区分を新設し 6 区分となった。なお、看護職員加配加算を算定している場合には本加算は算定できない。

オ）送迎加算の拡充

送迎においても喀痰吸引などの医療的ケアが必要な場合があることを踏まえ、看護職員加配加算を算定する事業所であって、喀痰吸引などの医療的ケアを行うため、運転手に加え、職員を 1 以上配置して手厚い人員配置体制で送迎を行う場合を評価する。

4.「センター」または「事業所」と地域支援

地域支援事業（保育所等訪問支援事業、障害児相談支援事業、障害児等療育支援事業、巡回支援専門員整備事業など）は、「センター」が可能な限り取り組むべき重要な課題である。これらの事業を活用して、施設内にとどまらない「障害への気づきの時期からの地域ネットワークを基盤にした継続した支援」という発達支援事業所が果たすべき役割の達成が可能となる。

1）気づきの段階からの支援

支援対象が「発達支援を必要とするすべての子ども」となり、事業所がもつ専門機能の地域への提供がさらに重要視されるようになった。そのため、早期発見や障害理解への支援、子育て不安への対応などを柱に保健機関との連携が改めて期待されており、乳幼児健康診査での連携や健診後フォローアップグループへの支援など、「センター」がさらに役割を広げていく必要がある。

「センター」が果たすべき役割は、保健機関などとの連携の中で継続的な発達支援が必要と思われる子どもを把握し、子どもたちへの配慮すべき点や具体的なかかわり方のアドバイスなど重ねながら、必要に応じて児童発達支援などのサービス利用へと保護者を導くことである。

障害特性が理解されていない子育てでは、子どもたちは失敗経験を繰り返し自尊心が損なわれていく。そのような状況では、保護者も子育ての自信が育ちにくく育児不安に陥りやすい。困難な状況におかれているのは子ども自身と保護者であるとの認識のもと、子どもの発達理解や育児支援など早期支援の一翼を担うことが、初期段階での最も重要な地域支援といえる。

また気づきの段階からの支援は、保護者の障害理解に対して十分な配慮が不可欠である。福祉サービスの利用には市町村が発行する受給者証が必要になったため、保護者の障害理解や支援要請が必要になるが、子どもの障害の理解が十分でないとこの段階でつまずくことが少なくない。今後、受給者証が必要なく利用形態の自由度が高い「障害児等療育支援事業」のような機能を、すべての「センター」に位置づけることも必要であろう。

NICU（新生児集中治療室）などの医療機関から在宅に移行するケースでは、呼吸器装着や経管栄養、痰の吸引など、濃厚な医療的ケアの必要ないわゆる超重症児も多い。このような子どもたちが在宅で安心安全な生活を送るためには、訪問診察や訪問看護あるいは訪問リハビリなどが提供されることが多い。「センター」や「事業所」は、相談支援事業所とも連携して、通園の可能性を探るとともに具体的な支援策を検討するべきである。そのためには入院中から（病院での）移行支援会議などに積極的に参加していく姿勢が必要である。

2）移行支援について（保育所・幼稚園・学校等）

「次なるステージ」への移行時の保護者支援は、「センター」「事業所」の重要な役割の一つである。就学、就園に関しては多くの保護者は不安を抱えている。保護者が自信をもって移行先が決定できるよう、見学の機会や情報提供などの支援を行うことが必要となる。就学に関しては就学指導委員会の決定と保護者の意向が異なる場合にも、保護者と就学予定となっている学校・関連機関などとの調整に努める必要がある。子どもにとってふさわしい就学・就園先を保護者が主体的に決断できたと思える支援が、将来の子育てを考えた時には重要になってくる。

また移行先の機関には、子どもの状況や支援の内容など的確に伝えていく必要がある。具体的には入学・入園直後から子どもたちに対して「合理的配慮（障害者権利条約第２条)」がスムーズに導入されるように、文書や会議による引き継ぎや、サポートブック[7] の作成と活用が有効と思われる。このサポートブックを保護者とともに作成していくことは、保護者が子どもの状況を正確に理解する大きな手助けともなり、保護者が何度も同じことを説明することの煩雑さをなくすこともできる。関連機関が同じ方向で支援や配慮を考えることができるなど、重要な連携ツールとして機能することが期待できる。

なお、平成 27 年度報酬改定によって、関係機関連携加算（Ⅰ：保育所や学校との連携による個別支援計画作成、Ⅱ：就学や就職に向けた学校や企業との連絡調整）が設定された。

3）地域機関との連携

「センター」は、地域における発達支援体制の中核として機能することを期待されている。「センター」が発達支援を必要とする子どもの特性理解や支援の技法などの情報を、保育所、幼稚園、学校などに広く伝えることにより、子どもを取り巻く環境の改善が現実的なものになる。

また、「センター」を利用する子どもたちは、地域のさまざまなサービスを重層的に利用するようになり、一人の子どもを通したネットワークも広がってくる。このようなケースは、個別支援計画を連携のツールとして活用しながら連携を深めていく。

表6　機関連携

	支援や連携の内容	気をつけたいポイント
縦の連携	低年齢からの支援	障害特性に対応しながら子育てとしても相談できること
	NICUからの移行支援	在宅生活に向けての相談支援や医療的ケアの提供や共有をどう進めるか
	気になる段階での支援	診断が確定しない段階での支援をどう進めるか
	入園や入学時の移行支援	連携体制やシステムを地域でどうつくり、どう進めるのか
	学齢児の支援	成人期に向けて学齢期以降の支援をどうつなぐか
横の連携（地域ネットワーク）	保健センターとの連携	障害の発見前後の支援
	保育所・幼稚園との連携	子どもの生活場面での具体的支援
	学校連携	医療的ケアに対する支援、就学移行や連携
	医療機関との連携	診療所との役割分担、地域での診療機能の確保
	超重症児の通所や在宅支援	在宅移行、居宅支援、在宅から通所利用へ支援
	ショートステイや入所利用	入所との連携、ショートステイの確保
	地域にあるセンター・事業間の連携体制	併行利用時の情報共有、支援方法の一貫性

7）子どもの特徴や接し方などの情報をまとめ、はじめて子どもにかかわる人に伝わりやすくするために保護者が中心となって作成する手づくりの冊子

その際、学校との連携では特別支援教育コーディネーターを窓口として活用していくことで、スムーズなやりとりにつなげられることが多い。

連携のあり方として、「センター」がリーダーシップを発揮することで、利用する関係機関同士が情報を共有し、発達支援を行ううえでそれぞれの役割を明確にできるよう進めていくことが大切である。関係機関の連携は、「顔の見える連携」が重要で「○○については△△の××さんにつなげよう」という関係づくりが何よりも重要になる（**表6・第Ⅰ部 図3** 17ページ）。

4）地域啓発・地域における人材育成

児童発達支援、とくに「センター」には、地域に対して発達支援を必要とする子どもの特性の理解や受け入れの推進などのための積極的な啓発活動が求められる。具体的な方法としては、市町村行政などとの連携のもと、一般住民やボランティア団体などを対象とした研修会がある。また、地域住民との交流行事の実施、見学者やボランティアの受け入れ、保育所・幼稚園との交流保育などにより、「センター」に地域住民が来所する機会を増やすことも障害への理解を促進し、発達支援を必要とする児童や家族の生活環境を改善していくことにつながる。

また、発達支援を必要とする子どもが利用する機関（保育所、幼稚園、学校等）に対しては、センター職員が出向いてOJT研修を実施することも効果が大きいと思われる。とくに難聴や肢体不自由を対象とする「センター」における専門的な児童発達支援に関する研修は、その機能をもたない「センター」や「事業所」をはじめとした関連機関のニーズにも対応できる。平成27年度の報酬改定によって、児童発達支援と保育所等訪問支援が同日に利用できるようになった。このような制度も利用しながら、地域の関係機関だけでなく、「センター」も「事業所」もお互いの機能を高め合う体制づくりが求められている。

上記のような地域支援業務を活性化させるために、児童発達支援センターは地域住民や関連機関担当者に対して、障害特性、児童発達支援の具体的な方法や目的などをわかりやすくプレゼンテーションできる能力をさらに高めていく必要がある。

D. まとめ

児童発達支援は、厚生労働省障害部局としてはじめて「～障害、～不自由」や「通園」といった障害に関連する用語が入らない「発達支援が必要なすべての子ども」を対象にした新しい事業形態であり、インクルージョン時代の発達支援の象徴といえる事業である。

昭和 32 年の知的障害児通園施設の制度化に始まる障害児通園施設の歴史は、平成 24 年の児童福祉法改正に伴う「障害児通園施設の一元化＝児童発達支援の創設」によって、新たな時代を迎えた。

「障害種別に着目した専門的技術による障害の改善」を目標にしていた「障害児療育」は、「生まれ育つ身近な地域で」「どんな障害があっても」「障害が確定しない『境界域』の子どもまで対象に」「地域での健やかな育ちや地域での豊かな暮らしを保障する」という「生活モデルの発達支援」へと大転換した。これからの障害児支援には、障害のある子どもが（その可能性のある子どもも含めて）「子ども」として社会から全面的に受け入れられ、地域での健やかな育ちを保障され豊かな暮らしを享受できる支援が求められている。とくに、平成 26 年 1 月の障害者権利条約の批准や平成 27 年 4 月の子ども子育て支援制度の開始によって、その方向性は明確になったといえる。

一方、「一元化」によって施設・事業がそれぞれに育ててきた「専門性」が否定されたわけではない。障害種別ごとに深められてきた障害児保育は、その「深さ」に加えて、どんな障害があっても地域での育ちを支援できる「広さ」を期待されるようになった。「障害の軽減・改善」を中心的に担ってきた医療専門職には、発達支援の基盤である「地域での育ちを支援する生活モデルの医療専門性（医療機能を下支えにした育児支援、地域生活支援、生活力の育成など）」を創りあげ、地域での活動をさらに活発化させることが期待されている。発達支援の現場には今、困難であるがやりがいのある「新たな専門性」が求められている。

しかし、児童発達支援の現状が期待された形で展開されているとはいい難い。

まず、「一元化」という目標を掲げたにもかかわらず「専門性の継続」という形で従来の対象障害に限定することが認められた。とくに、保育士の配置をはじめ職員配置基準が曖昧な肢体不自由児通園施設を温存して医療型「センター」を設定したことにより、脳性麻痺をはじめとする肢体不自由児の通園場所が限定され、「保育機能を基盤とする生活モデルの発達支援」という一元化の大義に影を残した。難聴幼児通園施設と知的障害児通園施設の移行型である（福祉型）「センター」についても、職員配置や給付額などが従来の違いを残しており同様の問題をはらんでいるといえる。今後は、すべての児童発達支援事業所の努力と市町村行政の支援によって「一元化」の理想を実現する努力が継続されなければならない。

二つめに、発達支援システムの基盤となる障害児相談支援事業所の量・質両面における停滞である。障害児相談支援事業は、障害児支援にケアマネジメント手法をもち込み、「職人芸としての療育」から「科学性をもった発達支援」に転換していくための必須事業である。障害福祉サービス全般を見ても、相談支援は利用契約制度の要として、利用者と事業所と行政が対等な形でサービスを提供、利用するために不可欠な事業である。インクルージョンをめざす児童発達支援の今後の発展に向けて、市町村行政のさらなる努力が必要である。

三つめに、子ども子育て支援制度との関連性である。障害があろうとなかろうと、子どもは「子ども」として育ちを支援されなければならない。平成 26 年度に策定された「障害児支援の在り方に関する検討会報告書」では、障害児支援は「障害児の地域社会への参加・包容を子育て支援において推進するための「後方支援」としての専門的役割の発揮」と位置づけが確認された。しかし、市町村行政では「障害福祉か児童福祉か」という縦割り行政の弊害が未だに乗り越えられていないのが現状である。

さまざまな課題を残しながらも、児童発達支援の創設以降、事業所数は着実に増加している。何度かの報酬改定に伴って関係者が希望した方向で事業内容や報酬設定も見直された。平成 30 年度からの「第 1 期障害児福祉計画」では、各市町村に児童発達支援等の整備について具体的数値目標が掲げられた。本事業の発展に対する利用者、事業者、地方行政や国の期待のあらわれと評価したい。

一元化された障害児通園施設の未来は、障害のある子どもたちの明るい未来を約束するものでなければならない。事業者、市町村一体となったさらなる努力を期待して**第Ⅱ部**を終える。

第Ⅲ部

保育所等訪問支援

A. 事業の概要

1. 保育所等訪問支援の概要

1）保育所等訪問支援が作られた背景

保育所等訪問支援は、平成24年4月施行の改正児童福祉法により創設された障害児通所支援の一形態であり、個別給付で実施する初めての「訪問型事業」である。

保育所等訪問支援は、「センター」などで指導経験のある訪問支援員（児童指導員、保育士、心理担当職員、作業療法士などの医療専門職）が、子どもが通っている保育所や学校などを訪問して、日常活動の場で現場の職員とともに指導し（直接支援）、保育士や 教員などに情報提供や接し方、環境整備などの助言を行うもの（間接支援）であり、障害児の地域での育ちを、児童発達支援を行う「センター」や「事業所」などと保育所などの地域機関との連携のもとで支援することを目標としている。

これまでの障害児支援は、福祉分野では、①子ども一般施策（障害児保育や放課後児童クラブでの障害児受入促進事業など）、②障害児施策（障害児通所支援など）があり、教育分野では、③特別支援教育制度として行われてきたが、施策体系が異なることから互いの領域に入り込んだ連携は進められなかった。そのため、①～③をつなぎ合わせる新たな支援形態が求められていた。

また、従来実施されてきた訪問型支援としては、平成8年から実施されてきた「障害児（者）地域療育等支援事業」（以下、「療育等支援事業」と略す：平成15年から「相談支援事業」と「障害児等療育支援事業」に分離・移行）があるが、この事業は都道府県、政令市、中核市の補助事業であり、財政的基盤が弱いだけでなく、「事業を委託されなければ実施できない」という限界性を有していた。

たとえば、自閉スペクトラム症等の発達障害児のさまざまな問題は地域の生活している場で起こる。「センター」などの整備された環境の中で専門職によって指導されている時には改善されたかのように見える問題が、さまざまな刺激にさらされる保育所や学校では再び出現する。肢体不自由の子どもたちも、介助の仕方や机、椅子、トイレ、玩具などの工夫が必要になる。保育所等訪問支援には、保育や教育環境において「インテグレーション（統合：ともに過ごす）からインクルージョン（包容・共生：

ともに発達できるよう支援する）」という障害福祉の重要な課題を実現していく効果が期待されており、支援の一貫性の確保や一般保育環境などへの専門技術の提供、二次障害の防止などへの対応を通して、共生社会の実現に寄与できる「未来形の事業」といえる。

2）療育支援事業からの流れ、療育支援事業の現状

保育所等訪問支援の方向性とその理念を考える時、平成 8 年度からスタートした障害者プランの中心的な事業であった「療育等支援事業」を想起しなければならない。

障害児と知的障害者を対象とした「療育等支援事業」は、身体障害者を対象にした「市町村障害者生活支援事業」、精神障害者を対象にした「精神障害者地域生活支援センター」とともに、柔軟な相談支援体制をより身近な地域で整備する「新しい時代の制度」として期待された。わが国における相談支援事業の萌芽と位置づけられる上記の 3 事業は、平成 12 年 6 月の社会福祉法制定により「相談支援事業」として法制化された後、平成 24 年度から障害者の「相談支援」（指定特定相談支援、指定一般相談支援）と「障害児相談支援」として確立した。

また、上記 3 事業の中で「療育等支援事業」だけは、相談支援部分であった「地域生活支援事業」のほかに、「措置定員外での支援（外来支援）」「保育所などへの巡回・訪問（訪問療育）」「地域の保育所などの職員への研修機能（施設支援）」という支援手法をもち、受託施設がその機能を「出来高払い（一部自治体を除く）」で展開するという措置制度時代としては先進的な事業形態を有していた点も重要である。

しかし、「療育等支援事業」は平成 15 年度の支援費制度の実施に伴って、都道府県・政令市・中核市（以下、都道府県等と略す）に一般財源化され、平成 18 年度には、「外来支援」「訪問療育」「施設支援」の機能は、相談支援となった地域生活支援事業と分けられて、都道府県等の事業である「障害児等療育支援事業」として継続されることになった。しかし、一般財源化されたことにより全国的に縮小傾向にあり、地域によってはその活動が終了もしくは見えなくなってしまっている地域があるのも現状である。

保育所等訪問支援は、未来形の事業であると同時に、「療育等支援事業」の理念と手法を受け継ぎ、「利用契約」「個別給付」という強固な制度的・財政的基盤をもって登場した事業として重要な意義を有している。

3）対象の拡大と、後方支援の役割の増大

保育所等訪問支援は平成 24 年 4 月の創設以来、訪問支援の対象となる施設がたびたび改正されつつ拡大している。この制度がどれほど重要な意義を有しているかの証

左と言えるだろう。「通う施設」を主たる対象として開始されたが、乳児院や児童養護施設の社会的養護の「暮らす施設」への訪問にも拡大された。また家庭への訪問は含まれていなかったが、実際の子どもたちの課題の解決のためには家庭との連携だけでなく、実際の家庭での生活の様子を把握し具体的に支援内容を提供し、教習することが求められ、平成30年度からは家庭訪問も実施可能となった（家庭連携加算）。

近年、地域の一般子ども子育て支援施設では、育ちが心配な子どもが増えていると言われている。もちろん、通園して専門的な支援を受けることが必要な子は、通園によって支援を受けるべきである。しかし、すべての子どもに通園が必要なわけではない。またすべての子どもが通園するだけのキャパシティを用意することは不可能である。むしろ、地域の施設·機関が「センター」などの施設の専門性を享受することで、地域での支援力・専門力が高まり、より多くの子どもたちの育ちを支えられるようになり、地域での受け皿が広がることが期待される。実際に、地域の各支援施設は確実にその歩みを進めていることが実感される。保育所等訪問支援は、地域機関を具体的に後方から支援することができる制度であり、「共生社会を拓く」という意味で、その役割は大きい。

2. 保育所等訪問支援の法的位置づけ

1）概　要

保育所等訪問支援は、「センター」などで指導経験のある児童指導員や保育士、医療専門職が、保育所や学校などの障害児が集団生活を送る場所を訪問し、障害児や訪問先の担当者に対し、障害児が集団生活に適応するための専門的な支援を行う事業である。

2）法的位置づけ

保育所等訪問支援は、障害児通所支援の中に位置づけられ、さらに社会福祉法において第二種社会福祉事業として位置づけられている。

3）訪問対象施設

保育所等訪問支援において訪問対象となる施設としては、児童福祉法において「保育所・幼稚園・認定こども園・小学校・特別支援学校、その他児童が集団生活を営む施設として、地方自治体が認めたもの」と規定されている。これに加え、平成28年施行の改正児童福祉法では、障害のある子どもが増加してきている乳児院や児童養護施設への訪問にも拡大された（平成 30 年 4 月 2 日施行）。学校については中学校や高等学校も含まれていると考えられ、特別支援学級も特別支援学校と同様に対象とすることができる（**図 1**）。

■児童福祉法（一部要約）

第６条の２の２　この法律で、障害児通所支援とは、児童発達支援、医療型児童発達支援、放課後等デイサービスおよび保育所等訪問支援をいい、障害児通所支援事業とは、障害児通所支援を行う事業をいう。

○５ この法律で、保育所等訪問支援とは、保育所その他の児童が集団生活を営む施設として厚生労働省令で定めるものに通う障害児につき、当該施設を訪問し、当該施設における障害児以外の児童との集団生活への適応のための専門的な支援その他の便宜を供与することをいう。

■児童福祉法施行規則（一部要約）

第１条の２の３　法第６条の２ の２第５項に規定する厚生労働省令で定める施設は、保育所、学校教育法に規定する幼稚園、小学校および特別支援学校、就学前の子どもに関する教育、保育等の総合的な提供の推進に関する法律第７条第１項に規定する認定こども園その他児童が集団生活を営む施設として市町村が認める施設とする。

図1　保育所等訪問のイメージ

◎対象児童

保育所や、児童が集団生活を営む施設に通う障害児＊
「集団生活への適応度」から支援の必要性を判断
＊発達障害児、その他の気になる児童を対象

→ 個別給付のため親の障害理解が必要

→ 相談支援事業や、スタッフ支援を行う障害児等療育支援事業等の役割が重要

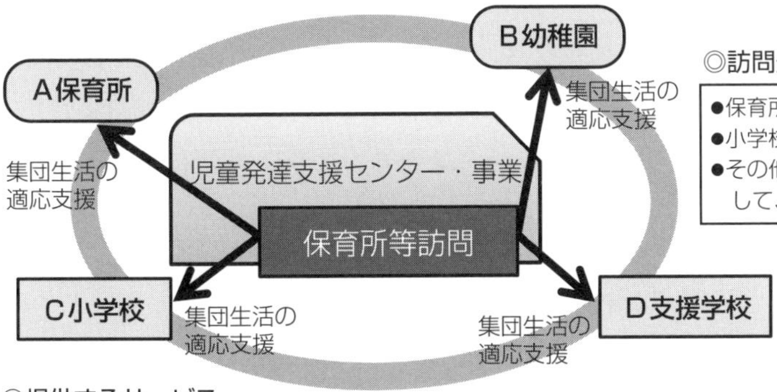

◎訪問先の範囲

- 保育所、幼稚園、認定こども園
- 小学校、特別支援学校
- その他児童が集団生活を営む施設として、地方自治体が認めたもの

◎提供するサービス

障害児が集団生活を営む施設を訪問し、当該施設における障害児以外の児童との集団生活への適応のための専門的な支援等
①障害児本人に対する支援（集団生活適応のための訓練等）
②訪問先施設のスタッフに対する支援（支援方法等の指導等）

厚生労働省資料を改変

3. 指定基準

保育所等訪問支援は、児童福祉法に基づく指定通所支援の事業等の人員、設備及び運営に関する基準（平成24年厚生労働省令第15号）により、障害児通所支援全般の一般原則のほか、本事業の基本方針、人員および設備、運営に関して規定されている（都道府県等が本省令に基づき条例を定める）。

1）人員基準

保育所等訪問支援の人員基準は以下**表1**のとおりである。

表1　保育所等訪問の人員基準

区　分	職　種	基　準
従業者	訪問支援員	事業規模に応じて必要な数 障害児支援に関する知識および相当の経験を要する児童指導員、保育士、理学療法士、作業療法士および心理担当職員等であって、集団生活への適応のための専門的な支援の技術を有する者
	児童発達支援管理責任者（注）	1名以上（児童発達支援センターの児童発達支援管理者と兼務可能）
管理者		常勤で、原則として管理業務に従事するもの（管理業務に支障がない場合は兼務可）

（注）児童発達支援管理責任者が訪問支援を行うことは妨げないが、同一人物がすべての職種を兼務することは不可

2）設備基準

保育所等訪問支援の運営を行うために必要な広さを有する専用の区画を設けるほか、支援の提供に必要な設備および備品等を備えなければならない。設備および備品等は、専ら保育所等訪問支援のために用いなければならないが、支援に支障がない場合は共用も可能である。

3）運営基準

利用定員の規定はない。

なお、保育所等訪問支援固有のものとして、「身分を証する書類の携行」の規定が設けられている。訪問支援員は身分を証する書類を携行し、初回訪問時や障害児とその保護者・家族または訪問先施設から求められた時には提示しなければならない。

4）報酬基準

児童発達支援の報酬は、児童福祉法に基づく指定通所支援及び基準該当通所支援に要する費用の額の算定に関する基準（平成24年厚生労働省告示122号）に規定されているので参照されたい。

保育所等訪問支援においては、種々の加算が、報酬改定のたびに追加・変更がなされている。発達支援サービスの中では、まだ創設されて間もない制度でもあるので、実践の蓄積の中でより使いやすいように改定がなされているためである。ぜひ、今後の動向に注目しておいてほしい。

B. 事業の目的と重要性

1. 訪問・巡回型支援の重要性

保育所、幼稚園、小中学校などに通う障害児やその家族への相談支援や発達支援は、それぞれの機関の保育士や教員が対応することが前提である。しかし、乳幼児期からの発達支援の内容を継続して実施する必要があったり、地域機関の職員が子どもへの対応に困ったりしている場合には、「センター」や「事業所」などの専門機関から、発達支援に熟練した保育士や児童指導員、心理担当職員、理学療法士、作業療法士、言語聴覚士などが保育や教育の現場に出向いて、子どもたちを評価し、専門的技術を提供することが必要になる。このような連携・協力体制の構築は、障害のある子どもの地域での安心した育ちや成人期の準備のために不可欠である。

措置制度の時代には、障害のある子どもたちへの支援は「施設への通所」または「施設への入所」という形でしか提供できなかった。まして、障害が確定していない「気になる段階」での支援は不可能であった。発達支援を希望する子どもと保護者は、「地域（保育所等）か施設か」という二者選択しかできなかった。

その後、保育所との併行通園制度が登場し、子どもたちは施設と地域の両方での育ちを経験できるようになった。しかし、施設と地域の連携体制は乏しいままで、施設と保育所等での対応が異なり、子どもが混乱する場面も少なくなかった。

障害があっても子どもとして地域で育ち、地域で暮らす大人になるために、障害のある子どもたちも一般の子ども施策（保育所、幼稚園、普通学校等）に支援されて育てられなければならない。「センター」や「事業所」などの専門機関は、障害のある子どもたちを一定期間通わせて発達を保障しながら、常に地域に帰すこと、帰していける地域を開拓することをめざす必要がある。専門機関のもっとも重要な機能は、地域への「職員派遣」や「情報発信」といった後方支援だといっても過言ではない。そう考える時、障害のある子どももない子どもともに育つ共生社会を拓くための近未来的な事業である保育所等訪問支援の重要性が明らかになる。

また、これまでは、いわゆる障害の「専門家」と呼ばれる人間だけが、支援を必要とする子どもの支援に携わることを前提とした体制でもあった。しかし、障害のとらえ方が医療モデルから社会モデルに転換され、障害のある子どもたちへの支援は、彼らが暮らす環境との相互作用の中で進められることが必要になってきている。そういった観点からも、「センター」や「事業所」などの専門機関のみで支援が完結するのではなく、一般の子ども施策を担っている専門家とともに育ちを支えていくことが必要であり、その理念を具現化できる制度が保育所等訪問支援であるといえる。

2. 保育所等訪問支援の意義

これまでの障害のある子どもに対する支援は、「特別支援教育」（教育）、「障害児保育事業や放課後児童クラブの障害児受入促進事業などの子ども一般施策」（児童福祉）と「障害児通所支援などの障害児福祉施策」（障害福祉）などにより、別々の時間、別々の場所で実施されてきた。

さまざまな事業や施策をつなぐために、情報共有化やフォローアップがなされてきたが、それは各機関職員の努力の範囲でなされてきたものであり、連携・協力はおもに会議開催や情報共有化というレベルにとどまることが多かった。

「障害児等療育支援事業」の活用により連携する場合もあったが、都道府県などによって取り組みに差があること、保護者からのニーズではなくおもに関係機関からのニーズに基づいて支援を行ってきたこと、学校などの教育の場にはなかなか入り込めなかったことなどが課題であった。

このようななかで創設された保育所等訪問支援の特徴・意義は、以下のとおりである。

❶**児童福祉法に義務的経費の事業として位置づけられている**：財源に左右されない、障害児等療育支援事業の受託の有無にかかわらずどんな事業所でも実施可能である

❷**保護者のニーズに対応できる**：保護者の障害理解を前提にして契約に基づいて展開できる

❸**子どもが日常生活を送っている場所で支援できる**：保育所や学校などの場所で支援を行うことにより、子どもにとって慣れ親しんだ場所での支援ができ関係機関相互の理解や信頼関係も築かれる

❹**間接支援だけでなく本人への直接支援も行える**：これまでの連携は、情報共有や役割分担など担当者への支援が中心になりがちだったが、本人への直接的な専門

的支援を行える

❺本人に対する直接支援、保護者に対する家族支援、保育所や学校などに対する間接支援、この三者に対する支援を同時に実施できる

❻**移行支援ができる：**「センター」や「事業所」から保育所や教育への円滑な移行を支援できるツールとして活用できる

❼**共生社会の実現を期待できる：**地域の子どもたちと分離することなく、地域で育ちながら専門的支援を提供できるとともに地域全体の支援能力を向上させることができ、また、そのことが、さらに支援を必要とする子どもたちが地域で受け入れられる可能性を広げていくことになる

❽地域で一般施策を担う専門家の支援力の向上に寄与することで、それら職員の不安の解消、後方支援があることの安心感の提供などが実現できる

3. 支援の類型ごとの意義

保育所等訪問支援を利用して支援する方法には、おもに次の4類型が考えられる。

1） 継続利用型

児童発達支援を利用していた児童が、次のステップとして保育所や幼稚園、学校などに移行する際、児童発達支援を実施している事業所がこれまで実施してきた発達支援方法を伝達することができ、新しい施設への子どもの適応を円滑にできる。新しい施設で課題が発生していなくても、いわば予防的に関りを持つことができる。ライフステージの変わり目では、環境や生活リズム、同級生や先生たちなどの人的環境の変化も大きい。ライフステージを移行していくときの移行支援としても活用ができる。

2） 併行利用型

「児童発達支援」や「放課後等デイサービス」を利用している児童が併行して通っている保育所や幼稚園、学校を訪問して支援することにより、通所支援で行っている支援の内容や方法と整合性、一貫性をもたせることができ、新たに発生する課題に対しても関係機関同士で考えることができる。

3） 単独利用型

これまで「児童発達支援」や「放課後等デイサービス」などを利用していなかった

児童のうち、保育所や学校などで新たに障害または発達支援の必要性に気づかれた児童が集団から分離されることなく、保育所等訪問支援を活用して特性に応じた環境整備を図り、保育所や学校などにおける適応を促したり学習の促進を図ったりすることができる。

4）体験利用型

保育所などに通うなかで障害または発達支援の必要性に気づかれ、本来なら「センター」などに通所して集中的な支援を受けたほうがよいが、保護者の就労や障害理解が進んでいないなどの理由のため通所支援につながらない児童に対して、保育所等訪問支援を試行的に体験利用し、発達支援の必要性や効果を確認してもらうことで通所支援につなげていくことが可能となる。

一方、子どもの障害を受容できない保護者は保育所等訪問支援の利用契約を結ぶことが困難であるため、どのように契約に結びづけるかということが課題になる。

C. 事業の進め方

1. 保育所等訪問支援の積極的展開の必要性

保育所等訪問支援は、現在も未だ取り組んでいない「センター」や「事業所」が多く、指定を受けた事業所（令和元年9月で845か所　国保連データより）[1] においてもその実施件数はまだ少ないのが現状である。

「地域で育つこと」を前提に考えれば、保育所等訪問支援は発達支援の未来を拓く非常に重要な事業であり、地域での育ちを支援する「センター」や「事業所」の本来的な責務である。しかし、他の通所支援を受けている子どもでさえ、あらためて保育所等訪問支援の支給決定を受けるとなると、保護者にとってはハードルが高い。支給決定の前に保護者の障害の理解が進んでいるという前提条件が必要であるため、「センター」などを利用していない子どもや障害がわかりにくい児童であればなおさら困難である。

この事業を積極的に進める方法として、次のような手法が考えられる。

まず、併行通園をしている児童の場合には、児童発達支援の支給決定を受ける時に、保育所等訪問支援の支給も同時に受けてもらうことで、事業所から保育所などへ支援に行きやすくなる。また、保育所・幼稚園・学校などへ通っていて未だ障害が確定していない児童については、まず障害児等療育支援事業（受託していない場合には受託施設に依頼）で施設支援を行い、保護者の理解が十分得られた後に、保育所等訪問支援につなげていくという方法も考えられる。

積極的展開の前提として、保育所長会、校長会、各市担当者会、保健師などに制度の説明をしておく必要がある。事業説明のわかりやすいリーフレットなどをつくり、広く啓発し配布することも重要である。

積極的に展開することを拒んでいることの背景にあるものとして、「実際にどのように取り組むのか分からない」「訪問先との関係づくりが難しい」「人員配置が厳しい」などといった理由を聞くことが多い。全国児童発達支援協議会では、平成28年度の

1）国保連データ（令和元年９月サービス提供分）

厚生労働省障害者総合福祉推進事業において、「保育所等訪問支援の効果的な実施等に関する調査研究」に取り組み、積極的な展開を難しくしている要因を調査・分析し、その成果を「保育所等訪問支援の効果的な実施を図るための手引書」としてまとめて公開している[2)]。こちらもぜひ参照されたい。そのうえで、実際の取り組みについては、ぜひ実際に取り組みを行っている事業所の話を聞いたり、可能であれば研修として同行をさせてもらったりすることをお勧めする。「百聞は一見に如かず」である。訪問先の関係づくりについては、既述した取り組みが有効である。先に、保育所等訪問支援は、本人への直接支援、保護者への家族支援、訪問期間先への間接支援という三者の支援を同時に行える事業であると述べたが、事業を展開するうえでもこの三者への配慮が重要になる。したがって、これから展開を考えている事業所については、ぜひ、この三者を視野に戦略を立てていただきたい。保護者の協力が得られやすく、訪問機関先からも協力が得られやすいケースをモデルケースとして設定し、経験知を蓄積していくという方法も有効である。

2. 保育所等訪問支援の実際(基本的な流れ)

基本的な保育所等訪問支援は、以下のような流れで進む。

❶保護者が市町村の窓口に申請し、障害児相談支援業者を選ぶ

❷障害児相談支援事業所はアセスメントを実施した後、保育所等訪問支援事業所と事前の支援会議を開き、障害児支援利用計画(案)を作成した後、市町村による支給決定を受ける

❸障害児相談支援事業と保育所等訪問支援事業所、できれば訪問先の担当者も参加して、担当者会議を開催し、障害児支援利用計画を確定する

❹保育所等訪問支援を実施する事業所の児童発達支援管理責任者が個別支援計画書を作成し、計画に基づいて保護者に支援内容を説明し、保護者と事業所とが契約する

❺事業所と訪問先機関、保護者が日程調整を行ったうえで、保育所等への訪問日を決める

---

2) 全国児童発達支援協議会「保育所等訪問支援の効果的な実施を図るための手引書」平成29年　https://www.mhlw.go.jp/file/06-Seisakujouhou-12200000-Shakaiengokyokushougaihokenfukushibu/0000166361.pdf

❻訪問支援員が訪問先を訪問し、対象児の行動を観察し、集団や療育場面を把握し、集団生活への適応を目的にかかわりを行う（直接支援）
❼対象児の担当者や訪問先に対して、発達課題や支援方法を共有できるように提案し協議する（間接支援）
❽直接支援と間接支援の内容を記録する。また、必要に応じて保護者に支援内容や子どもの様子について説明を行う。支援内容を文書やデータにして記録しておくことで、支援の目的や内容を相互に理解し、継続して積み重ねていくことができる。さらには訪問先の発達支援力の向上にもつながることが期待できる

3. 受け付けの流れの実際

受け付けの流れとして、以下の4か所からの依頼が考えられる（**図2参照**）。

1）保護者からの依頼

電話や面接で簡単な聞き取りを行って依頼内容を確認した後、まず障害児相談支援事業所を紹介して、障害児支援利用計画を作成してもらい支給決定を受けることを説明する。 相談支援事業所の相談支援専門員が訪問先に出向くことになるが、保護者からの要望の場合には、とくに訪問先との見解が異なっていないかどうかを調査しておく必要がある。保護者の同意を得たうえで、児童発達支援管理責任者や訪問支援員が相談支援専門員とともに訪問先でのアセスメントを行うことができれば、保育所等訪問支援の実施の必要性についての判断も行えるであろう。

2）保育所などからの依頼

保育所などの訪問先からの要望の場合、保護者が本事業を利用するか否かの意思確認が必要である。その際、どの機関が保護者に提案するかを相談する。訪問先が本事業を理解したうえでの説明ができればよいが、受給者証の取得など手続き上の細かな説明をする必要があるうえに、保護者の障害に対する受け止め方によっては同意が得られないこともある。そのため、訪問先が保護者への説明ができない場合には、専門性のある相談支援事業所または保育所等訪問支援事業所が保護者に意思確認することになる。両事業所と訪問先が連携を図りながら面接を実施して保護者に説明と提案を行い、併せて訪問先へも本事業の説明をして事業の趣旨および手続き面の説明ができれば協力関係も築きやすい。

3) 相談支援事業所からの依頼

相談支援事業所からの要望の場合、保護者の本事業利用の意思確認や、訪問先の事情把握といったアセスメントは事前に行われている場合が多い。しかし、2) で述べたように、できるだけ相談支援事業所と保育所等訪問支援事業所が連携を図りながら事業利用を提案したい。万が一、相談支援事業所の考えと保育所等訪問支援事業所の考えに相違がある場合には、訪問先と保護者と子どもが混乱する危険がある。

保護者・訪問先・保育所等訪問支援事業所の調整は相談支援事業所の役割ではあるが、保育所等訪問支援事業所も積極的に協力して動き、訪問支援が円滑に実施できるよう努力すべきである。

4) 児童発達支援「センター」や「事業所」などからの依頼

「センター」や「事業所」、放課後等デイサービス事業所からの要望の場合は、児童発達支援と地域の保育所などを併行利用したり、児童発達支援を終了して保育所等訪問支援のみを利用したりする場合が考えられる。

保育所等訪問支援も実施している事業所であれば、保護者との協議は同施設内で行うことが可能で、利用への意思確認も行える。しかし、保育所等訪問支援を実施していない事業所に保育所等訪問支援の必要な子どもがいた場合は、保護者への意思確認とともに保育所等訪問支援事業所との協力が必要となってくる。その場合は、相談支

図2　受け付けの流れ

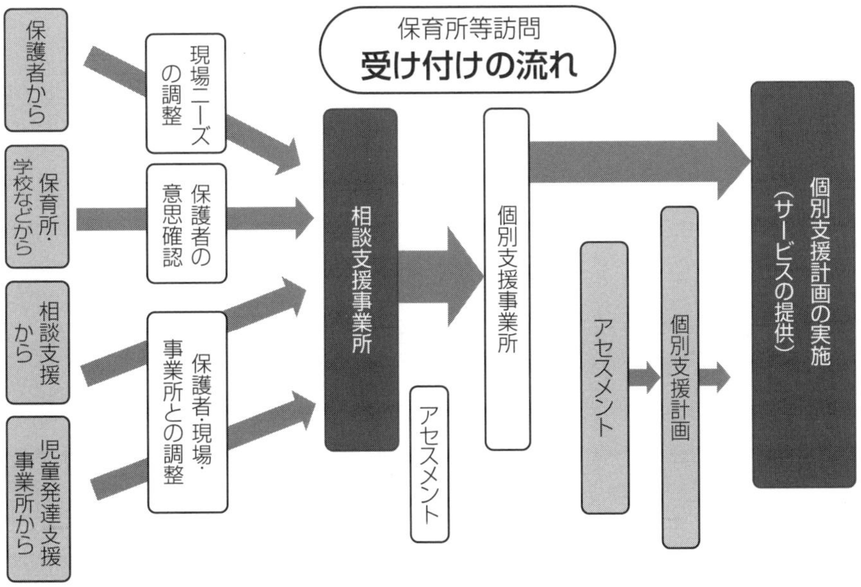

援事業所が再度アセスメントを行い、障害児支援利用計画の変更を行う必要がある。「センター」や「事業所」や訪問先も含めた4か所の機関でしっかり引継ぎを行い、保護者を交えての話し合いにも関連事業所の職員（相談支援専門員、児童発達支援管理責任者、訪問支援員、訪問先担当者など）が必ず同席して、はじめての事業所を利用することへの保護者の不安と混乱を軽減するように配慮したい。ここで、障害児支援利用計画と個別支援計画、現場の保育計画や個別の教育支援計画に関しては、どちらが優位かというような上下関係ではなく、内容の整合性や今後の方向性を協議して、内容を調整する作業が必要である。重要なことは、子どもが地域のさまざまな機関（資源）から適切な支援を得られ、保護者も地域の中で安心して子育てができるように、さまざまな事業所や機関がよりよい協力関係を日常的につくることである。

Q&A 「保育所等訪問の周知の主体」

Q **保育所などに説明をするのは相談支援事業所なのですか、それとも保育所等訪問を実施する事業所なのですか？**

A 相談支援事業所が行うことが多いと思いますが、保育所等訪問事業所が日頃から保育所などとの連携が図られているのなら、保育所等訪問事業所が説明しても差し支えありません。

Q&A 「保育所等訪問の周知についての考え方」

Q **保育所等訪問について保育所などへ周知を図るにはどうすればいいですか？**

A 実施している事業所はパンフレットを作成していると思われますが、事業所が積極的に周知活動を行うと営利目的と疑われ、地域との機関連携にも支障をきたすことが考えられます。（地域自立支援）協議会の子ども部会などで議題として掲げながら周知を図る方法もあると思います。

4. アセスメントと個別支援会議の開催

障害児支援利用計画に基づいて、事業所は保護者との契約後、個別支援計画作成に向けたアセスメントを実施する。

保護者への聴き取りは、事業所に来所してもらって実施してもよい。しかし、保護者に対して相談支援事業所などが事前に聞き取っている内容と重複する内容を再度確認することのないように配慮したい。そのためには、受給者証を取得するために実施したアセスメントの情報が、相談支援事業所から保護者の同意を得てあらかじめ事業所にも引き継がれていることが望ましい。このような問題も、事前連絡会議を開催することで解決すると思われる。その場合でも、保育所等訪問支援事業所が行うアセスメントは、次に述べるように個別性が高くかつ具体的な状況に対応しうるものである必要がある。

訪問先となる保育所・学校などの情報収集は、現場を訪問して実施する必要がある。直接保育場面などで子どもの行動観察をしたうえで、担当職員との話し合いが必要になってくるからである。話し合いは、子どもが活動している時間帯では難しいので、子どもが帰った後の時間帯に実施するとよい。あらかじめ子どもの行動観察と、現場職員の聞き取りが同一日に実施できるよう日程調整をしておくことが必要だが、訪問先との調整は児童発達支援管理責任者が行い、訪問時には実際に支援する訪問支援員が同席して実施すると、訪問先との信頼関係を築くきっかけにもなる。

個別支援会議には、保護者、事業所の児童発達支援管理責任者と訪問支援員、訪問先からは担任と主任もしくは所長が出席して実施することが望ましい。できれば、相談支援事業所も参加するとモニタリングにも生かせる。この個別支援会議は、児童発

Q&A「個別支援計画作成の頻度」

Q **年度途中からの利用開始の場合、個別支援会議はどのような頻度で開催すべきですか？**

A 個別支援計画は、6か月に1回以上の見直しが必要とされていますので、保育所・学校などの学期変わりに合わせて期間を調整して、年度後半の利用開始の場合「3月見直し→4月実施→9月見直し……」とすることで、訪問先の保育計画などとの整合性が高まることが期待できます。このようなスケジュールは年度途中からの利用でも同様です。

Q&A「個別支援計画の様式」

Q **アセスメントや個別支援計画の様式は、児童発達支援で使用するものでかまいませんか？**

A 基本的には問題ありませんが、訪問先の保育計画などの様式も参考にしながら、集団活動で支援者が子どもに配慮すべき事項が明確になるようなものに修正することも必要です。

達支援管理責任者が個別支援計画の原案に沿って会議を運営し、支援の目標設定、そして具体的な支援の方法や時間帯などの開始に向けた最終確認の場となる重要な会議と位置づけられる（**表2**）。

表2　個別支援（保育所等訪問支援）計画書の例

▲▲学園

利用者名	記入年月日	記入者名	責任者
○○○○	令和●年 4月 15 日	○○○○ 印	○○○○ 印

総合的な支援の方針	利用者のニーズ
・○○さんの身体機能面などを把握し、○○さんに合った環境等を整えることで、さまざまな授業や活動に取り組みやすくなる ・授業だけでなく、生活面（更衣、排泄、食事、授業開始前の準備や片づけなど）においても手順やルールを守りながら、学校生活を楽しく送ることができる	<本人> ・僕の話を聞いて、物事の良し悪しを伝えてほしい ・先生やクラスのお友だちと仲よくなり、楽しく過ごしたい <保護者> ・訪問支援員や担任に○○さんの身体能力を理解し、支援をしてほしい ・先生を好きになって楽しく学校に通ってほしい
	訪問頻度 初めの1か月間は週1回、2か月目より様子を見て調整、3か月目に再評価実施

	解決すべき課題	Ⅰ期（支援目標）	援助内容	評価
1	授業（机上活動）時の姿勢調整	本児の身体機能や視覚認知機能に合った学習環境を整えることで、よい姿勢を保持しながら授業に取り組むことができる	机や椅子の高さの調整（必要に応じて足台や斜面台などを導入）、教科書やプリントなどが見やすい提示の仕方、書字しやすい方法など、本児が取り組みやすい環境を担任に伝える	
2	生活面（更衣、排泄、食事など）の環境調整	本児の身体機能や視覚認知機能に合った学校生活環境を整えることで、さまざまな活動に取り組むことができる	それぞれの場面で、本児ができることを活かしながら、声かけや絵カードで手順や支援方法の提示、必要に応じて自助具の導入など、本児が取り組みやすい方法・環境を伝える	
3	ルールを覚え、手順を守りながら学校生活を送る	授業前後の準備や片づけなどを順序立てて行うことで、スムーズに授業に参加できる	本児が理解しやすい声かけや視覚支援ツールなどを使用しながら、約束事や手順を伝える。取り組みやすい流れを担任に伝える	
Ⅰ期評価と今後の課題・取り組み				

Q&A「訪問支援員と相談支援専門員や特別支援教育コーディネーターなどの関係」

Q　訪問先（特別支援学校や学級も含め）で訪問支援員自身が困った時に、相談支援専門員や学校の特別支援教育コーディネーターに相談をしてもよいですか？

A　個別支援計画の内容を実施する際に、子どもの所属集団（クラスなど）のリーダー職員とのコミュニケーションは欠かせません。また、支援の開始後に、保育所の主任や担任、学校の教頭・特別支援教育コーディネーターなどに相談することも事業をスムーズに進めるためには有効です。ただ、現場だけで完結する形で問題解決を図ると、うまくいかなくなった時や職員が入れ替わった時などに混乱が予想されます。そういう場合のことを考え、相談支援専門員との協力関係を築き、その子どもと家族に継続してかかわるキーパーソンとして位置づけることも大切と考えます。

Q&A「アセスメントに関して」

Q **相談支援事業所と保育所等訪問事業所が事前連絡会議前に行うアセスメントと、保育所等訪問事業所が個別支援計画作成のために行うアセスメントには、どんな違いがありますか？ また、具体的にどのような点に着目してアセスメントを行えばよいのでしょうか？**

A 事前連絡会議前のアセスメントは、相談支援事業所と保育所等訪問事業所が連携を図りながら、サービス全般に関するニーズ把握のために行い、支援の必要性も含めたより広い視点での聞き取りが必要となります。

また、保育所等訪問の個別支援計画作成前のアセスメントは、保育所等訪問に関するニーズ把握のためのものです。したがって、相談支援事業所が行ったアセスメント内容より、集団の中での必要な支援に向けた、よりきめ細やかなアセスメントを行うことが大切です。そのためには障害児支援利用計画や保護者・訪問先からの聞き取りに加えて、訪問支援員が直接保育所等訪問の主訴となる場面を観察することも必要となります。

支援に必要な具体的なアセスメントの内容について以下に示します。

●おもなアセスメント項目

①家庭環境
- 家族状況、家庭の環境、家庭での子どもの様子、保護者のニーズなど

②地域環境
- 地域の特性、他の発達支援機関や関係機関の連携状況など

③訪問先の状況
- 訪問先の特徴や方針、クラスなど集団の環境、担任の考えや支援へのニーズなど

④子どもの特性や課題
- 各発達領域における子どもの現状（身体・運動発達、ADL、対人関係、言語・コミュニケーションなど）
- 医療機関にかかっている場合には、医療機関の診断や投薬の内容
- 集団生活における現状と課題（集団活動への参加状況、興味の対象や課題への取り組み方、学習上の課題、友だちとの関係性、行動上の問題など）
- 子どもの強みや、伸ばしていきたい長所

⑤その他
- 他の福祉サービスの利用、他機関との連携など

アセスメントの際は子どもの課題にばかり着目するのではなく、子どもの強みや長所（ストレングス）を見つけ、支援に生かす視点が重要になります。それを担当者や保護者とともにていねいに確認していくことにより、子どもが安心感をもって生活し、周囲からも認められて自信や自己肯定感を育てていく支援につながります。

5. 専門スタッフの確保の仕方

訪問支援員に必要な要件については、「障害児支援に関する知識および相当の経験を有する児童指導員、保育士、理学療法士、作業療法士または心理職員等であって、集団生活への適応のため専門的な支援の技術を有する者とする」とされている。

保育所や学校などにおける集団生活の流れや周囲との関係性も考慮しながら、子どもの困り感に添った支援や対処方法を検討して現場職員に伝え、施設から専門機能をもち出して地域に提供していくためには、訪問支援員に相当の経験と高いスキルが求められる。

なおかつ、保育所等訪問支援を実施しているのは「センター」や「事業所」の多機能型として受託している事業所がほとんどである。本体事業で常勤換算として4：1（「事業所」では5：1）の職員配置基準を満たす必要があることから、直接処遇の職員が保育所などを訪問する場合は、児童発達支援部分の配置基準を割り込まないように、配置基準以上の職員数を確保しておくことが必要である。また、対象が肢体不自由児や難聴児である場合には、医療専門職や言語指導担当職員の派遣が求められるが、（福祉型）「センター」ではスタッフの確保が困難なことが多い。

このように専門性を有した訪問支援員を確保する困難さや、専任で巡回できる職員を配置しにくいことが、保育所等訪問支援が拡大しにくい原因の一つと考えられる。専任者を配置して必要な量の訪問支援を実施するためには、妥当性のある報酬額を担保するとともに、専門職を確保するための方策を検討していくことが必要である。医療専門職などについては、平成27 年度の報酬改正で「訪問支援員特別加算」が新設されたが、医療専門職などは資格取得後に障害児に対する業務を5年以上、それ以外の者は10年以上経験することが要件とされている。

また、旧制度における障害種別ごとの専門的なノウハウを、研修などを通して他の事業所に伝えていくことにより、支援のレベルアップを図ることも可能である。種別を超えた積極的な連携や研修会の実施が望まれる。

Q&A「訪問支援員の要件」

Q **児童発達支援の現場経験があれば訪問支援員として配置することができますか？ 訪問支援員の資格要件について教えてください。**

A 訪問支援員に必要な要件については、「障害児支援に関する知識及び相当の経験を有する児童指導員、保育士、理学療法士、作業療法士又は心理職員等であって、集団生活への適応のため専門的な支援の技術を有する者とする」とされていますが、基本的には業務経験の要件を満たし、能力を有していればよいと考えられます。

「集団生活への適応のための専門的な支援の技術」とは、発達支援の知識・技術に加えて、訪問先の考えやニーズ、集団生活の状況に合わせて支援するアウトリーチ特有の専門性です。具体的には、**①さまざまな障害特性や発達段階、子どもの性格などを総合的に評価して対応できる発達支援力、②地域の特性、療育資源の状況、訪問先の特徴や方針の把握などの調査・分析力、③訪問先の考えやニーズ、担当者の経験、周囲の子どもの状況などを考慮して相手に合わせた支援を展開できる幅広い知識・技術・応用力、④担当者や保護者にわかりやすくアドバイスし、意欲を喚起できるコミュニケーション力**、などです。訪問先との信頼関係の構築を基盤にした、一方的でない支援を行う視点を常にもつことも大切です。

上記のような資質は、それぞれの専門職が身につけている専門性とは異なる新たな専門性が求められます。したがって、国や県の責任において研修機能を充実させるなどの方策を検討し、訪問支援員の資質の向上を図ることが課題といえます。

Q&A「特化した専門性が必要なケースへの対応の仕方」

Q **保育所を利用している難聴児への対応について助言を求められ、訪問支援員が十分な対応ができず困っています。訪問支援員には専門知識がなく、対応できないと思われる場合は契約を断るしかないのでしょうか？**

A 訪問支援員にはさまざまな障害に対応できる専門的知識とともに、訪問先の施設と保護者双方のニーズに応える支援力が求められます。しかし、それだけの力量を兼ね備えたスタッフの確保は容易ではありません。また、訪問施設へは一人で出かけることが多く、複数スタッフによる事業所内での児童発達支援に比べ、訪問支援員個人の責任や求められる専門性が重くなりがちです。

難聴の幼児が保育所で過ごすにあたり、遊びや生活面での配慮や集団生活への適応に対する援助、視覚支援などコミュニケーション面の工夫については、児童発達支援の専門家として指導助言できると思われます。しかし、それ以上の専門的な知識（人工内耳の装用や聞こえに対する配慮など）については、聴覚特別支援学校や旧難聴幼児通園施設、耳鼻咽喉科の医療専門職などに指導や情報提供を受けるなどの連携を図ることで支援の幅は広がります。所属する事業所だけで解決しようとせず、相談支援事業所などと連携することで、それぞれのニーズに応じた専門性を有した他の機関につなぐなどの対応を考慮することも必要でしょう。

管理者や児童発達支援管理責任者も、訪問支援員を孤立させないために適宜同行し、一緒に考える姿勢を示すことや資質向上への援助を行うことが大切です。

6. 訪問先との信頼関係を基盤にした連絡・調整

訪問支援が開始されると、訪問前の連絡・調整や訪問後の担当職員へのフィードバック、さらに事業実施後の見直しなど、訪問先とのさまざまなやりとりが必要となる。支援内容は対象児の状況に添ったものであるのはもちろんだが、訪問先の状況や担当者の思いも尊重しながら対応する姿勢が求められる。ここに保育所等訪問支援の難しさがあり、広がりにくさの一端がある。子ども中心に、保護者、訪問先施設、支援員がバランスよく連携することが求められるのである。そのためにも、一方的な指摘や指導ではなく、訪問先の担当者のニーズと子どものニーズ、そして保護者のニーズをうまく調整することにより、担当者の意欲も向上し、子どもにとってよい結果が得られる。

訪問の際は、訪問支援員だけではなく、児童発達支援管理責任者が適宜調整に入ることにより、円滑な意思疎通ができるようコーディネートする必要がある。また、教

Q&A 「訪問先との信頼関係づくり」

Q **保護者から保育所等訪問を利用したいとの要望がありましたが、訪問先の幼稚園の了解が得られません。子どものためによりよい連携をしていきたいと考えているのですが、どのように対応すればよいでしょうか？**

A 保育所等訪問は、保護者と訪問先、事業所間の信頼関係があってはじめて成り立つ事業であり、どちらかが不信感をもったままでは適切な支援ができません。
訪問を断るという対応の裏には、事業の意義が周知されていないことや、保護者に幼稚園側の対応の不適切さを報告されるのではないかという警戒心があるのではないかと思われます。
アセスメントの段階で相談支援事業所が保育所等訪問事業所と連携しながら保育所等訪問の意義を説明し、まずは幼稚園の立場に立って、担当者の困り感や保護者対応で感じている難しさを共有し、幼稚園側の不安を解消しつつ理解を求めていくことが必要と思われます。
また、幼稚園の対応がうまくいっていて、保護者が感じている心配が不要であったり、指導の必要性が感じられない場合もあります。幼稚園の様子を把握し、支援の必要性の有無を適切に判断していくことも重要です。保育所等訪問が必要ない場合も保護者の納得が得られるよう、幼稚園での子どもの姿をていねいに報告するなどの対応が保護者の安心感につながります。

育現場では学校の特別支援教育コーディネーターを窓口として連携することで、担任だけでなく学校全体の意識づけにつながる。

支援の方向性を変更する必要がある時や問題が起きた時などは、訪問先だけでなく相談支援事業所や関係機関と連携会議やサービス担当者会議を開いて、さまざまな視

事例

兵庫県姫路市の保育所における「発達支援コーディネーター」指名による連携の推進

姫路市では、25 年前の市立通園センター（以下、センターと略す）開設当初から公立保育所を中心に市独自の保育所巡回相談事業（制度的には「障害児等療育支援事業」を利用）を実施し、障害が確定した子どもだけでなく、障害が確定する前の「気になる子ども」に対する指導助言を行ってきた。その結果、保育所だけで適切な手立てを考えて対応できるなど、現場の保育士のスキルアップにつながってきた。しかし、保育所での「気になる子ども」はますます増加傾向にあり、平成 25 年度は上半期だけで 200 名を超える対象児が巡回相談にあがってくる状況となった。すでに障害が確定した子どもも多数在籍しているなか、保育所への巡回訪問のニーズはますます高まっており、連携を効果的、効率的に進め、加えて保育所自体の支援力の向上を図ることが不可避となっていた。

そこで平成 25 年度より、「発達支援コーディネーター」を公立・民間（一部）の各保育所で指名し、センターとの連携の中心となって巡回相談を行う子どもを選定したり、担当保育士の相談にのったりするキーパーソンとして活動する体制整備にとりかかった。センターは、指名された発達支援コーディネーターに対し、集中して研修や事例検討、情報提供などを行うことにより保育現場での支援の充実と巡回相談や保育所等訪問の展開の円滑化を図ることにした。発達支援コーディネーターは、支援が必要な子どもへの対応や保護者の相談対応だけでなく、「相談の必要性の判断」「巡回訪問後の担任への指導援助」「訪問支援員とのコーディネート」「地域連携の窓口」など、学校における特別支援教育コーディネーターと同様に保育所での障害児支援における中心的役割を担うことになった。このような体制整備をしたうえで平成 25 年度からセンターによる保育所等訪問がスタートした。

また、平成 26 年度には姫路市保育課に「特別支援保育アドバイザー」を配置して、センターが実施する保育所等訪問と協力して、発達支援コーディネーターのまとめ役として各保育所への支援を強化する体制を整備した。その結果、センターによる保育所巡回の対象児数は減少し、1 人の子どもの支援頻度が増加するとともに保育所、保育課、センターの連絡・連携も強化された。

現在のところ、保育所等訪問の実施は市立センターを含めて 2 事業所に限られているが、事業所と市役所保育課や市教育委員会との連携による体制が整備されたので、訪問先との調整も含めて事業所が増加しても円滑に展開できるものと考えている。

点から総合的に検討していくことで問題解決を図ることが必要である。

また、保育所等訪問支援の実践を重ねる一方で、訪問先との事例検討や研修会などを積極的に行うことにより、訪問先の現場職員の力量がアップし、頻繁な訪問を行わなくとも応用できるようになることが期待できる。

7. 単独事業所のあり方

全国児童発達支援協議会が平成25年度に実施した実態調査では、保育所等訪問支援単独で指定を受けている事業所は見いだせなかった。**第Ⅲ部**では、今後単独事業所が増加してくるという期待をもって述べる。

保育所等訪問支援を単独で受託する事業所は、本体機関の特徴や強みを生かすことができれば、地域で不足している訪問型支援を補充、拡充していく効果が期待できる。

たとえば、小児科診療所などの医療機関が保育所等訪問支援の指定を受けることにより、肢体不自由児や医療的ケアが必要なケースに医療専門職の巡回派遣が可能になる。これまで地域の保育所や学校などでの受け入れが困難であった重症児にとっても地域生活への可能性が拡がり、現場職員が安心して受け入れられるサポート体制を構築することができる。

また、障害児保育の経験・実績を積んだ保育所が保育所等訪問支援を実施することも可能である。この場合は自園への訪問ではなく、幅広く地域に巡回支援を展開し、地域の保育力のレベルアップを図る姿勢が求められる。

このように、単独事業所の拡がりは、保育所等訪問支援の拡充だけでなく事業展開の多様性につながり、「地域での育ちを支援する」という事業本来の目的を達成するための重要な機能を果たすことが期待される。

8. 訪問対象（場所と年齢）

保育所等訪問支援を実践する訪問先としては、「保育所・幼稚園・認定こども園・小学校・特別支援学校、その他児童が集団生活を営む施設として、地方自治体が認めたもの」と規定されている。これに加え、平成28年施行の改正児童福祉法では、障害のある子どもが増加してきている「乳児院」や「児童養護施設」への訪問にも拡大

Q&A「単独事業所の職員の養成」

Q **診療所が設置する保育所等訪問のみを単独で行う事業所ですが、訪問支援員が発達支援の経験がありません。療育現場をもたない単独事業所が保育所等訪問を行うにあたって、「保育」「教育」という視点での支援・指導に不安があります。職員の養成をどのように配慮していけばよいでしょうか？**

A たとえば「医療的ケア」が必要な子どもに、その部分だけを目的として訪問するなど、訪問支援員となる職員の要件が満たせれば診療所本来の特色を生かした保育所等訪問を実施することは可能であると思われます。
しかし、訪問先は子どもが集団で生活を送る場であり、発達支援という視点はもっておく必要があります。このような場合は、相談支援事業所や地域の「センター」、保健所など、複数の機関との連携体制によって足りない部分を補っていくことで、単独事業所だけではできない支援も可能になります。
また、職員の養成に関しては、「センター」での現場実習や研修などの実施により、発達支援の経験を補っていくなどの方法を考えていくことも必要でしょう。

された（平成30年4月1日施行）。学校については「中学校」や「高等学校」も含まれていると考えられ、「特別支援学級」も「特別支援学校」と同様に対象とすることができる。

また、小学生の子どもと保護者にとって重要な放課後の資源である「放課後児童クラブ」についても対象にできる。「放課後児童クラブ」では、障害児の利用が年々増加しており、人的、環境整備面で補助する「障害児受入促進事業」はあるが、実際には人的環境（指導員が少ない）、空間的環境（場所が狭い）、時間的環境（集合・解散は児童それぞれでわかりにくい）などの問題があり、過ごし方が困難になっているケースが散見され、訪問支援の必要性が高い場面である。

明記されていない機関については、支援の必要性についての評価を基に、相談支援専門員が作成する障害児支援利用計画に反映してもらったうえで、各市町村の判断を受けることになる。

従来は同じ障害児通所支援に含まれる「児童発達支援」や「放課後等デイサービス」の利用日には、保育所等訪問支援の算定ができないとされてきたが、平成27年施行の改正児童福祉法によって他の障害児通所支援を利用した日も保育所等訪問支援の算定が可能となった。ただし、時間の重複は避けなければならない。地域での重層的な発達支援体制の構築のためには朗報であり、本事業の今後の発展を期待するものである。

Q&A「訪問先の対象」

Q **塾やスポーツクラブなどは、子どもたちが集団で生活を営む場所として対象となりますか？**

A 塾やスポーツクラブなども、「子どもたちが集まって集団活動をする場所」といえます。また、発達が気になる子どもたちも、そのような活動場面に参加していますので必要性は少なからずあると思われます。しかし、時間や頻度などが限定的で、恒常的な活動や生活の場面とはいえないと考えられるため、保育所等訪問の対象施設としては認められません。

9. 訪問頻度と終了のポイント

実施頻度としては「2週に1回程度を目安」とされているが、対象となる子どもの「状況、時期によって頻度は変化」ともされている。実際には対象となる子どもの状況によって、頻度は個々に検討されるべきである。相談支援事業所との協力体制のもとでアセスメントを行うとともに、その評価に基づいた障害児支援利用計画の中で適切な訪問頻度が決定されることが望ましい。保育所等訪問支援の提供によって、集団参加の状態が好転されれば頻度を減らすことも可能である。一方で、集団参加の困難さが増している時には頻度を増やすことが検討されるべきである。

制度を活用するためには、相談支援事業や保育所等訪問支援が実施するモニタリングによって頻度を見直すなどの柔軟な対応が必要である。支給決定をする行政が、一度設定した利用上限を硬直的に運用する場合には、上記のように柔軟な運用が認められている制度であることを説明して考慮してもらう必要がある。

終了するタイミングは、転居などの状況の変化以外では目標が達成された時である。

Q&A「訪問頻度」

Q **実施頻度は「2週に1回程度を目安」となっています。定められたとおりに実施しないといけませんか？**

A 対象となる子どもの状況、時期によって頻度は変化させて構わないとされています。障害児支援利用計画や個別支援計画の中で適切な頻度を設定するとともに、適宜評価し、モニタリングを受けて、その時期の状況に合った頻度を設定するとよいでしょう。

Q&A「支援の終了時期」

Q 支援の終了の時期は、どのように決めればよいでしょうか？

A ①目標が達成された時、②状況が変化した時：就学や転園・転校など現在実施している機関へ通うことがなくなった場合、③あらかじめ「年度末」「開始から１年後」、というように終了の期限を設けることができます。いずれの場合も契約書や重要事項説明書などに明記し、転園や転校に際しては相談支援専門員とともに連絡を確実に行うことが必要です。

目標の達成を確認するためにも、個別支援計画の作成段階において長期目標や短期目標の設定、目標達成の時期を明確にしておく必要がある。また、相談支援専門員の実施するモニタリングとも合わせつつ、漸次頻度を減少させる方法も考えられる。

状況が変化する理由として多いのは、就学や転園・転校、転居などである。この場合には新たに利用する機関や地域との連絡や連携が必要である。

10. 訪問支援のあり方

保育所等訪問支援の支援内容は、「集団生活を営む施設を訪問し、当該施設における障害児以外の児童との集団生活への適応のための専門的な支援等」であり、具体的には、①障害児本人に対する支援（集団生活適応のための訓練等）、②訪問先の担当者に対する支援（支援方法等の指導等）と定められている。

①のような支援の形態を「直接支援」と呼ぶ。これは、通園施設でも行われる子ども本人に対する支援である。生活の場において直接支援を行ううえでは、子どもたちの活動や学習を妨げないよう場所と時間帯に配慮が必要である。たとえば、自由遊びの中で少し手伝いに入ったり、日常生活の場面で担当者に替わって対応したり、授業の個別学習場面で指導にあたったりする。休み時間や放課後に時間を設けて指導を実施することも可能であろう。また、直接的なかかわりだけでなく行動観察のみを行う場合もある。どの時間や方法が有効かは子どもの状態と課題、クラスの状態、訪問先の希望、保護者の希望、事業所側の状況を照らし合わせながら検討する必要がある。

②のような支援の形態を「間接支援」と呼ぶ。訪問先の担当者と話し合いをもち、支援方法などのアドバイスを行う形で支援を展開する方法である。間接支援を実施するには、担当者がクラスなどから抜けなければならないので、時間設定については業

務終了後に開催するなどの調整が必要である。

直接支援を実施せずに間接支援だけを行うことは通常では考えにくい。しかし、児童発達支援との併行利用で子どもの状況が把握できていたり、直近の訪問で評価・判断できているケースでは、直接支援を行わなくても効果的に支援が進められる場合もある。その場合は、当初の障害児支援利用計画や個別支援計画に盛り込むことや、保護者・訪問先と確認をしておくことが重要であろう。

図3　保育所等訪問支援の一形態

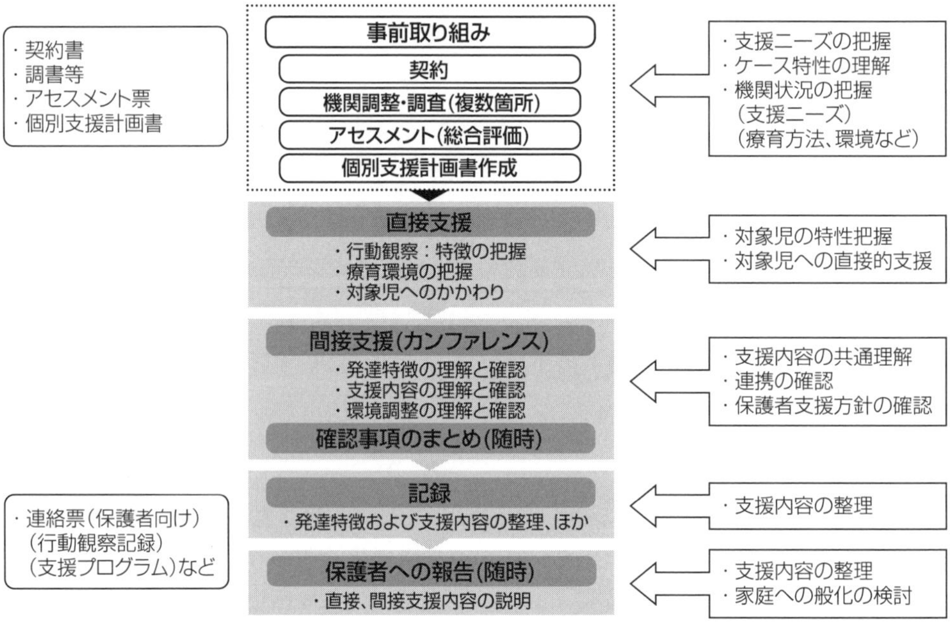

Q&A 「支援の時間帯」

Q **行動観察や直接支援を実施する時間帯は、どの時間帯が望ましいですか？**

A 制度的に望ましいと指定されている時間はありません。本人の状態と課題に合わせて時間設定することが望ましいと思います。たとえば登園時に母子分離がうまくいかない子どもであれば、登園時に実施します。日常生活が課題であれば、その時間帯に実施します。自由保育や設定保育の場面、給食時ももちろん対象にしてよいでしょう。学校であれば授業中、休み時間、掃除の時間など対象にすることができます。いずれにしても、日常の活動を邪魔しないことが原則であり、本人の課題と訪問先の状況を考慮した柔軟な設定が望まれます。

Q&*A* 「直接支援の方法」

Q **直接支援の具体例を教えてください。**

A **保育所において**……肢体不自由児に対して、生活の場面に導入することを目的にコミュニケーションツール（スイッチなど）の試行を行いました。クラスとは別の部屋で、担任、保護者にも同席してもらって、検討を行いながら情報を共有し、具体的な生活場面の使用に結びつけることができました。

幼稚園において……集団で音楽活動をしている時に、大きい音が苦手なために参加できない子どもに対して、訪問支援員が直接対応を行って、音への対応を図りつつ、集団参加を促す取り組みを行いました。

小学校特別支援学級において……放課後に教室にて書字の評価と指導を行い、授業中のプリント課題と宿題の内容を検討しました。本人に対して指導を行い、改善を図りながら、担任・保護者とも情報共有していきました。本人にとって無理のないわかりやすい課題に変更することで、授業への参加や宿題への取り組みのモチベーションが向上し、授業参加の態度が改善しました。

小学校通常学級において……授業中の様子を行動観察する直接支援を行い、担任の対応方法と子どもの様子を把握しました。前回の打ち合わせで支援員が提案した方法を担任が取り入れ、事前介入によりパニックを回避できることが確認され、その後の対応方法の指針を定めることができました。

Q&*A* 「間接支援の方法」

Q **間接支援の具体例を教えてください。**

A Q&A「直接支援の方法」で述べた直接支援の内容を伝達することがあげられます。行動観察した情報をもとに、指導方法や対応方法について提案することもあります。学芸会や運動会などへの参加方法の検討、練習方法の検討なども、生活を支援するうえでは必要なこともあります。また、「センター」などで実施してきた支援の内容を保育所の担当者に伝達して支援方法を共有することも間接支援といえるでしょう。

11. 保護者支援のあり方

保育所等訪問支援においては、地域の集団生活の場での適応を目的として子ども本人への発達支援を行うことが中心となるため、保護者への説明や育て方の指導、育児の悩みの相談などに対応する機会が乏しくなりがちである。しかし、子どものライフステージを通して最も近い支援者は保護者であり、保護者が子どもの姿を正しく理解し家庭においてもかかわり方を工夫できなければ、支援の効果は期待できず家庭生活も改善されにくい。訪問支援員は、指導内容を家庭でも行えるよう、訪問先の担当者と連携・協力して保護者への支援・指導も併行して行えるよう工夫することが求められる。

また、両親の仕事やさまざまな事情により保護者との情報共有が困難な場合には、毎回の訪問支援のたびに面接を実施することは難しいとしても、負担のない範囲で定期的に情報をやりとりできる方法は検討しておく必要がある。保育所等訪問支援においても保護者支援は最重要の目標であるので、さまざまに柔軟な方法で保護者と連携をとることが求められる。また、家庭連携加算が新設されたことにより、より家庭での生活を支援することが直接的に実施できるようになった。

Q&A「保護者への伝達・報告の方法」

Q **保育所等訪問で実施する保護者支援の一環として、実施内容の伝達や報告を行いたいと思いますが、どんな方法がありますか？**

A 子どもに対する支援と同様、保護者に対しても柔軟な支援方法を工夫していく必要があります。方法およびそれぞれのメリット、デメリットについて、以下にまとめます。

直接支援・個別対応への参加……実際の支援を見てもらえるため、理解と納得を得られやすい。反面、保護者がいることにより対象児と周囲への影響が生じる。

直接支援・行動観察への参加……保育参観のように保育場面から離れて生活の中の様子を一緒に見ながら、タイムリーに子どもの様子や訪問先の取り組みを説明することができる。

間接支援（情報交換）への参加……訪問支援員と訪問先が進めている内容について、保護者も意見を述べるなど、参画することが可能となる。保護者が同席することにより、話題が多少制限される可能性が生じることはデメリットとしてあげられる。

別途に面接の機会を設ける……保護者とじっくりと話し合いができ、保護者のペースで話をすることができる。静かな環境を用意することも可能となる。反面、現場とは距離ができるので、タイムラグが生じたり、現場を共有できなかったりする点に注意が必要である。

ノートや記録をやりとりする……口頭での会話・面接だと、忘れてしまったり、聞き逃してしまったりするリスクがあるが、これに対しノートや記録は形として残るので伝えたいことを正確に届けることができる。一方で、作成には負担が生じるので保護者の状況への配慮が必要となる。

以上のような多様な方法をとることで、保育所等訪問で実施している支援内容を報告することに加えて、家庭生活で生かせるような内容の話をしていくことが重要であり、保護者支援の一翼を果たしていけると考えられます。

事例

肢体不自由児に対する支援（富山市恵光学園）

支援対象:地域の小学校の特別支援学級１年生の脳性麻痺児（痙直型四肢麻痺）

〈保育所等訪問開始までの流れ〉

①４月、保護者より保育所等訪問の依頼．相談支援事業により利用計画案を立て市役所で支給決定受給者証を取得、保育所等訪問事業所（当「センター」）への連絡

②保育所等訪問事業所の事前訪問子どもの学校生活の様子と先生の困り感を直接確認。課題解決への個別支援計画を作成

③保護者との契約

④これまで利用していた医療型「センター」の作業療法士と情報交換

〈訪問支援内容〉

4月

1回　机上学習、給食時の姿勢の調整

2回　体育の授業の参加の仕方の説明、更衣場所の環境設定、机上活動時の課題の提示の仕方の提案

3回　音楽室での机椅子の高さ調整、教科学習への取り組みに対する支援の提案

5月

4回　運動会への参加の仕方の提案、親学級との合同授業での課題に対する支援の助言

5回　体育や全校集会の参加の仕方の提案

6月

6回　机上課題でのはさみや定規などの道具操作に対する支援の提案

足台・斜面台導入前

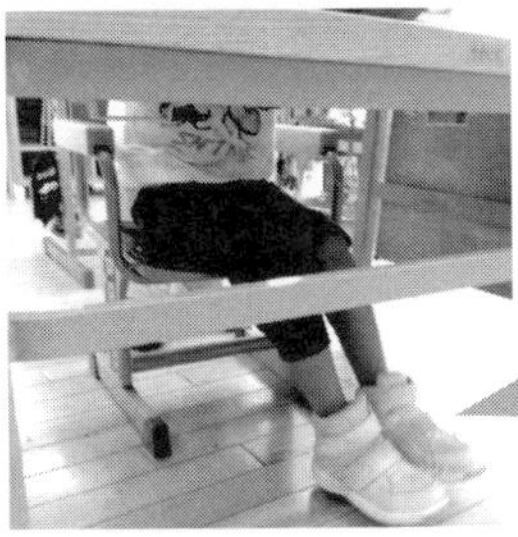

足底接地していない
上肢を使用していると筋緊張が高くなり下肢が伸展位となる。また時折、左下肢にクローヌス（足がガタガタとなる）も見られる▶机上課題（書字）が不安定になる

足台導入・斜面台導入したが…

座位姿勢は安定した。子どもが見やすい位置（中央）にプリントを設定する事もできた▶しかし、両肘関節が台から落ちてしまい書字が不安定になる

よい姿勢の完成

椅子の高さを調整▶斜面台に上肢全体がのったことで、支持面が確保され、姿勢が崩れることなく、安定して書字できるようになった

Q&A「保護者支援の効果」

Q 保育所等訪問ならではの保護者支援の成果はありますか？

A 次の具体的事例のように、生活の場面を共有することによる子ども理解の深まりや保護者の取り組みの向上、訪問先への信頼度の深まりなどの成果を得られることが期待できます。
訪問結果を保護者に報告する際、保育所側の取り組みや対応、それによる子どもの変化をていねいに伝えるよう心がけます。直接支援の場に担当保育士などに同席してもらうことで、「園の担当者が積極的に対応してくれている」と保護者が気づくことができ、保育所への信頼感が増し、安心感につながります。保育所の担当者も保護者の変化を実感し保護者とのコミュニケーションが円滑になることが少なくありません。
不安を感じやすい精神的に不安定な保護者への配慮としては、行動観察に同席してもらう形をとります。訪問支援員と訪問先の担当者が知らないところで話を進めているという印象を与えずに、安心して支援を受けることができます。同時に、保護者から家庭の様子についても情報を得られて、家庭生活へのアドバイスも提供できるので、保護者の子ども理解の深まりにおいて成果が得られます。
いずれにしても、保護者支援においては子どもの状態だけでなく、保護者の気持ちや状態、生活スタイル、訪問先の希望や考え方などに応じてさまざまな課題があり、子どもに対する支援以上に柔軟な対応が求められます。

12. 地域特性に応じた展開

訪問・巡回型支援においては、都市部か人口過疎地域かの違い、他の通所支援の状況、相談支援事業の活動状況などによって活動の仕方が影響される。ここでは、都市部と人口過疎地域の違いに焦点をあてて保育所等訪問支援の展開方法を述べる。

1）都市部での展開

現在、児童発達支援および放課後等デイサービスを利用する児童が増加するとともに、保育所や学校などと併行利用（通所）するケースも多くなっている。都市部では保育所等訪問支援の利用希望が増加し、希望する支援ニーズや内容も多岐にわたってきているが、その量的拡大に事業所の増加や人的配置などが伴わずニーズに応じきれていない現状がある。その結果、それぞれのニーズに対して、事業所ごとに調整方法や支援内容、支援頻度、フィードバック（報告）や連携の内容に格差が生じている。

また、調整の時間がとれないため、訪問先への事前調査やきめ細かな調整、連携が十分にとれないという問題もある。

これらの問題を生じさせないためには、保育所等訪問支援事業所の児童発達支援管理責任者同士が適宜調整に入り、地域内の事業所間で格差が生じないようにコーディネートすることが必要である。さらに、圏域内の相談支援事業所や関係機関とサービス調整会議や連携会議などを開いて検討していくことも必要である。

Q&A 「複数の事業所から同一保育所に訪問する場合」

Q **一つの保育所で複数の子どもが保育所等訪問を利用しており、それぞれ契約している事業所が異なります。複数の事業所から同一の保育所に訪問を行う際に、どのような点に留意するべきでしょうか？**

A この場合、訪問支援を受け入れる保育所などにとっては、受け入れの準備や会議時間、資料づくりなどに負担が生じます。さらに、保育所など訪問事業所による指導内容が異なれば、現場は混乱します。
訪問する事業所間の連絡調整は当然不可欠ですが、訪問先の保育所にも窓口となる担当者（キーパーソン）を決めてもらい、保育所と保育所等訪問事業所間で、訪問の目的や内容、訪問頻度や訪問支援員数、実際の支援時間などを、必要に応じて保護者もまじえて調整することが必要です。

Q&A 「保育所等訪問支援事業所間の連携」

Q **同一地域内の保育所等訪問事業所間で、訪問支援の内容や訪問頻度などに違いが生じている場合の対応はどうしたらよいでしょうか？**

A 保育所等訪問を利用する場合、それぞれのケースの特徴や受け入れる保育所などの体制の違いから、訪問支援の目的や支援内容、訪問頻度などが異なることは現実にはあると思います。そのため、各保護者には保育所等訪問の契約時に、支援ニーズを具体的に示し、支援内容を十分に確認してもらうことが必要です。
しかし、同一地域内の事業所間での訪問支援内容で極端な差が生じることは望ましくないので、地域内で保育所等訪問を実施している各事業所が集まり、相談支援事業所もまじえて統一した基本指針や支援内容を協議する場を設定することが、事業の目的からみても必要です。

2）過疎地域での展開

過疎地域や山間、離島地域では、保育所等訪問支援事業所や「センター」「事業所」が少ないことに加えて、対象児も少ないこと、広域な地区での移動距離や移動時間が

Q & *A* 「過疎地域の支援方法」

Q **広域で移動時間も長く、地域の保育所に支援対象児が一人しかいないため、複数の保育所から地域の公民館などにクラス担任と一緒に集まってもらい、グループ支援を行った場合、保育所等訪問にカウントしてよいでしょうか？**

A 可能ですが、いくつかの条件が整っていることが必要です。つまり「集団生活への適応のための専門的な支援を地域の育ちの場で提供すること。具体的な生活場面での発達課題、支援方法をその担当者と共有し、検討すること」などが考慮されていることが必要です。事業にカウントするためには公民館などで実施しても、集団によるグループ支援であること、対象児の生活場面の様子が把握できること、具体的な発達課題や支援方法が対象児の担当者に直接伝わることなどが必要です。

Q & *A* 「教育委員会などの巡回支援との役割分担」

Q **A市の教育委員会では、専門家チームを学校に派遣して、普通小学校に通う発達障害児をサポートする巡回型の支援を導入しています。教育委員会に保育所等訪問支援について説明会をしたところ、教育委員会の巡回サポートとどう違うのかと、同じような巡回型支援が複数あることに戸惑いの声が あがりました。学校現場の理解を得てよりよい連携をとっていくために、どう対応すればよいでしょうか？**

A 保育所等訪問支援は、保護者との契約を前提とした個別的な支援であり、学校の中で当該児童が他の児童との集団生活に適応することができるよう、その子の状態に応じて支援することが目的です。つまり、支援を要請するのは保護者であり、訪問支援員は当該児童のためだけに学校を訪問することが求められています。

一方、教育委員会が行う巡回支援は、学校側からの要請に基づき担任を支援するために行われることが一般的です。学級にいる複数の児童や障害が確定していない児童も対象にするため、担任のスキルアップや対象児の評価が目的とされます。双方の違いを明らかにし、各事業の役割分担を整理することにより、さらに重層的な支援体制が機能するメリットがあります。

その他にも各地域で保健師や特別支援学校のコーディネーター、児童相談所など、さまざまな機関による巡回相談が行われています。それぞれの市町村で有効なシステムをつくっていくために、まずは行政が保育所等訪問支援の制度について説明会を実施するとともに、（地域自立支援）協議会の子ども部会などを活用して各機関の連携を図り、地域に必要なシステムや役割の整理などを活発に議論していくことが必要です。

長いことなどのため、事業を実施するうえでの効率の悪さがあり、現状のままでは事業を運営、継続すること自体が困難な場合が多い。同時に、日常的な関係機関同士の連携の機会が少ないことも事業実施に悪影響を及ぼしている。

平成 27 年度の報酬改定では、「特別地域加算」が新設されたが、今後さらに地域の人口規模や移動距離に応じた単価設定が考えられなければならないだろう。

また、保育所等訪問支援での支援の基本は、訪問先で対象児の支援をすることであるが、人口過疎地域における事業実施での非効率性を考えると、地域の公民館などを利用して、複数の対象児とその担当者を集めて小グループを形成して事業を実施するなど、支援の効率化を検討する必要もある。

事例

福島県における保育所等訪問支援事業所情報連絡会の取り組み

福島県には 10 か所の保育所等訪問事業所があり、年間 3 回の情報連絡会を開催している。

複数の事業所が一つの訪問先に入るケースが出てくれば、各事業所の訪問支援員が協力、連携しながら訪問先に混乱を与えないように調整する必要がある。調整するなかで、他の事業所のよい取り組みや実践を学んで自事業所の活動に生かしよい支援につなげることができる。連絡会には事業所・関係機関が集まり、それぞれの実践を報告し合って、現状･課題を協議し、今後に向けた提案などを出し合う。また、事業所開始予定の所にも声をかけ、新規事業所のレベルアップや開設後の速やかな連携につなげている。

従来、通所事業所が学校や保育所などに出向く制度は限られていたが、保育所等訪問創設後は保育所、幼稚園のみならず、学校への訪問支援が増えている。郡山市では平成 25 年 10 月現在、学齢児 27 名が契約（小学 15 校 25 名、中学 2 校 2 名）しており、この 1 年で約 3 倍の人数になった。その要因として、（地域自立支援）協議会の教育委員会担当者との連携を強め、就学指導講演会で市内の小、中学校長に保育所等訪問について説明する機会がもてたこと、教育委員会が全面的に協力、連携ができたためと思われる。

行政担当者からは、「学校や家族も精一杯である。両者間に訪問が入ることで潤滑油の役割となって関係性がよくなる」「始まったばかりの事業なので 3 ～ 4 年かけて一緒に育てていきたい」という報告もあった。このような実践もふまえ、連絡会ではよりよい地域支援のために他市町村の行政も巻きこんでの連携が必要と考えている。

今後は、さらに連絡会を定例化し、県や市町村の（地域自立支援）協議会の子ども部会の下部組織に位置づけし、「（地域自立支援）協議会の保育所等訪問支援事業所連絡協議会」として県、市町村の障害福祉計画に反映、提言していくことが必要と考えている。

事例

保育所から小学校まで継続して支援提供した取り組み

保育所等訪問支援の事例を紹介する。なお、本事例は個人情報に配慮し、複数の事例を組み合わせたものとなっている。

保育所等訪問支援開始時、子どもは5歳児、幼稚園に通う年長児である。これまで保護者と幼稚園の先生とで行動上の課題が多少あるという話はしてきていたが、個別的な発達支援を受けたことはなかった。しかし、年長になって集団行動場面で課題が大きくなってきたこと、就学を控えて担任の先生たちの心配が高まってきたことで、発達支援を受けることが勧められた。

保護者は幼稚園の担任に勧められたので相談支援事業所に連絡した。そこでは、子どもの育ちについて必要であれば支援は受けるつもりはあるものの、母親自身の持病があり子どもを連れての通園は難しいことを合わせて相談した。相談支援事業所から保育所等訪問支援の利用を勧められ、保護者も了承して、利用契約に至った。

幼稚園には、月に2回の頻度で訪問し支援を行うこととなった。訪問した際には生活の様子を観察する直接支援を行い、情報交換による間接支援を行った。間接支援に関しては、1回は、園長先生・担任の先生と訪問支援員とで行ったが、もう1回は、保護者も交えた三者での面談を行った。これは幼稚園の希望でもあった。現在の子どもの様子を、保護者と共有したいという思いからである。訪問支援員としても、保護者と面談して、保護者がこれまで体調が整わないことから幼稚園の行事への参加が少なかったり、送迎も最小限しかできず、子どもの生活の様子をあまり把握できていなかったりすることがうかがえたので、面談をすることは適切なことと判断し、保護者に提案をした。保護者は体調が上向きになっていたこともあり、快諾が得られた。

本人は落ち着きがなく、自分の意に沿わないことがあると集団からはずれていくことが目立ってきていた。その様子から、スケジュールボードの活用や、絵カードの活用を通じて、どこまで取り組めば休憩ができるのか、頑張るポイントはどこなのか、本人の思いはどうなのかを表現する機会などを用意することを提案した。担任はすぐに取り入れて、すぐに成果が見られていった。集団への参加が難しいこと自体の変化はまだ見られないが、本人と話し合って参加できる場面や、パニックになる前に回避できることが増え、対応する担任の負担度は大きく軽減していった。

その取り組み内容や、活動の様子は随時保護者にも説明を行っていった。時には活動の様子を一緒に観察することもあった。保護者は説明だけではにわかには信じられないところがあったようであるが、生活の様子を一緒に見ることで、実際の対応や子どもの変化を実感することができていった。

就学が近くなってきた。就学は地域の小学校を希望していた。幼稚園としても引継ぎは行うが、保育所等訪問支援の立場としてもぜひ引継ぎをしてほしいと希望があった。子どもの特性や変化だけでなく、保護者の様子もぜひ共有をして欲しいということであった。就学後の支援は保護者も希望していたので、入学に向けた準備を兼ねて、小学校に連絡することとした。

小学校に連絡をすると、保育所等訪問支援自体を初めて聞いたこともあり、事業の説明からして欲しいとのことであった。事業の説明をしている中で、学校から「これは保護者の意向で行うものですか？」との質問が出された。支援員からは「確かに契約は保護者になりますし、当然保護者の意向は確認します。ですが、保護者の意向をすべてかなえるための制度ではありません。学校の考え方や意向、そして何より子ども本人の特性や状況を踏まえて、子どもにとってより良い生活を実現するためのお手伝いです」と回答した。学校側は「それならば、生徒のことを一緒に考えていきましょう」と支援を開始することの了承が得られた。

入学前には、引継ぎとして、子どもと保護者の状況の説明を行った。入学後は早い段階で担任の先生と打ち合わせを行い、支援を開始した。入学後は、授業中の行動について、通常学級の中でできる対応を担任の先生に紹介しつつ、様子を確認していった。夏休みまでは月に 1 回のペースで行った。夏休みがあけた 2 学期も生活は安定していたので、2 か月に 1 回のペースに変更した。2 年生になり、担任の先生が変わったが、生活の安定は持続し、5 月になっても安定していた。担任が変わっても生活は安定していることが確認できたので、ここで契約を終了することとした。

D. まとめ

保育所等訪問支援は、インクルージョンの時代の発達支援を築く「未来型事業」である。

「通わなければ発達支援が受けられない」という従来の制度では、「障害があっても地域で育つ（育てたい）」というニーズに沿った支援は十分にはできなかった。インテグレーション（統合）の時代となり、障害のある子どもたちは地域の保育所や学校に受け入れられるようになったが、発達支援の努力は保護者にまかされ、「併行通園」などという形で週に何日かは地域から離れて支援を受けざるを得なかった。専門的支援を受けながら地域の子どもたちとともに育つ環境も保障されるという意味では併行通園制度のメリットはあったが、地域で育つ「発達支援を必要としている子どもたち」には、インクルージョンの時代にふさわしい新たな制度が求められていた。その一つが保育所等訪問支援である。

保育所等訪問支援は障害児やその保護者に対して「あたり前をあたり前にする事業」である。「両親が働いていれば（働きたければ）保育所に通うのがあたり前」「子どもは地域で育つのが当たり前」を現実にする事業である。そして、「センター」など地域機関で集積された専門性を地域に出前して地域での育ちを支援するという、インクルージョンの時代の発達支援のあり方を提示する事業でもある。まさに地域連携、地域変革を先導する先進的な事業であると言える。

「通ってもらえれば支援する」という措置制度時代の意識からまだ解放されていない事業所、子ども施策と障害施策の狭間で未だに支援の重層化が図れていない行政、人材の確保・財源の確保の問題など、さまざまな課題に直面して事業所数や実施件数が増えない現状を前に、障害のある子どもや発達支援が必要な子どもたちに直接にかかわる私たち職員こそが自らの立場と責任を自覚して、障害のある子どもの未来を拓く事業を発展させなければならない。

第Ⅳ部

放課後等デイサービス

A. 事業の概要

1. 放課後等デイサービスの概要

1) 放課後等デイサービス創設の経緯

放課後等デイサービスは、厚生労働省障害部局としてはじめての個別給付による学齢障害児の放課後および長期休暇中（以下、「放課後等」と略す）の活動を支援する事業であり、平成24年4月の改正児童福祉法により創設された。放課後等の障害のある子どもへの支援の重要性が認識された点が重要である。

放課後等デイサービス創設の直接のきっかけは、平成20年の厚生労働省の「障害児支援の見直しに関する検討会」において放課後活動支援の重要性が指摘されたことによるが、それまで学齢児に対する障害福祉施策がなかったわけではない。法制上は、旧「児童デイサービス（Ⅱ型）」の流れをくむ事業であり、さらに元をたどれば、昭和47年に制度化された「心身障害児通園事業」がその源流である。

心身障害児通園事業は、通園施設のない地域において就学前の子どもの早期療育を実施するための補助事業であったが、平成10年に「障害児通園（デイサービス）事業」に名称変更され、通園対象が学齢期にも拡大された。小学校6年生までという限定ではあったが、それまで潜在的にあった「就学後も継続した療育を受けたい」という保護者のニーズに応えることが可能となり、保護者の「就労している時間帯に子どもが安全・安心に過ごせる居場所がほしい」というニーズにも対応できるようになった。

さらに「障害児通園（デイサービス）事業」は、平成18年の障害者自立支援法施行の際に「児童デイサービス」に名称変更されて、成人を対象にした障害者自立支援法に組み込まれ、対象も18歳まで延長されることになった。対象年齢の拡大に伴い、それまで「障害児学童保育事業」や「障害児学童クラブ」などの名称で地方自治体が独自に取り組んできた事業や保護者および教育関係者らによる自主的な放課後支援活動からの参入も加速することとなった（**図1**）。

このように放課後等を対象にした支援施策は、心身障害児通園事業からの「療育」の流れをくむものと、放課後等の「居場所や豊かな経験の場の提供」の流れをくむものが混在しながら独自に発展してきた経緯がある。

図1　放課後等デイサービス成立までの経緯

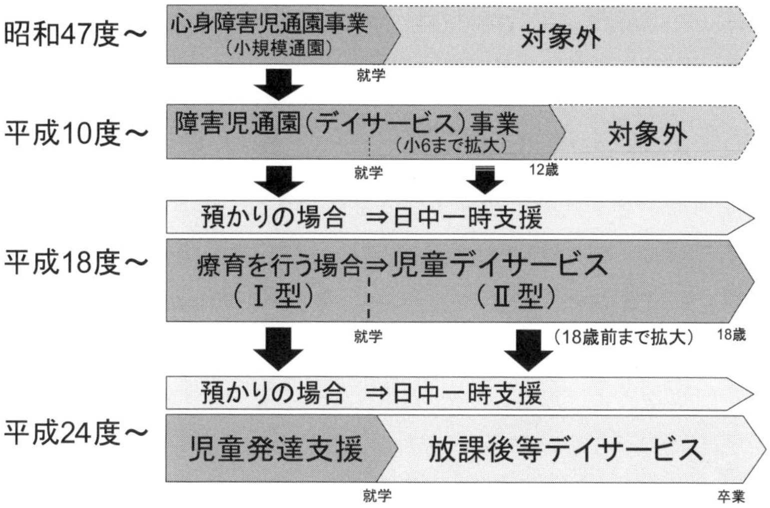

2）潜在的なニーズによる利用児童の拡大と事業所数の増加および地域偏在

創設当初（平成24年9月）におよそ3,100か所、利用実人数4万2千人（「平成24年社会福祉施設等調査の概況」より）であった本事業の規模も、7年後の令和元年9月には、事業所数1万4千か所22万8千人となり、急激に増加した（「国保連のデータ」より）。

一方、文部科学省統計（毎年5月1日現在）によれば、特別支援教育（義務教育段階）の対象児は、平成24年度は30万2千人であった（特別支援学校6万6千人、特別支援学級16万4千人、通級利用7万2千人）が、平成30年度は45万2千人（特別支援学校7万3千人、特別支援学級25万7千人、通級利用12万3千人）と大幅に増加している。また、高校生および高等部生徒数も含めると利用対象となり得る児童生徒がさらに増えることになる。したがって、創設当初は一部の対象者への支援の提供を目的にしていた本事業は、平成30年末には、特別支援教育対象児童の40%程度を支援する状況になってきている（平成30年度利用児17万9千人）。本事業の対象者は、今後も増えることは明らかであり、放課後等への支援ニーズの高まりに応えて身近な地域での整備をさらに進めていく必要がある。

一方、厚生労働省の令和元年度障害者総合福祉推進事業「放課後等デイサービスの実態把握及び質に関する調査研究」において、事業所の設置地域の偏在が報告されており、中核市・施行時特例市・特別区と政令指定都市では「10か所以上」が95%前後であるのに対して、調査に回答した市町村の40.6%となる192町村において、「0か所」であることが明らかになっている。

また、指定基準の緩和によってさまざまな事業体の参入が増加したことに伴い、障害のある子どもの放課後等支援体制の整備が進展したと肯定的にとらえられる一方、支援の質の低下が指摘され始めている。

3) 自立を見据えた発達支援および育成支援

放課後等デイサービスは児童福祉法に位置づけられており、障害者基本法第 17 条に規定される「療育」および児童福祉法第 1 条に規定する「育成」を具現化する事業である。

一方、本事業を実施することによって、障害のある子どもが本来支援を受けるべき放課後児童クラブなどの一般施策から分離され、結果的にインクルージョンの流れに逆行して、地域での子どもの育ちが阻害されるリスクをもつということもしっかりと認識しておく必要がある。

4) 旧児童デイサービスからの変遷と地域性のある多様かつ特色のある取り組み

旧「児童デイサービス」は、10 名程度の小規模な定員から運営でき、提供場所や職員の資格要件の縛りも少ないという指定基準のハードルの低さから、それまで障害児福祉とは関係のなかった高齢者福祉事業者や学習塾、カルチャークラブなどといった新たな事業体による参入を活発化させ、事業所数は前述のように飛躍的に増加することになった。他の障害児支援事業とは異なる発展の経過をもつ旧児童デイサービスは、その根拠法令の変遷という点においても独自の歩みがある。旧児童デイサービスは、もともと「児童福祉法」に規定された事業であったが、平成 15 年の支援費制度導入時にいち早く「利用・契約」の事業になっていたために、平成 18 年の「障害者自立支援法」施行時には障害児を対象としたホームヘルプサービスや短期入所事業とともに「児童福祉法」から「障害者自立支援法」に根拠法令が移管された。

旧児童デイサービスは、法律上、「就学前の乳幼児を対象とした比較的長時間の支援を前提とした事業（現児童発達支援）」と「学齢児を対象とした放課後等の短時間の支援を行う事業（現放課後等デイサービス）」の両方を包含した事業であった。このような支援時間、対象年齢、支援内容の混在を解消するため、平成 18 年の障害者自立支援法施行の際に、旧児童デイサービスは「Ⅰ型（利用児の 70% 以上が就学前児童）」と「Ⅱ型（それ以外）」に分けられることになった。「児童デイサービスⅡ型」においても、学齢期の「療育」を行う場として位置づけられたが、実際には保護者のニーズである「預かり」に対応する実態も多かった。そのため、障害者自立支援法の 3 年後の見直しまでの間は旧「児童デイサービス」を残したうえで、最終的には「日中一時支援事業」に一本化することも検討されていた。しかし、前述の「障害児支援の見直しに関する検討会（平成20年）」において放課後活動支援の重要性が確認されたため、平成24年の障害者自立支援法および児童福祉法の改正の際に、児童デイサービスⅡ型は「児童福祉法」に基づく事業に再編されるとともに、就学前児童の発達支援を行う「児童発達支援事業」と機能分化した形で、学齢期に特化した「放課後等デイサービス」としてリニューアル（創設）された。

なお、平成8年度から補助事業として実施されてきた旧「重症心身障害児（者）通園事業」の法定化に伴い、重症心身障害のある学齢児を対象とした事業は「（おもに重症心身障害を対象とした）放課後等デイサービス」として位置づけられることになった（成人対象部分は生活介護）。

これらの変遷の中で、旧児童デイサービスの「療育」「育成」という観点が軽んじられたのではないかという批判がある。一方で、障害者自立支援法の理念に基づいた「地域での生活支援」という新たな視点が加わったことで、各地でユニークな放課後等の活動支援の展開にもつながった。たとえば、屋外で子どもたちが主体となって遊び、秘密基地づくりやたき火などの体験ができる自然活動型の事業所や地域の「その道のプロ（人材）」を活用した多彩な余暇活動メニューをもつ事業所、子ども自らが利用したい活動を選択できるようにしている事業所など、これらの支援・活動は従来の「療育」の概念とは趣の異なる斬新な取り組みも生まれている。

2. 放課後等デイサービスの法的位置づけ

前述のように放課後等デイサービスは、平成24年4月の改正児童福祉法により、旧児童デイサービスおよび重症心身障害児（者）通園事業のうち就学している児童を対象として創設された。児童福祉法では「障害児通所支援」の一類型として、また、社会福祉法においては「第二種社会福祉事業」として位置づけられている。

放課後等の支援を行う施策としては、児童福祉法第6条の3第2項に規定される「放課後児童健全育成事業（放課後児童クラブ）」があり、障害のある学齢児ももちろん対象となっている。障害のある子どもの受け入れを促進するため、職員の加配や環境整備に対する補助金も交付されており、障害のある子どももまずは一般施策である「放課後児童クラブ」を利用することが原則である。放課後児童クラブでは提供できない発達支援が求められる場合には、放課後児童クラブに「保育所等訪問支援（**第Ⅲ部**参照）」の訪問支援員が出向いて直接支援や職員への助言指導や環境整備を行い、それでもなお対応困難である場合に、「放課後等デイサービス」での支援を選択するという順序で検討すべきである。しかし、保育所等訪問支援を提供できる事業所数が不足している現状もある。なお、放課後児童クラブの対象から外れる中学生以降も支援が必要な場合には放課後等デイサービスを活用していくことになる。

放課後等デイサービスは、放課後児童健全育成事業と同様の「保護者の就労保障」および「留守家庭などの養育の補完」という「子育て支援」の目的がないわけではないが、一義的には「発達支援」の観点が重視されるべきである（**図2**）。

図2　放課後等デイサービスのイメージ

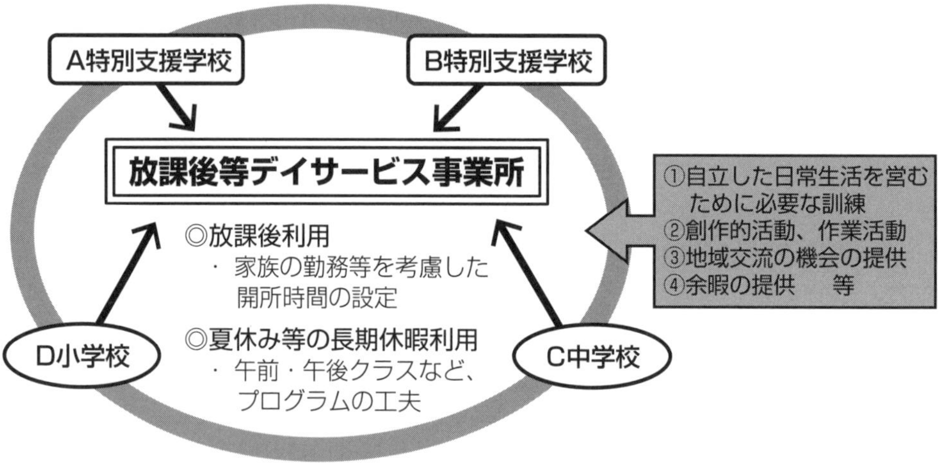

放課後等デイサービスは、障害者基本法第17条に規定する「療育」を実施する事業であるが、学校教育や家庭養育と協働して、思春期特有の発達課題への対応（二次障害の防止を含む）、卒業後を見据えたスキルなどの獲得（トップダウンアプローチ）、地域での自立生活を意識した活動の提供（地域生活支援）などを行う点で、就学前の「発達支援」と原理原則を同じにしつつも支援内容は相当異なっている。

身体機能の維持が必要な肢体不自由児や医療的ケアが必要な重症心身障害児も対象となるが、放課後等デイサービスには児童発達支援のような「医療型」の類型はない。しかし、医療型「センター」において放課後等デイサービスを活用した学齢障害児に対する機能訓練などの継続的提供は可能であり、また、「おもに重症心身障害児を対象とする事業所」の場合は、旧重症心身障害児（者）通園事業の基準を引き継ぐ形で職員配置や報酬については別の基準が設けられるなど、これまで培ってきた支援の質が低下しないよう配慮されている。

なお、単なる預かりニーズに対応する場合は、障害者総合支援法に規定する「日中一時支援」または「医療型短期入所（日帰り型）」の利用が適当である。

放課後等デイサービスとは、「学校教育法（昭和22年法律第26号）第1条に規定する学校（幼稚園および大学を除く）に就学している障害児に対して、授業の終了後または休業日に、「センター」または次に掲げる支援を適切に提供できると都道府県等から指定を受けた事業所において、生活能力の向上のために必要な訓練、社会との交流などを行うもの」をいう。また児童福祉法第21条の5の13の規定により、「引き続き放課後等デイサービスを受けなければその福祉を損なうおそれがあると認める時は、前述の規定する学校に就学していることを前提に満20歳に達するまで利用することができる」とされている。

■児童福祉法（一部要約）

第6条の2の2　この法律で、障害児通所支援とは、児童発達支援、医療型児童発達支援、放課後等デイサービスおよび保育所等訪問支援をいい、障害児通所支援事業とは、障害児通所支援を行う事業をいう。

○4　この法律で、放課後等デイサービスとは、学校教育法第1条 に規定する学校（幼稚園および大学を除く。）に就学している障害児につき、授業の終了後または休業日に児童発達支援センターその他の厚生労働省令で定める施設に通わせ、生活能力の向上のために必要な訓練、社会との交流の促進その他の便宜を供与することをいう。

■児童福祉法施行規則（一部要約）

第1条の2の2　法第6条の2第4項に規定する厚生労働省令で定める施設は、法第43条に規定する児童発達支援センターその他の生活能力の向上のために必要な訓練、社会との交流の促進その他の便宜を適切に供与することができる施設とする。

3. 指定基準

放課後等デイサービスは、「児童福祉法に基づく指定通所支援の事業等の人員、設備および運営に関する基準」（平成24年2月3日厚生労働省令第15号）により、障害児通所支援全般の一般原則のほか、本事業の基本方針、人員および設備、運営に関して規定されている（都道府県等が本省令に基づき条例を定めている）。

1）人員基準

表1　放課後等デイサービスの人員基準

区　分	職　種	基　準
従業者	児童指導員、保育士または障害福祉サービス経験者（注 1）	障害児が 10 人までは 2 人以上（1 人以上は常勤） 10 人を超えて 5 又はその端数を増すごとに 1 人追加 半数以上は児童指導員又は保育士であること
	機能訓練担当職員（注 2）	機能訓練を行う場合に置く
	児童発達支援管理責任者（注 3）	1 人以上（1 人以上は専任かつ常勤）
管理者		常勤で、原則として管理業務に従事するもの（管理業務に支障がない場合は兼務可）

（注 1）おおむね高校卒業以上の学歴を有し、かつ、障害福祉サービスに係る業務を２年以上従事した者をいう
（注２）配置した場合は児童指導員、保育士または障害福祉サービス経験者の総数に充てることができる
（注３）児童発達支援管理責任者の実務要件は、本書 140 ページ「②児童発達支援管理責任者」を参照のこと

（主たる障害が重症心身障害の場合）

区　分	職　種	基　準
従業者	嘱託医	1 人以上
	看護職員	1 人以上
	児童指導員又は保育士	1 人以上
	機能訓練等を行う職員	1 人以上
	栄養士（注 4）	−
	調理師（注 4）	−
	児童発達支援管理責任者	1 人以上
管理者		常勤で、原則として管理業務に従事するもの（管理業務に支障がない場合は兼務可）

（注 4）40 人以下の施設にあっては栄養士を、調理業務の全部を委託する施設にあっては調理員を置かないことができる

2）設備基準

指導訓練室のほか、放課後等デイサービスの提供に必要な設備および備品などを設けなければならない。指導訓練室は、訓練に必要な機械器具などを備えなければならない。これらの設備および備品などは、専ら当該指定放課後等デイサービスの事業に用いなければならないが、支援に支障がない場合は他の事業との共用も可能である。

3）運営基準

児童発達支援事業所（児童発達支援センターであるものを除く）と同様である。

4） 報酬基準

放課後等デイサービスの報酬については「児童福祉法に基づく指定通所支援および基準該当通所支援に要する費用の額の算定に関する基準」（平成 24 年 3 月 14 日厚生労働省告示 122 号）に規定されている。

Q&A 「指定」

Q **児童発達支援センターの指定を受けていれば、放課後等デイサービスの指定はいらないのですか？**

A 「センター」で学齢児を受け入れる場合は、「放課後等デイサービス」の指定を受ける必要があります。設備基準は「センター」の指定を受けていれば満たしています。児童発達支援管理責任者を別々に配置せずに、児童発達支援と一体的に運営する場合は、多機能事業所としての指定となり、報酬基準の定員は合算となります。

4. 平成 26 年「障害児支援の在り方に関する検討会」と平成 27 年「放課後等デイサービスガイドライン」の策定および平成 27 年度・平成 30 年度報酬改定

1）「障害児支援の在り方に関する検討会」報告書（平成 26 年 7 月）

障害者総合支援法の 3 年後の見直しにあわせ、平成 24 年の改正児童福祉法の施行から 3 年目を迎える障害児支援分野についても「障害児支援の在り方に関する検討会」が厚生労働省内で開催され、放課後等デイサービスについては以下のような意見が出された。

①学齢期支援の着実な整備

地域格差は未だ存在するが、全国的にみると着実に整備が進んできている。

参考　放課後等デイサービス整備の状況

自治体調査 1,741 カ所中、1,074 自治体が回答し、そのうちおよそ 200 市町村には放課後等デイサービスが整備されていなかった。ただし、未整備の自治体に放課後等デイサービス利用該当児童の居住の有無までは明らかではない。

令和元年度障害者総合福祉推進事業「放課後等デイサービスの実態把握及び質に関する調査研究」より

②学校との連携の必要性

放課後等の支援は、学校での授業終了後に提供されるものであり、学校と連携を進める必要がある。個別支援計画作成にあたり、サービス担当者会議などに学校関係者の参加を求めることなども検討すべきである。また、不登校状態にある学齢障害児の午前中からの利用、中学校卒業後の学籍のない児童や高等部などに在籍する 20 歳以上の障害者（現行法では満 20 歳までは延長利用が可能）の利用希望もあり、今後、対象の拡大や要件の緩和を検討する必要がある。

③支援の質の確保

放課後等デイの増加については、身近な地域で利用者側が支援内容を選択して利用できるようになり、法改正の意図するところである。しかし、急増に伴って提供される支援内容の質に大きな開きが生じていると言われている。

④支援の質のさらなる確保のための配置基準等の検討

放課後等デイサービスの職員配置基準は、当初「指導員または保育士」となってい

参考　放課後等デイサービスの質の確保

「放課後等デイサービスの質を検証するための基礎となる基準・水準が定められておらず、集計結果の割合が高いのか低いのか、適切であるか改善すべきものであるか、といった客観的な評価が困難」とされており、「今後の対応として一定の基準・水準をガイドライン内に定めることや、調査を一定間隔で繰り返し経年的な変化をみていくこと等が考えられる。」と報告している。また、今後の展望として、「あるべき放課後等デイサービスの姿や質の向上に向けた取組等のあり方を議論する検討会を、国及び都道府県レベルで設置することも必要と考えられ、児童発達支援管理責任者独自の養成課程の必須内容を再検討することが不可欠である。また、その際は、作業療法士等の専門職の参画を促す観点から、こうした職能団体を構成員とすることも検討すべきである」としている。

令和元年度障害者総合福祉推進事業「放課後等デイサービスの実態把握及び質に関する調査研究」より

たが、平成30年4月の指定基準の改定により、「児童指導員、保育士又は障害福祉サービス経験者」に変更され、半数以上が「児童指導員又は保育士」であることとされた。しかし、未だに質の確保には至っていない。子どもの育成という責任の重い事業であることを考えれば、障害および思春期特性などに関する知識や経験が必要不可欠であるため、児童発達支援管理責任者の専門研修の必須化および内容の検討、職員研修などが検討されるべきである。

2）放課後等デイサービスガイドラインの策定（平成27年4月）

「障害児支援の在り方に関する検討会」の報告を受け、「障害児通所支援に関するガイドライン策定検討会」が厚生労働省において開かれ、まず「放課後等デイサービスガイドライン」（**資料編** 参照）が策定された。「放課後等デイサービスの提供形態は多様で、支援はこうあるべきという枠を示すことは困難であるという前提に立ちながらも、障害のある学齢期の子どもの健全な育成を図るという根幹は共通しており、各事業所の理念や目標に基づき創意工夫を図ることや提供する支援の質の向上に努めること」をガイドライン策定の趣旨としている。ガイドラインは、「総則」に続いて「設置者・管理者向け」「児童発達支援管理者向け」「従事者向け」で構成されており、これは児童福祉分野における他の指針とは異なる。ガイドラインを自己評価に活用するとともに、自己評価および利用者からの評価結果を広く公表することが義務化されている。

参考

一般社団法人全国児童発達支援協議会は、平成30年度障害者総合福祉推進事業「放課後等デイサービスガイドラインを用いたサービス提供の実態把握の為の調査」を行い、「放課後等デイサービスガイドライン改訂案」（平成31年3月）を作成し報告しているので参照されたい。

3）平成27年度報酬改定

放課後等デイサービスの基本報酬は、おもに重症心身障害児を対象とするものを除き減額されたが、「障害児支援の在り方に関する検討会」報告書の内容を一部反映し、前項**1）**の**②学校との連携の必要性**については「関係機関連携加算」が創設され、④**支援の質のさらなる確保のための配置基準等の検討**については児童指導員などを配置した場合に基本報酬に加算されるようになった。

4）平成 30 年度報酬改定

児童発達支援管理責任者の配置を必須化し、放課後等デイサービスの基本報酬に含んだ。また、事業所区分の仕組みを創設し、基本報酬の区別化や新設された「児童指導員配置加算（専門職の配置を評価する仕組み）」の区別化をおこなった。しかし、事業所区分の決定は、市町村窓口にて指標に基づく聞き取りによって、利用児童の支援の程度を評価する「放課後等デイサービス指標」の該当および非該当判断の導入、該当児童の利用が 50% とするなどの基準を設けているため、子どもの状態によって事業所運営の基準が左右されてしまうこと、日常生活においてコミュニケーションや行動上軽微な障害しかない（しかし暮らしには大きな問題が生じている）児童への積極的な支援が制限されてしまう仕組みとなっていることは改善すべきところである。

B. 事業の目的と重要性

1. 事業創設までの経緯からみた放課後等の活動を支援する重要性

放課後等デイサービス創設のきっかけとなった「障害児支援の見直しに関する検討会」報告書（平成 20 年 7 月）では、学齢期・青年期支援策として、①放課後等における居場所の確保が重要であること、②卒業後の就労や地域生活に向けた教育・福祉・就労の連携が重要であること、が指摘された。放課後等の支援は、保護者の仕事と子育ての両立支援およびレスパイトという家族支援的な意味合いも強いが、子どもにとっては学校や家以外で過ごす「第三の社会的居場所」という重要性も忘れてはいけない。障害のある子どもは障害のない子どものように交友関係や行動範囲は広くはなく、活動のレパートリーも少ないことから、放課後等はどこにも行かず家庭で過ごすことも少なくない。さらに、障害の程度が重い場合、広域で設置されている特別支援学校への通学もしくは附置されている寄宿舎で生活しており、自分の住む地域での活動や仲間との交流をほとんど望めない現状がある。豊かな地域生活を保障するためには、さまざまな活動を地域の中で仲間とともに経験できる社会的居場所が必要である。就学前の発達支援はその子どものもつ最大限の発達を促すことを目的にしたボトムアップ（積み上げ）式の支援が中心となるのに対して、学齢期においては学校卒業後の進路や成人期の地域生活をイメージしてさまざまな活動の経験や必要なスキルの獲得をめざすトップダウン（目標設定）式の支援が求められる。トップダウン式の支援では、学校や医療、家庭とめざす方向性をすり合わせたうえで支援の方針や手法などを統一し、子どもにとって混乱のない環境で相乗的に発達を促すことが求められる。

一方、放課後等デイサービスでの支援では、教育や医療では提供できない遊びを中心とした活動を提供したり、学校や医療で濃密な指導や訓練を受けている場合にはゆったりと休息させたりするなど、これらの要素が一人ひとりの子どもに応じてバランスよく提供されることが重要である。

このような提言をふまえ、平成 24 年の改正児童福祉法により放課後等デイサービスが創設されることとなった。これまで福祉との結びつきが途切れることの多かった学齢期だが、就学前から就学後、そして成人期まで福祉的支援が継続的に関われるようになったことの意味は大きい。さらに、放課後等の豊かな経験が大人になるうえで非常に大切であることが認識された点において、放課後等デイサービスの創設は非常に意義深い。

2. 学齢児童における放課後の意味

「放課後」は、文字どおり「学校」を中心として規定される概念である。学校は、学齢期の子どもが家庭に次いで多くの時間を過ごす場であり、大人になるための知識習得や人格形成など、多くのことを育む場として重要な役割を担っていることはいうまでもない。しかし、学校は時間や場所などの枠組みが明確で学ぶ内容や人間関係が限定されており、生活力の育成という意味では限界があるのも事実である。それに対して放課後は、「学校や家庭ではない場所、人、活動を通して、今の自分を少し超えることにチャレンジし、自己や他者と相互交渉しながら、大人になるために多くのこ

図3　障害のある子どもの放課後支援等の構造

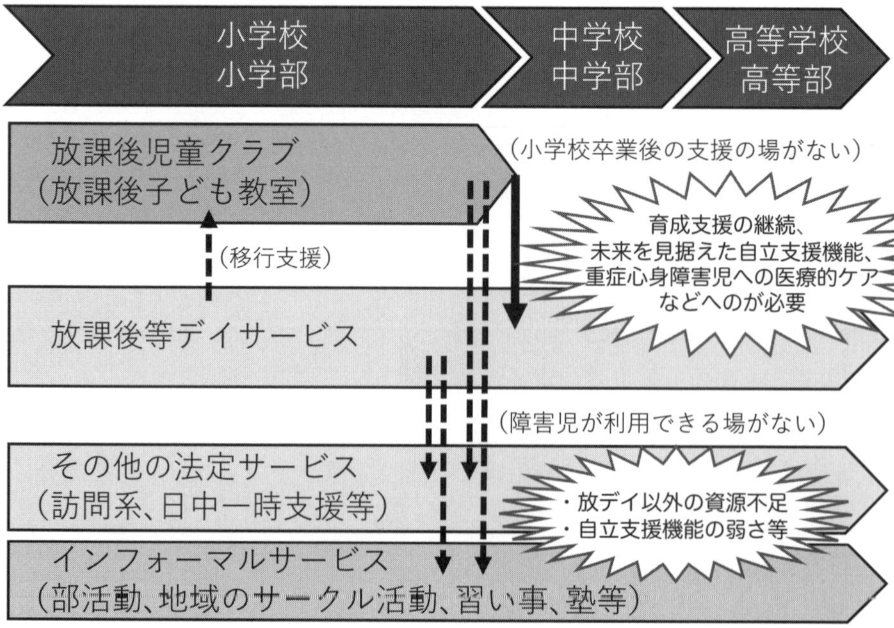

平成30年度障害者総合福祉推進事業「放課後等デイサービスガイドラインを用いたサービス提供の実態把握の為の調査」より

とを学ぶ大切な時間」である。放課後や休日における活動は、「学校が終わり（もしくは学校のない）、家庭に帰るまでの（もしくは朝から夕方までの）時間帯に、子どもが主体となって、地域の中で、友だちと時には一人で、遊びという形で展開される、非常に自由度の高い、時には冒険を伴う活動」なのである。（**図3**）

子どもは、アカデミックスキル（いわゆる勉強）によって勤勉性や与えられたことをしっかりやりとげるという力、「自分にはできる」という有能感を育む。ただし、このスキルだけでは生きていくことができない。むしろ、生きていくために必要なのは、子ども同士、友達同士で過ごす休み時間や放課後で育まれるソーシャルスキルやライフスキルである。支援者は、この点に留意して、子ども同士の駆け引きや子ども同士の冒険などの重要性を忘れず、むしろ貴重な体験であることを意識して関わる必要がある。「自己決定」や「意思表明」といえば固く考えられてしまうが、子ども自身が「何々したい」や「何々して幸せ」と言えることが大切である。また、利用児童は障害のない子どもにくらべ、放課後活動の内容や範囲、人間関係が絶対的に狭いことが想定され、かつ大人の監視下に置かれる時間が圧倒的に多いということにも留意が必要である。

3. 他の放課後等の支援施策からみた放課後等デイサービスの機能

1）放課後等の各支援施策の概要

学齢期の子どもに対する放課後等支援施策としては、障害児を含むすべての児童を対象としている「放課後子どもプラン（厚生労働省所管の「放課後児童クラブ」および文部科学省所管の「放課後子ども教室」）」があり、とくに障害児のみを対象とするものとしては児童福祉法に定める「放課後等デイサービス」の他、放課後児童クラブなどを支援するための「保育所等訪問支援」がある。また、療育を目的としない預かりや生活支援を主体とする事業としては、障害者総合支援法に基づく「日中一時支援」や「医療型短期入所（日帰り型）」「居宅介護（ホームヘルプサービス）」「行動援護」「同行援護」「移動支援」などの障害福祉サービが用意されている（**図4**）。その他、各自治体で独自に事業化している障害児放課後支援制度などもある。

なお、「日中一時支援」や「短期入所」「訪問系サービス」は「保護者支援」および「介護」の提供が一義的な目的であり、児童福祉法の理念規定にある「育成」という観点

図4　障害のある子どもに対する放課後等の支援施策体系

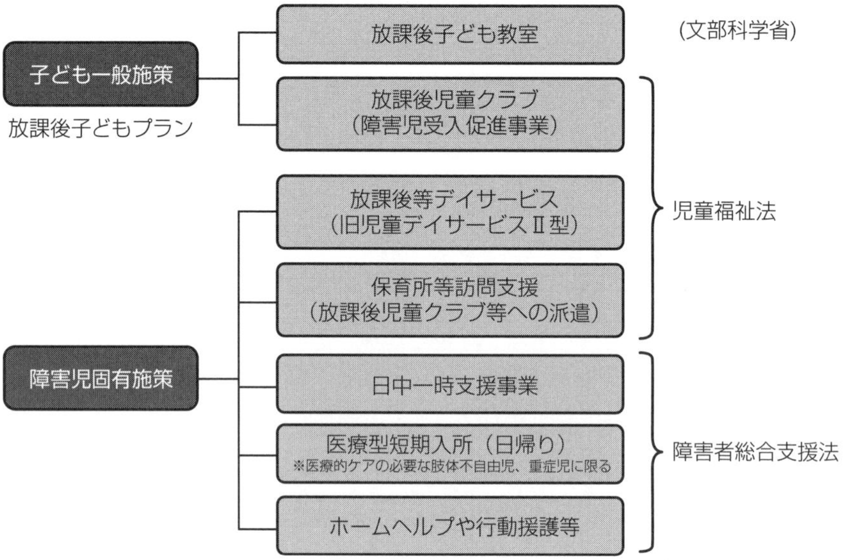

※そのほか自治体独自の障害児学童クラブ等の事業もある。

や「療育」の提供までは求められていない。放課後等に特定の場所で過ごす「放課後等デイサービス」「放課後児童クラブ」「放課後子ども教室」および「日中一時支援事業」の概要を**表2**にまとめた。

2）他制度からみた放課後等デイサービスの役割・機能

①放課後支援諸施策と共通した目的：健全な育成

放課後支援の目的は、放課後の時間を活用して、学校や家庭とは異なる時間、空間、人、体験などを通して、健康で健全な子どもを育てることである。基本的な観点は以下の3点である。

❶**年齢や発達段階に応じた活動の提供**：この時期に経験すべき遊びの提供を通して、仲間づくりや地域との交流などを促し、大人になるための知識・技能の獲得をめざす

❷**安全、安心な居場所の提供**：保護者が安心して預けることができる安全な場であることが大前提である。同時に子どもにとっても安心、安全な場である必要があり、そういう場であるからこそ、さまざまな活動にチャレンジでき自己や他者を見つめたりできるのである

❸**家庭養育の補完**：留守家庭や保護者が病気療養中の家庭、虐待を含む不適切なか

表2　放課後等デイサービスと放課後支援諸制度の比較

事業名	放課後等デイサービス	放課後児童クラブ	放課後子ども教室	日中一時支援
法的位置づけ	児童福祉法第6条の2第4項	児童福祉法第6条の3第2項「放課後児童健全育成事業」	放課後子どもプラン推進事業（文部科学省管轄）	障害者総合支援法の第77条「地域生活支援事業」
目的	放課後または休業日に、生活能力の向上のために必要な訓練を行い、社会との交流を図ることができるよう、障害児の身体および精神の状況並びにそのおかれている環境に応じて適切かつ効果的な指導および訓練を行う	①放課後の時間帯において子どもに適切な遊びおよび生活の場を提供し、②子どもの「遊び」および「生活」を支援することを通して、その子どもの健全育成を図る	安心・安全な子どもの活動拠点（居場所）を設け、地域の方々の参画を得て、子どもたちとともに勉強やスポーツ・文化活動、地域住民との交流活動等の取り組みを推進する	障害者等の日中における活動の場を確保し、障害者等の家族の就労支援および障害者等を日常的に介護している家族の一時的な休息を目的とする
対象	学校教育法第1条に規定する学校（幼稚園および大学を除く）に就学している障害児。満20歳に達するまで延長可能。 ※学年制限なし ※保育に欠ける条件なし	保護者の労働等により昼間家庭にいない小学1～3年生の児童、その他健全育成上指導を要する児童（障害児等）	すべての子ども（おもに小学生）	障害児を含む障害者
規模	10名以上 ※集団規模、定員上限なし	最大70名まで。集団としては40名程度まで	小学校区 ※特別支援学校単位も可能	とくになし
開所時間	とくに制限なし ※休業日の4時間未満開所に対する報酬の減算あり	地域事情や保護者の就労時間等を考慮。休業日は8時間以上。250日以上	とくに制限なし（放課後、週末等）	とくに規定なし
設備	指導訓練室のほか、指定放課後等デイの提供に必要な設備および備品等を設ける。指導訓練室は、訓練に必要な機械器具等を備える	①児童のための専用スペースを設け、生活の場としての機能の確保、② 児童1人あたり概ね1.65㎡以上。静養スペースの確保、③衛生および安全が確保、④事業に必要な設備・備品	小学校の空き教室、校庭、体育館等を活用。活動が円滑に速やかに実施できるよう配慮する	とくに規定なし
職員	① 指導員または保育士（10:2。定員10名を超えて5またはその端数を増すごとに1人以上追加）、②児童発達支援管理責任者1名以上、③その他必要な職員（PT等）	放課後児童支援員（保育士・社会福祉士等（「児童の遊びを指導する者」の資格を基本）であって、都道府県知事が行う研修を修了した者） 人数：支援の単位（児童おおむね40人以下）ごとに2人以上	①コーディネーター、②安全監理員、③学習アドバイザー ③各市町村に運営委員会を設置	市町村が適切にできると判断
活動	具体的メニューとしては、 ①入浴等の介護の提供、②自立した日常生活を営むために必要な訓練（療育、自立訓練、機能訓練等）、③創作的活動や作業活動（プレワーキング等）、④地域交流の機会の提供（地域の社会資源を活用）、⑤余暇の提供、⑥同じような障害のある仲間との交流等が考えられる	①健康管理、安全の確保、情緒の安定を図る、②遊びを通しての自主性、社会性、創造性を培う、③宿題・自習等の学習活動を自主的に行える環境を整え、必要な援助を行う、④基本的生活習慣についての援助、自立に向けた手助け、その力を身につけさせる、⑤家庭や地域での遊びの環境づくりへの支援を行うこと、⑥児童虐待の早期発見と早期介入のための連携・対応を図ることなど	①放課後や週末等における地域の子どもたちの安全・安心な活動拠点の確保、②地域の多様な大人の参画を得て、子どもたちにさまざまな体験・交流・学習活動の提供、③これらの活動を通して、子どもの社会性、自主性、創造性等の豊かな人間性の養成、④地域の子どもたちと大人の積極的な参画・交流による地域コミュニティの充実、⑤その他、地域で安心して健やかに育まれる地域づくりを推進する活動	① 日中、障害福祉サービス事業所、障害者支援施設、学校の空き教室等において、障害者等に活動の場を提供し、見守り、社会に適応するための日常的な訓練その他市町村が認めた支援、② 送迎サービスその他適切な支援を市町村の判断により行う、③事業は、地域のニーズに応じて行う
連携	学校との連携・協働（一貫した支援の確保、補完的 支援の実施）。家庭との連携（加算あり）	保護者との連携支援、学校との連携、保育所・幼稚園、関係機関との連携。ボランティアの受入れ促進等	市町村は、域内の放課後対策事業（放課後児童クラブを含む）の運営方法等を検討する運営会議を開催。PTA、教育・福祉関係者、地域住民等	とくに規定なし
その他		特別な配慮が必要な障害のある児童の受入、研修に努めることなど		本事業を提供時間中は、他の障害福祉サービスを利用できない
運営費等	個別給付（義務的経費）	運営費補助 （特別会計子ども・子育て支援勘定）	運営費補助	個別給付（裁量的経費）
利用料等	利用料：応能負担（1割、上限あり） 材料費等実費負担あり	利用料：概ね運営費の半額 材料費等実費負担あり	利用料：原則無料 材料費等実費負担あり	利用料：市町村による 材料費等実費負担あり

かわりがある家庭に対して、家庭養育を補完する。具体的には身の回りの世話や宿題の援助、特定の大人との安定した関係を構築する。

②放課後等デイサービスに求められる特別な機能

ア）幅広い対象年齢の発達課題への対応

放課後子どもプランの諸施策がおもに小学生を対象としているのに対して、放課後等デイサービスは小学1年生から高校3年まで（最長20歳まで）の幅広い年齢を対象としている。これは、障害があるために小学校高学年以降になっても留守番スキルが獲得できない、あるいは地域で友だちと交遊できないことが多く、家庭養育を補完する必要があるためである。一方で、対象を留守家庭に限定していないのは、障害があるがゆえの学びにくさや、そもそも学ぶ機会の乏しさがあるために、ライフステージごとの発達課題をクリアしていくためには特別の支援や相当の配慮が継続的に必要なためである。したがって、年齢や発達段階に応じた活動を組んだり（グループ活動を含む）、一つの活動であっても役割や課題、ねらいを分けるなどの工夫が求められる。

イ）障害や発達課題などの個別特性への対応

障害児は障害があるために発達年齢と生活年齢との間にギャップがある場合が多く、生活年齢に加えて発達年齢を考慮した支援や活動を提供する必要がある。また、発達年齢の問題だけではなく、対人関係や学習スタイルの特異性、運動機能や感覚機能などの障害性に応じた個別の課題への支援も求められる。とくに現状でも教育上の配慮がなされていないことの多い発達障害児への支援については、放課後等デイサービスにおいて学習面や対人面、情緒面などの課題を補完できる部分も多いと考えられる。今後、インクルーシブ教育が進むことが想定されるなかでは、学校教育との連携を強化しつつ、発達障害児支援の一翼を担うことが期待される。

ウ）「地域からの分離防止」への対応

特別支援学校は、障害特性に関する専門的知識・技術を用いて教育する場所であり、小集団教育や手厚い教員配置がなされているが、広域を対象に設置されていることがほとんどである。そのため、身近な地域（生活圏）から離れ、地域の同年代の子どもとの日常的な交遊もない現状がある（「交流」という形で実施される教育活動はある）。放課後や長期休暇には、本来、家に近い場所で近所の友だちと過ごすのがあたり前であるが、特別支援学校通学児が地域の放課後児童クラブを利用することは現実的に困難であり、家に帰って保護者と過ごすか、家庭内でゲームなどをして過ごすことも少なくない。そのため放課後等デイサービスは自ら放課後等の活動をつくることが難しい障害のある子どもに対して、学齢期に必要な「地域」との結びつきを意図的に組み込んでいくことが求められる。特別支援学校卒業後、多くの場合、自宅を中心としたエリアで生活していくことになるため、インクルージョンの観点からも身近な地域での放課後等活動の展開は重要である。

4．放課後等デイサービスの意義

障害のある子どもの放課後等への支援に求められる機能と役割をふまえて、放課後等デイサービスの意義を整理する。

1）発達を基盤とした育ちへの専門的なアプローチ

子どもの権利である「育ちの保障」という立場が求められる。子どもや家族を取り巻く地域環境を理解したうえで、子どもの障害や特性、心身ともに変化の大きい学齢期や思春期の特徴や発達課題などに合わせてさまざまな活動を提供する必要がある。子どもの育ちの専門家として、同年齢の多くの子どもが経験すると考えられる生活体験にはどのようなものがあり、障害があるがゆえに欠落しやすい経験、障害ゆえに誤った学習をしやすいこととは何かを分析したうえで、配慮された環境の中でさまざまな活動に挑戦させることが重要である。

2）日中の生活の大部分を過ごす教育機関との連携

義務教育の年齢においては学校でのかかわりが中心であり、家庭に次いで生活の多くの時間を学校で過ごしている。そのため、放課後等デイサービスは教育機関との連携を深め、それぞれの立場を確認し、子どもを中心に据えて役割を分担する必要がある。そして、進級、進学さらには卒業後の新たな社会生活や資源へ円滑に橋渡しできるよう機能することが重要である。

参考

連携している関係機関としては、「小学校」（76.0%）が最も多く、次いで「特別支援学校」（75.0%）であった。その頻度や手法としては、小中学校、高等学校、特別支援学校のすべてで、「ほぼ毎日」が最も多く、送迎時に口頭で情報交換していることが多い。

令和元年度障害者総合福祉推進事業「放課後等デイサービスの実態把握及び質に関する調査研究」より

3）この時期ならではの家族・家庭への支援

学童期から思春期の時期は、子どもと家族との関係性が大きく変化する時期でもある。育児や身の回りの世話を中心としてきた保護者のかかわりは、子どもの成長とともに子どもの主体性を尊重し、子どもの長所などを伸ばすかかわりへと変化させていくことが求められる。子どもは、自分とは何か、大人になることとはどういうことかと悩み､時には保護者に反抗したり逆に甘えたりを繰り返しながら大人になっていく。障害のある子どもも同様の変化を経て大人になっていくが、障害ゆえに分かりにくく保護者が戸惑うことも多いため､家族に寄り添いながら支えていくことが求められる。子ども自身が障害を理解し受容していくことと同時に、保護者やきょうだい、祖父母などの家族に対しても子どもの障害の理解と受容、そして家族一人ひとりの自己確立の過程に寄り添っていく視点を忘れてはいけない。

また、保護者の就労に伴う子どもの安全な居場所としての役割も必要であるが、放課後等デイサービスにおいては、利用する子どもの家庭環境や社会的背景の一要因として保護者の就労に関わる支援を位置づけておく必要がある。

4）子どもが暮らす社会・地域づくりと支援

子どもは人への信頼感や集団への所属感を得ながら育っていく。学齢期までは学校というしっかりとした枠組みの中で育つが、卒業後は地域の中でさまざまな人たちと関係を形成しながら暮らしていくようになる。そのため、困った時に地域に頼れる人がいて、地域の人たちも包容力をもって障害のある人たちを受け入れ支援していける社会、地域づくりをめざすことが重要である。そのためには、子どもの時から地域と継続的につながっていくことが必要であり、さまざまな放課後等支援の活動が地域の中で展開されることが不可欠である。地域に住む人たちに協力を求めたり、他の子どもたちとともに地域の役に立つ活動をしたりすることも必要である。そのためには、障害のある子どもの生活・活動を通して地域に働きかけていくことが必要であり、家族や学校、相談支援、行政などと一体となって「地域で育てる」という当然の取り組みをしていくことが必要である。放課後等デイサービスは、子どもの障害や特性、学齢期や思春期の特徴や発達課題に応じた活動を支援する重要な資源であることを認識し、決して放課後児童クラブなどの一般施策から分離するための資源として活用されてはならない。

5. 学齢期の発達課題と支援の重要性

対象児童のライフステージを、「学童期（7歳～12歳：主として小学生）」と「思春期（13歳～18歳：主として中学生・高校生）」とに分けて、その時期の特徴と支援方針を整理する。

1）「学童期」の課題

学童期は、一般的には、情動的に安定し外部の世界への関心や好奇心を高める時代といわれ、思春期につながっていくための非常に重要な段階である。

学童期の発達課題は、乳幼児期に育った基本的信頼感を基盤にしながら、「生産性（勤勉性）」を獲得することである。世界が母親（母親に替わる人物を含む）および家族との閉鎖的な関係から社会的関係へと拡大し、仲間や教師、地域の大人との新たな関係が始まる。そのなかで、子どもは「学びたい」「知りたい」という好奇心や欲求をもち、物事への探求心が飛躍的に伸びていく。新たな発見を楽しみ、作業を遂行して完了させる充実感や喜びを味わうなかで生産性（勤勉性）を獲得していく。子どもは勉強やさまざまな生活体験を通して「有能感」をもち、協調的に社会参加していくための基盤を培う。この過程を踏まないと「自分のしていることには何か欠けている」という意識が強くなり、「劣等感」や「不適応感（不全感）」に悩むことになってしまう。

2）「思春期」の課題

思春期は、子どもから大人へと心身共に変化していく大切な時期であり、障害のある子どもたちも障害のない子どもと同様に、第二次性徴などの身体的変化や精神的変化に戸惑いを感じる時期である。

このような混乱と親からの自立をめざした一連の動きは、誰しもが通過する過程であるが、反抗的あるいは攻撃的な態度としてあらわれることも多く、「問題行動」ととらえられ、家族を含め周囲の大人の対応いかんによっては情緒的・精神的な二次障害につながる危険性がある。

この時期、共通の立場にある仲間とお互いに共感し心を通じ合わせることで、危機を乗り越えていくことも可能となる。一方で、同じ年齢や同性の仲間との間に生じるストレスや心理的なショックなどが「劣等感」となって定着してしまうこともある。障害のある子どもはこの時期にあっても保護者や他の大人から「子ども」として見られることも多いが、大人になる過程にある一人の人間として扱うことが何よりも重要である。思春期前に培われた「有能感」を基盤に、「劣等感」に押しつぶされることなく、大人とだけではなく仲間との関係性も重視し、就労など次のステージに向かう力が生まれるようにサポートすることが求められる。

図５および**６**に、ライフステージに沿った発達の特徴と支援機能についてまとめた。

図5　ライフステージに沿った発達の特徴

支援の視点	学童期 ――→ 思春期 ――→ （成人期）
発達支援	・生産性（勤勉性）、有能感（取り柄）の獲得 ・成功体験の積み重ねによる自己肯定感の育成 ・他者理解、自己理解 ・仲間形成 ・自己表現方法の獲得 ・自己コントロール（パニック時など）方法の獲得 ・将来必要となるスキルの獲得 ・地域を巻き込んだ支援、地域の受け入れ土壌づくり
ソーシャルスキルの獲得	・小集団における社会性の芽生え ・集団における行動スキルの獲得 ・個別のソーシャルスキルの獲得
余暇支援	・好きな遊びを見つける ・趣味や嗜好を広げる ・趣味を確立する

図6　放課後等デイサービスの支援機能

支援の視点	学童期 ――→ 思春期 ――→ （成人期）
本人支援	・療育（発達支援）の継続 ・障害特性に応じた個別の支援 ・年齢に応じた遊びや交友関係の支援 ・本人の生活スタイルを見つける
家族支援	・子どもとのかかわり方に関する専門的な助言 ・預かることで親の安心感や休息につながる ・養育者から支援者へ移行するための関係性の調整 ・家庭における本人の役割、家族の役割についての整理と調整 ・一人で過ごせるための制度利用や方法の助言
地域連携	・家庭と学校、事業所間の共通理解を図るための連携 ・障害特性に応じた環境整備や支援方法についての連携 ・障害特性や支援方法を卒後につなぐための連携

C. 事業の進め方

1. 事業を実施するうえでの基本的事項

1）提供する場所の選定

放課後等デイサービスは、学校の空き教室、空き店舗などでも実施することが可能である。ただし、放課後活動が十分にできるスペース、設備を確保することが求められる。「地域での育ち」を意識し、事業所内での活動だけでなく、里山などの自然、公園などの遊び場、公民館や図書館などの施設、店舗や企業などの社会体験の場となる地域の社会資源にアクセスしやすいことも重要である。

特別支援学校が子どもの住む地域から遠隔地にある場合や移動そのものが負担となる重症心身障害児などの場合は、特別支援学校の空き教室や特別支援学校の近くに事業所を設置することも考えられるが、基本は送迎サービスなどを活用して子どもが住んでいる生活圏で支援が展開されることが望ましい。

参考

放課後等デイ事業所の建物の自己所有は 32.1% と低く、逆に 58.3% の事業所が有償賃貸物件で事業を実施している。また、指導室は 1～2 部屋が全体の68.6%で、「センター」基準である 1 人あたり 2.47㎡以上が 55.6% であった。

平成 24 年度障害者総合福祉推進事業「児童福祉法改正後の障害児通所支援の実態と今後の在り方に関する調査研究」より

2）定員の決定

利用定員とは、開所日における利用人数の上限を設定するものであり、契約者数ではない。（地域自立支援）協議会子ども部会などを活用して、地域の利用ニーズ（利用希望人数や日数など）を適切に把握するとともにニーズに応じた整備計画を立てていくことが求められる。事業の設置に地域格差があることや利用日数の支給決定に市町村格差があるなどの問題が指摘されている。事業者は、放課後等デイサービスが社会

参考　放課後等デイサービスの定員

定員数の分布では、「10 人」（84.5%）が最も多く、次いで「16 ～ 20 人」（4.9%）であった。また、自治体が運営主体である場合、平均 16.90 人の定員と比較的多い傾向がうかがえた。また、令和元年 6 月の 1 か月間における実利用者数を年齢別にみると、「小学生」の平均は 18.34 人、「中学生」の平均は 5.15 人、「高校生等」の平均は 4.20 人であった。

令和元年度障害者総合福祉推進事業「放課後等デイサービスの実態把握及び質に関する調査研究」より

福祉事業であることを認識したうえで、受け入れる障害種別や年齢を限定することなく、地域のすべての支援を必要としている子どもが利用できるよう努力すべきである。

①単独事業所の場合

放課後等デイサービスは利用定員 10 名から開設することができる。おもに重症心身障害児を対象とする場合には利用定員 5 名から実施することが可能である。

②多機能型事業所の場合

児童発達支援との多機能型事業所として放課後等デイサービスを実施する場合は、区分ごとの利用定員を設けずに合計 10 名からとすることができる。おもに重症心身障害児を対象とする多機能型放課後等デイサービスの場合も同様に区分ごとの利用定員を設けずに合計 5 名から実施することが可能である。また、生活介護や就労支援事業などとの多機能型事業所の場合も、多機能型放課後等デイサービスの定員は 5 名からとすることができる。

Q&A 「利用可能年齢」

Q　**義務教育修了後、在宅の子どもは 20 歳まで利用できるのですか？**

A　放課後等デイサービスの対象は、「学校教育法に規定する学校（幼稚園、大学を除く）に就学している障害のある児童」であり、小中学校、高等学校、中等教育学校、特別支援学校、高等専門学校に在籍していれば 20 歳まで利用することが可能です。しかし、その他の専修学校や専門学校、各種学校などに在籍している子どもや 15 歳以上の就学していない在宅の子どもは利用できないことになっています。なお、この場合、日中一時支援や特例で生活介護などを利用することは可能です。

③基準該当事業所の場合

介護保険法に基づく通所介護事業所や小規模多機能事業所などにおいて基準該当放課後等デイサービスを実施する場合は、市町村の認定が必要であり、市町村と協議のうえ定員を決定する。

3） 従業者の配置

①児童指導員、保育士または障害福祉サービス経験者

利用定員が10名までは2名以上、利用定員が10名を超える場合は5またはその端数を増すごとに1名以上加配しなければならない。配置スタッフの半数が「児童指導員又は保育士」である必要があり、そのうち1名以上は常勤（その事業所の常勤時間数：週32時間以上）の必要がある。制度創設の平成24年は配置職種を資格要件の規定がない「指導員」とし誰でも従業者になることが可能であったが、支援の質を確保する目的から、平成30年度以降、「指導員」は廃止されて資格要件のある「児童指導員」に変更され、加えて「障害福祉サービス経験者」が追加された。子どもの状態によっては濃密な支援が必要であることから、「児童指導員等加配加算」を活用し、児童指導員等を1名以上加配することが可能である。また、1人以上が児童指導員、保育士または強度行動障害支援者養成研修（基礎研修）修了者、重度訪問介護従業者養成研修行動障害支援課程修了者もしくは行動援護従業者養成研修修了者（以下、「児童指導員等」という）である場合、「児童指導員等配置加算」を算定できることとなった。事業者は報酬の観点のみならず専門的なサービスの提供という観点から積極的に有資格者を配置するよう心がけるべきである。

参考　職員配置の実態

直接支援を行う職員の1日あたり平均従事者数(実人数)では、平均が4.85人であった。また、自治体が運営する事業では、平均6.30人の配置があった。次に、その他（社団、財団、農協、生協等）の4.90人であり、その差が1.4人ほどの差がある。また、区分1の事業所は、22.6%程度であり、配置に応じた報酬以上の事業所の努力が必要となっている。
各職種の配置の平均は、児童指導員は2.99人、保育士は1.74人、障害福祉サービス経験者は1.10人、看護師は0.97、作業療法士は0.38人、理学療法士は0.37心理担当職員と言語聴覚士は0.35人であった。

令和元年度障害者総合福祉推進事業「放課後等デイサービスの実態把握及び質に関する調査研究」より

②児童発達支援管理責任者

専任かつ常勤の者を１名以上配置しなければならない。ただし、多機能型事業所の場合は他の児童発達支援管理責任者やサービス管理責任者との兼務が可能である。専任かつ常勤としている理由は、①アセスメントおよび個別支援計画の作成・モニタリングの実施、②学校や家庭、その他関係機関との連絡調整、③支援の質の向上を図るための従業者への助言・指導、④本人および家族に対する相談・援助という指定基準に定められた本来業務に開所時間帯にかかわらず専念する必要があるためである。利用者の直接的支援に加わることは構わないが（ただし、児童指導員や保育士の数に入れることはできない）、個別支援計画関連業務や関係機関との連携などを優先させるべきであり、支援を行っているので支援会議に出席できないということがあってはならない。なお、管理者が児童発達支援管理責任者を兼務することは業務に支障がなければ構わない。

③機能訓練担当職員等

日常生活を営むのに必要な機能訓練を行う場合には、機能訓練担当職員をおかなければならない。なお、機能訓練担当職員が専ら放課後等デイサービスの提供にあたる場合は、機能訓練担当職員の数を児童指導員または保育士の合計数に含めることができる。

Q&A 「職員の資格要件」

Q 「児童指導員」の資格要件について教えてください。

A 職員基準では、児童発達支援事業と同様に「指導員又は保育士」とされています。「指導員」にはとくに資格要件はなく、有資格者を配置しなくても事業の実施は可能です。一方、児童発達支援センターでは「保育士および児童指導員」であり、どちらも１名以上の配置が必須となっています。そのため放課後等デイサービスの支援の質の低下が懸念されています。放課後等デイサービスの事業目的を遂行するのにふさわしい人材確保のため、配置加算等を活用し、積極的に有資格者を採用することが望まれるところです。

ちなみに、次のいずれかに該当すれば、児童指導員有資格者となります。

1. 大学で福祉・社会・教育・心理学部（学科）を卒業
2. 小・中・高のいずれかの教員免許を取得（種類等は不問）
3. 厚生労働大臣指定の児童指導員養成校を卒業
4. 児童福祉施設での実務経験者（高卒以上２年、その他３年）

参考　放課後等デイサービスにおける訓練担当職員の配置状況

各職種の配置の平均は、作業療法士は 0.38 人、理学療法士は 0.37 心理担当職員と言語聴覚士は 0.35 人であった。

令和元年度障害者総合福祉推進事業「放課後等デイサービスの実態把握及び質に関する調査研究」より

④その他

さまざまな活動を実施していくうえでボランティアなどの地域のインフォーマルな人材の活用は欠かせない。地域の人とのふれ合いは、地域の人たちの障害に対する理解促進および将来にわたって子どもたちの地域での生活を支えることにつながることが期待される。保護者の了解を得たうえで地域のボランティアを積極的に受け入れたり、活動内容によっては地域の人材を講師として招いたりすることも考えられる。地域の人たちは、あらかじめ障害に関する知識や技術をもち合わせている必要はなく、逆に、その人たちの「強み（経験や技術など）」でかかわってもらうことにこそ意味がある。

4）提供時間帯の決定

放課後等デイサービスを実施する際は、提供時間帯を設定する必要がある。「放課後」とは、登校すべき日において学校教育の提供が終わった後の時間帯のことをいう。学校での部活動や生徒会活動などが放課後活動の一つと位置づけられていることや放課後等デイサービス事業所が学校の空き教室や敷地内に設置される例もあることから、放課後を学校の敷地外に出た後とするよりもクラスでの終業の会が終了した後とみるのが適当であろう。下校時刻は学年や学校種別により異なるうえ、日によっては行事などで早く下校することもあるので、開所時刻は子どもに合わせて柔軟に設定（変動）する必要がある。また、閉所時刻についても、保護者の就労時間なども考慮して柔軟

***Q&A*　「放課後等の“等”の範囲」**

Q **名称にある「放課後等」の「等」はどのような意味ですか？**

A 「放課後等」の「等」は、学校の休業日や長期休暇を意味します。しかし、訪問教育対象の重症心身障害児等の場合は、学校の開校日であっても訪問日でなければ教育を受けない日が存在します。旧「重症心身障害児（者）通園事業」では「訪問教育以外の日の通所は可」とされていた経緯もあり、教育を受けていない日は休業日とみなして対応するのが妥当でしょう。

Q&A 「不登校状態にある児童への対応」

Q **不登校になっている子どもが午前中から利用しています。休業日単価を請求してもよいでしょうか？**

A 不登校状態にある障害児が午前中から放課後等デイサービスで支援を受けている場合もありますが、原則的には教育が何らかの手立てを講ずるべきとされているので、休業日でない限り休業日単価ではなく放課後単価で報酬を請求することになります。しかし、引きこもりや不登校の改善や社会参加の役割を担っている放課後等デイサービス事業所も存在しており、また、その役割を担うよう要請されている地域もあります。休業日単位はとれませんが、市町村行政と協議のうえ、子どものニーズに応じて積極的に受け入れていく体制をつくっていくことも必要でしょう。

に設定する必要がある。土・日曜日や学校の長期休暇中のサービス提供時間の設定についても同様である。

5）活動内容

活動内容は、事業者の基本理念に基づき創意工夫で行われるものであるが、厚生労働省が平成27年4月に発出した「放課後等デイサービスガイドライン」では基本的なものとして以下の4つの活動が提示されている。

①自立支援と日常生活の充実のための活動

子どもの発達に応じて必要となる基本的な日常生活動作や自立生活を支援するための活動を行う。子どもが意欲的にかかわれるような遊びを通して、成功体験の積み増しを促し、自己肯定感を育めるようにする。将来の自立や地域生活を見据えた活動を行う場合には、子どもが通う学校で行われている教育活動をふまえ、方針や役割分担などを共有できるよう学校と連携を図りながら支援を行う。

②創作活動

創作活動では、表現する喜びを体験できるようにする。日頃からできるだけ自然にふれる機会を設け、季節の変化に興味をもてるようにするなど、豊かな感性を培う。

③地域交流の機会の提供

障害があるがゆえに子どもの社会生活や経験の範囲が制限されてしまわないように、子どもの社会経験の幅を広げていく。他の社会福祉事業や地域において放課後などに行われている多様な学習・体験・交流活動などとの連携、ボランティアの受け入れなどにより、積極的に地域との交流を図っていく。

④余暇の提供

子どもが望む遊びや自分自身をリラックスさせる練習などの諸活動を自己選択して取り組む経験を積めるよう、多彩な活動プログラムを用意し、ゆったりとした雰囲気の中で行えるように工夫する。

放課後等デイサービスで提供される活動が、これらの内容のいずれかに合致していればよいというものではない。放課後等デイサービスは小学生から高校生までの幅広い年齢層の子どもを対象としている事業であり、一人ひとりの子どもの発達過程や障害特性、適応状況を把握し、個に応じた活動が展開されるべきである。本人のできる部分や伸びゆく芽をしっかり見出し、全体活動の中に個々の課題を設定していくことが求められる。放課後等の活動は、まず他者と信頼関係を形成すること、そして、仲間と過ごすことの心地よさや楽しさを基盤として人とかかわることへの関心を育てていくこと、関係性の中で葛藤を調整する力や主張する力、折り合いをつける力を育てていくことを目標にして計画されることが重要である。さらに、子どもの自己選択や自己決定を促すようなプロセスを活動の中に組み入れていくことも忘れてはいけない。

図７は、放課後等デイサービスにおける発達支援の要素の概略図である。放課後等デイサービスは、学校や家庭とは異なる第三の居場所として機能する必要があり、就学前から引き継がれる機能訓練や自立に向けたソーシャルスキルトレーニングなどの「指導・訓練的要素」のほか、地域の中で仲間とともに主体的に展開される「遊び的要素」や「休息的要素」も必要となる。これらの要素が一人ひとりの状況に合わせて活動の中でうまく配置され、バランスよく組み合わされていくことが重要である。

図7　放課後等デイサービスにおける発達支援の要素

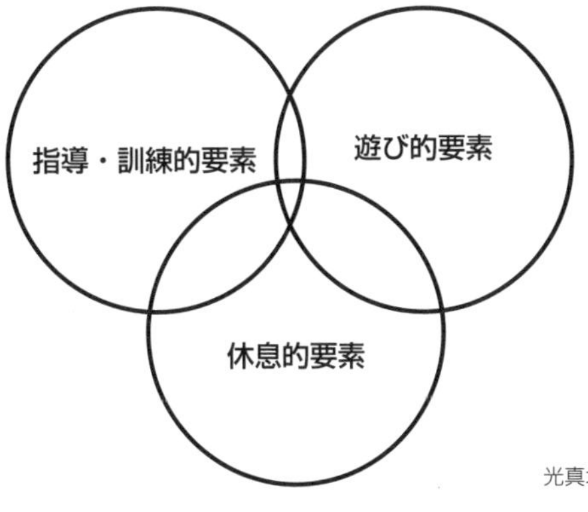

光真坊（2015）発達障害研究37, p146

放課後等デイサービスでは、療育（発達支援）の継続という視点だけではなく、将来を見据え、「こころ」の安定や「地域」を巻きこんだ多彩な支援や活動が展開される必要がある。具体的には、不登校状態にある発達障害児に対するメンタルヘルスや学習支援および適応支援、卒業後を見据えた就労の前段階としての働く体験支援、自分の「できること」を見つけて伸ばす余暇支援、自分が自分でいられ安心できる居場所としてのサロン的支援、思春期の発達課題への対応や二次障害の防止のためのソーシャルスキルトレーニングなど、一人ひとりの子どもの課題に応じて柔軟に、そして、綿密に計画された活動の提供である。また、地域の人材を講師に招いた講座の提供、年齢や障害の有無に関係のない自然な地域交流の場の提供、地域に積極的に出かけ、そこにいる地域の人を巻き込んだ活動の展開など「地域」を強く意識した活動を検討することもできる。

活動の実施にあたっては、活動メニューを自分で選択するなど、将来必要となる自己選択・自己決定する力を育めるような工夫も大切である。それらの活動は漫然と行われるのではなく、事業所の理念に基づき意図的に行われるべきである。子どもを育成するという責任のある事業であるという自覚のもと、それぞれの事業所が独自の高い理念を掲げ、日々創意工夫していくことが大切である[1)]。

6）利用量（契約量）の決定

放課後等デイサービスの支給および支給量の決定は、障害児相談支援事業所が保護者や子どものニーズを聴取して利用計画案を作成したうえで市町村が行うものである。

放課後等デイサービス事業所が支給量に関与することは原則的にはないはずであるが、実際には、支給申請前に保護者や子どもが事業所の見学や利用に関する相談に来ることも稀ではない。その場合、事業所はその子どもが放課後等デイサービスの対象となるか否かについて情報提供することはあっても、決して見学や相談の段階で「空きがあるので、月何日なら使えます」などと利用量を示唆するような発言はすべきではない。一部の事業所ではあるが、保護者の「預けたいニーズ」を反映した放課後等デイサービスの過剰利用が問題視され始めている。先に述べたように放課後等デイサービス事業所は利用量について提言する立場になく、子どもの最善の利益を念頭におき、家族と過ごす時間の大切さについても保護者に伝えながら、過剰利用にならな

1） 全国児童発達支援協議会　厚生労働省平成25年度障害者総合福祉推進事業「障害児通所支援の今後の在り方に関する調査研究報告書」取り組み紹介を参照。
http://www.cdsjapan.jp/Information.html

いよう配慮が求められる。一方、虐待を含む不適切な家庭養育を補完する役割（虐待等の防止）や保護者の就労保障など、保護者の状況やニーズにより多くの利用量が必要となる場合もあり、障害児相談支援事業所や市町村と十分な連携を図っていく必要がある。一般施策である放課後児童クラブなどが利用できる場合は、その利用を優先することが原則である。多様な生活を送ることが必要と判断される場合には、活動メニューの異なる他の放課後等デイサービス事業所の並行利用や日中一時支援、居宅介護などの障害福祉サービスを利用するなど保護者や子どものニーズに柔軟に対応することも大切である。決して利用者を囲い込むことがないよう適正な運営を心がける必要がある。

2. 放課後等デイサービスの提供の実際

1）放課後等デイサービス提供の基本的な流れ

放課後等デイサービスは、基本的には以下の流れで提供される。

①保護者による市町村への利用申請（事前の利用相談があった場合の対応を含む）
②相談支援事業所によるアセスメントおよび利用予定の放課後等デイサービス事業所による事前アセスメント、事前の連絡調整、利用計画案の作成
③市町村による支給決定、サービス担当者会議への参加、利用計画の確定
④利用契約
⑤放課後等デイサービス事業所によるアセスメントおよび他機関との情報共有・連携
⑥個別支援計画の作成、保護者等への説明・同意
⑦放課後等デイサービスの利用
⑧日々の学校や家庭との密な連携
⑨モニタリング（障害児相談支援との連携）
⑩個別支援計画などの見直しまたは終結

2）放課後等デイサービス提供の実際

次に放課後等デイサービスの具体的提供手順について述べる。

①保護者による市町村への利用申請（事前の利用相談があった場合の対応を含む）

放課後等デイサービスの利用にあたっては、利用相談を経ずに直接市町村に利用申

請することから始まる場合もあるが、一般的には、保護者が市町村窓口や障害児相談支援事業所、放課後等デイサービス事業所に対して利用の相談を行うことからスタートする。放課後等デイサービス事業所は、まず市町村や相談支援事業所から空き状況や利用可能性の照会があり、その後、保護者や子どもと面接することになる。直接、保護者が事業所に利用の相談に来所する場合もあるが、利用申請の手続きおよび相談支援事業の役割について説明し了解を得たうえで、市町村または相談支援事業所につなぐことになる。保護者や子どもに対しては、自ら提供している支援や活動の内容、職員配置の状況、現在通所中の子どもの状況や開所時間や日数などについてパンフレットなどを用いて説明し、あわせて利用目的や本人や家族の意向、障害の状などを簡単に聴き取っておくと、その後の支給決定までの流れが円滑になる。

②相談支援および放課後等デイサービスによるアセスメント、事前の連携、利用計画案の作成

保護者による市町村への利用申請の後、障害児相談支援事業所は、保護者や子どもに対して放課後等デイサービスの利用意向、学校や家庭での様子、障害特性や発達状況などについてアセスメントを行う。具体的には、以下のことについて留意する。

❶本人のニーズや発達課題、障害や疾病（発作やアレルギーなどの有無、服薬の状況、医療的配慮など含む）、特性や行動上の課題などに関する情報収集

❷家族の状況や保護者の利用意向・理由、希望日数などに関する確認

❸関係機関に関する情報収集（学校名、特別支援教育コーディネーターや担任の氏名、教育内容など学校教育に関することのほか、医療機関や就学前からかかわっている児童発達支援事業所や保育所、治療や支援内容など）を行う

放課後等デイサービス事業所は、障害児支援利用計画案作成のための情報共有や利用調整などを行う。事前の利用相談があった場合には、その時に収集した情報や想定される支援内容、利用希望日数などについて、保護者の同意のもと相談支援事業所に情報提供を行う。

利用日数などが保護者のニーズと合致しない場合には、他の事業所との並行利用のための斡旋が必要になることから、相談支援事業所と緊密に連携し、対象児が適切にそして円滑に他事業所を利用できるよう協力することが望ましい。なお、障害児相談支援事業所による障害児支援利用計画ではなく、いわゆる「セルフプラン」を保護者が自ら作成する場合や相談支援事業所の整備不足により市町村が「代替プラン」を作成する場合もあり、そのような場合にはコーディネート役の相談支援専門員が存在せず、放課後等デイサービス事業所が保護者や市町村と直接やり取りしていくことになる。

③市町村による支給決定、支給決定後のサービス担当者会議への参加、利用計画の確定

市町村による支給決定後は、障害児相談支援事業所の呼びかけにより、障害児支援利用計画確定のためのサービス担当者会議が開催される。会議には必ず児童発達支援管理責任者などが出席し、支援の全体や方向性について確認するとともに、放課後等デイサービスの役割について関係者間で共有化しておく必要がある。

とくに学校との情報共有は大切であり、具体的には、以下の点について確認しておくことが望まれる。

❶学校での子どもの様子（学校が行う子どもの評価を含む）

❷教育・指導の内容および方法（個別の教育支援計画や指導計画を含む）

❸放課後等デイサービスに期待すること

❹支援の一貫性を図るための日々の情報共有の方法

❺送迎の協力体制などについて

学校がサービス担当者会議に出られない場合には、別日に障害児相談支援事業者とともに学校との連絡会議を開催したり、個別支援計画作成の際に参加を求めたりするなど何らかの方法で連携する機会を設けるべきである。このように「顔の見える関係」を築いておくことが、その後の連携を円滑にすることにつながるのである。

参考　障害児支援利用計画の策定状況

自治体調査において、相談支援事業の実施状況は、「有」が91.7%、「無」が6.4%であった。
障害児支援利用計画の策定状況については、計画策定数の平均は262.64件であり、計画策定数のうちセルフプラン数の平均は75.59件であった。
行政区分別にみると、計画策定数、セルフプラン数とも、政令指定都市で最も多く、町村で最も少ない。

令和元年度障害者総合福祉推進事業「放課後等デイサービスの実態把握及び質に関する調査研究」より

④利用契約

初回契約時には、契約書や重要事項説明書、個人情報の使用に係る同意書などについて十分説明し、同意を得たうえで署名をもらう必要がある。また、月末の実績報告書への押印が必要なことや利用料および実費の支払い手続きなどについても十分な説明が求められる。利用契約成立時には、通所受給者証に必要事項を記載するとともに、速やかに支給決定市町村に対して「契約内容報告書」を提出する。

契約書や重要事項説明書の説明に加え、報酬改定や加算追加などによる利用料の変

更点がある場合には速やかに保護者に説明することが必要である。また、契約書の規定に基づき自動更新による継続利用の場合であっても、毎年重要事項の説明をしておくことが互いの思い違いを防止するためにも重要である。

⑤アセスメントおよび学校などとの情報共有・連携

放課後等デイサービス事業所によるアセスメントは、事前の利用相談時に行う場合もあるが、契約成立後にも詳細に実施することが望まれる。アセスメントは、個別支援計画の作成のために必要な情報を得るために行われるもので、事業所独自のアセスメント表を用いているところも多い。

想定される項目と詳細項目を以下に記す。

❶**子どもに関すること：**成育歴、診断名、障害特性、発育・発達状況（医療的ケアの有無や身体発育状況のほか、「運動（粗大、巧緻、協調など）」「情緒」「対人・コミュニケーション」「認知・言語（理解と表出）」「遊び」などの領域に分けて把握する。ADL、IADL[2)]、興味関心、強み、思春期の心理的課題、自己理解度（障害の認識、自己肯定感など）、他者や地域との結びつき、生活上問題になっていること、利用にあたっての希望などを把握しておく

❷**家族に関すること：**家族構成と関係性、キーパーソン、健康状態、疾病の有無、就労状況、養育環境、子どもの障害の理解・受容、利用にあたっての希望、将来展望などを把握しておく

❸**地域に関すること：**地域の社会資源、障害理解の程度、就学前および就学後の関係機関の利用状況や支援内容、子どもや家族の地域とのつながりなどについて確認しておく必要がある。とくに学校については、所属する学校・学級の種別や学年などにより教育内容も異なることから、その内容を保護者と学校の了承を得たうえで「個別の教育支援計画」などを確認することが望まれる。学校で配慮されている教育環境や指導法がある場合には、支援の一貫性という観点からも共有化していくべきであり、もし学校がニーズを感じながらも実施できていない課題がある場合には、放課後等デイサービスで取り組めないかを検討していくこともできる。さらに、学校場面では認識されにくい発達上の課題がある場合は、放課後等デイサービス側から学校へ取り組みを提案する必要もある。その他、学校内での先生や仲間との関係、支援困難な行動の有無、疲労度合などについても確認を

2）IADL（Instrumental Activities of Daily Living 手段的日常生活動作） 日常生活を送るうえで必要な動作のうち、買い物や洗濯、金銭や服薬の管理、趣味のための活動などADLよりも複雑で高次な動作。

しておくとよい。なお、学校連携に関しては、平成24年4月18日づけ厚生労働省障害福祉課・文部科学省特別支援教育課連名で事務連絡を発出しており、この通知を活用し円滑な連携関係をつくることが望まれる。

⑥個別支援計画の作成

ア）活動の基本プログラムの作成

●基本的視点（事業所の基本的理念）の確立

まず、どのように育ってほしいのか、そのためには何を目的に、どんな力を、どのように育むのかといった事業所としての方向性を総合的に検討することから始める。次に、掲げられた課題を実現するために、集団活動および個別活動を効果的に組み合わせて活動プログラムを組んでいくことになる。個別活動のみを提供している事業所も存在するが、どのような形態で放課後等デイサービスを実施するのかではなく、学齢期から思春期にかけて求められる発達課題への対応や二次障害の予防の観点を含んだ多様な活動を、保護者と子どものニーズに沿って設定することが重要である。

●活動全体のプログラムの立案

活動の提供にあたっては、それぞれの子どもに応じた年間の活動目標、季節ごとの単元の設定、月間や週間の個別支援計画と連動させた活動のプログラムを作成する必要がある。プログラムの立案は、児童発達支援管理責任者を中心に行うことになるが、担当者がまず子どもを中心にした創造性に富んだプログラム案を作成し、その後、チームで検討していくという方法もある。支援者一人ひとりが責任をもって取り組むことは、支援の質を高める観点からも、人材育成の観点からも有効な方法である。プログラムの実現には管理者の役割が重要であり、放課後等デイサービスを提供していない時間帯に担当者がプログラム作成のために費やせる時間を確保するとともに、チーム全員が参加できる検討会議を定期的に設けるなどの配慮を行う必要がある。

●日々のタイムテーブルの作成

送迎を含め、事業所での活動は一定のスケジュールに沿って提供される。ただし、障害種別や子どものコンディションによっては個々に対応する必要が生じる場合があり、画一的なスケジュールをこなすことだけにこだわる必要はない。

放課後の約3～4時間、休業日の約8時間をどのようにして過ごすかについて、まず基本的な1日の流れ（タイムテーブル）を設定する。タイムテーブルは基本的には毎回同じにすることにより、子どもが見通しをもって自発的に活動できるようになっていく。また、基本的な活動として積み重ねることでADLの習得やスキルの定着も促される。通常学級に在籍する子どもの場合、放課後学童クラブと同様に宿題の時間などを設定することも考えられる（障害や発達特性に応じた学習支援）。このように一定の流れは、提供される活動が固定化するというメリットがある半面、経験が限られてしまうというデメリットもあるため、事業所は同年代の子どもたちに流行っている活動のリサーチや子どもの年代、発達段階に応じた活動のレパートリーの豊富さが求められる。

イ）個別支援計画の作成

事業所はアセスメントなどに基づき、個々のニーズや課題を整理し、支援の目標と内容、配慮事項について検討し、個別支援計画を作成する。なお、個別支援計画は、他の障害児通所支援と同様に「発達支援（本人支援）」「家族支援」「地域支援・地域連携」の３領域を網羅する必要がある。

●発達支援（本人支援）

まず、アセスメントに基づいて発達段階に応じた課題を設定することが求められるが、**図５**（136ページ）に示した学童期、思春期の発達課題を考慮する必要がある。将来に向けてめざしたいこと、逆に、学校や家庭などで困っていることや将来に不安を感じていることなど子どもの意向やニーズをしっかりと把握し、本人の意思を尊重しながら「子どもの最善の利益の保障」という観点から支援内容を設定する必要がある。放課後等デイサービスの契約者は保護者であるが、主体は子どもであり、発達支援が保護者の意向に偏ることがあってはいけない。放課後や休日を楽しく過ごす観点は必要不可欠ではあるが、将来の自立に向けた社会的スキルの獲得や就労の体験、余暇の獲得などもめざし、学校教育との整合性を図りながら個々の発達ニーズに対応していくことが望まれる。

また、子どもの成長や対人関係に悪影響をおよぼす行動上の問題がある場合には、学校や家族、時には医療機関とも連携して解決を図る努力も必要である。生命の維持や安全・安心な暮らしの保障を優先すべき重症心身障害児の場合には介護や医療的ケアが中心となることも多いが、発達という視点に立ち、成果が数年単位でしか確認できないような地道な働きかけも必要であり、個別支援計画にはこれらの点を考慮し、通常想定されている短期目標の半年や長期目標の１年間よりも長いスパンで目標設定や支援内容について記載していくことも求められる。なお、重症心身障害児や医療的ケアの必要な子どもの発達支援については、**第Ⅱ部　児童発達支援**を参照されたい。

●家族支援

放課後等デイサービスにおける家族支援でまず想定されるのは、保護者の就労保障である。保護者の就労は家庭の経済的安定をもたらすだけでなく、保護者自身の生きがいや自己確立にも寄与することが期待される。しかし、保護者が就労している時間帯の「預かり」を目的とする場合は「日中一時支援」による対応が原則である。放課後等デイサービスにおいて求められる家族支援は「預かり」ニーズの高さを考慮しつつも、子どもの発達を支える主体としての家族への支援が中心課題であることを認識しておく必要がある。

たとえば、思春期の真っただ中にいる子どもがその激動期を乗り越え大人に成長していくためには、家族の支えが何よりも重要であることはいうまでもないが、この時期の子どもと親は適度な距離を保つことも重要である。自尊感情や自己肯定感のベースとなる家庭が子どもと一緒に揺らいで崩壊してしまわないよう、子どもの思春期特性の理解を深めこの時期特有の子どもとかかわるスキルの教示や家庭環境の調整などをしっかりと行うことが重要となる。

なお、放課後等デイサービスの多くは親子通所を前提としていないため、家族との接触は子どもの送迎時に限定されてしまうが、短時間であっても顔を合わせて話すことが大切である。また、「家庭連携加算」などを活用して、訪問の形態で積極的に家族と連携していくことも可能である。

家族支援は保護者に限定した支援ではなく、きょうだいや祖父母などに対する支援も含まれる。放課後等デイサービスの提供時間帯に、保護者がきょうだいと濃密にかかわれる時間と場所、活動を提供したり、きょうだいもひとりの子どもとして輝けるようきょうだい参加型の活動メニューを企画したり、障害のあるきょうだいをもつ仲間同士が集まりグループワークをするなど、保護者以外の家族への支援もあわせて検討することが望ましい。なお、保護者による虐待やDV、経済的理由による養育の不安定さなどがある場合は、児童相談所や市町村の児童福祉窓口などと連携を図ることも求められる。

●地域支援・地域連携（地域での生活支援、地域連携による支援、地域づくり）

放課後等デイサービスにおいては家庭とともに学校との連携が何よりも重要であり、個別支援計画の中に学校と連携する目的やその内容について明記しておく必要がある。地域での生活支援という観点でみれば、学校や家庭以外の「地域」で過ごし活動すること自体に意味があり、将来の地域生活を見据えて、地域の社会資源を活用することや地域の住民や障害のない子どもたちと交流する取り組みを積極的に進めてい

参考　不登校児童などの受け入れの必要性

一般社団法人全国児童発達支援協議会がおこなった平成30年度障害者総合福祉推進事業「放課後等デイサービスガイドラインを用いたサービス提供の実態把握の為の調査」の報告において、「放課後等デイサービスガイドライン改訂案（平成31年3月）」が提示され、その改定の観点として、放課後等デイサービスに、不登校や社会的養護など社会的困難さを抱える子どもたちを支えるセ　フティーネットとして機能することを求めている。

参考　不登校児童の受け入れ

事業所調査では、4,740 カ所の放課後等デイサービスのうち、不登校児童を受け入れている事業所は 24.8%で、3,803 人が放課後等デイサービスを利用している。また、虐待もしくは不適切な養育があり児童相談所が関与しておるケースを受け入れている事業所は、12.4%であった。

令和元年度障害者総合福祉推進事業「放課後等デイサービスの実態把握及び質に関する調査研究」より

くことが大切である。しかし、保護者や子ども自身の障害受容などの問題で地域に子どもの障害がオープンにされていない場合もあるので、地域での取り組みに際してはあらかじめ保護者と確認をしておく必要がある。

地域支援の実施にあたっては、地域の人材を活用していくことも検討すべきである。地域にはさまざまな分野で活躍する人材がたくさん存在し、その人たちにボランティアとして参加してもらったり、講座の講師を務めてもらったりすることで、放課後等デイサービス事業所だけでは提供できない創造的な活動を実施することが可能となる。障害のある人たちがインクルードされる地域をつくるには、障害の理解のための講義や研修会を通して地域を変革しようすることだけではなく、逆の発想で、地域資源と結びつき、地域の力を借りて、地域の特色を活かした活動を取り入れることも有効である。そのような活動が地域で展開されることを通して、そして「○○ちゃん」というひとりの子（個）の成長を通して、喜びや悲しみを地域の人々と共有していくプロセスが大切なのである。その結果として、地域の人たちの障害に対する理解が深まり、障害のある子どもを地域で受け入れていく素地ができあがる。**図 8** に放課後等デイサービスにおける地域との連携のイメージを示した。

図8　放課後等デイサービスにおける地域との関係（イメージ）

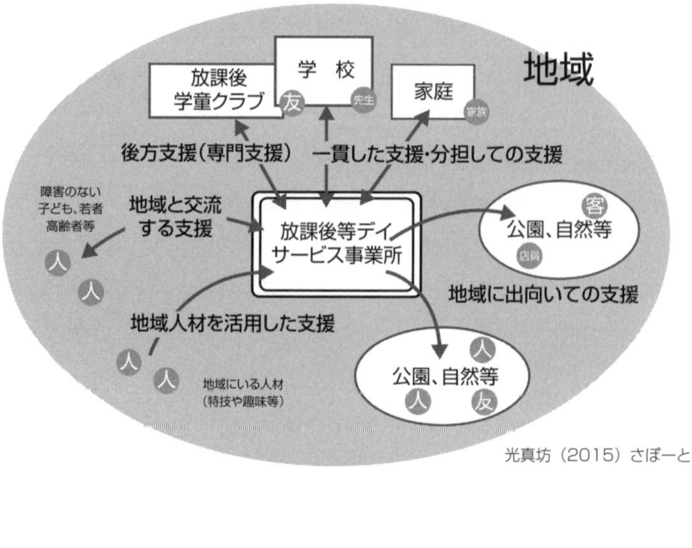

光真坊（2015）さぽーと，62，（7），p19

図9　個別支援計画の様式例と記載の際の留意点

放課後等デイサービス計画（個別支援計画）

利用者名　　　　　　　　　　　　　作成年月日：　　年　　月　　日

〇到達目標

長期（内容、期間等）	
短期（内容、期間等）	

◎どのような子どもに育ってほしいかを保護者とともに考える
◎ワクワク、ドキドキ感のある計画になるように本人とともに考える
◎具体的な到達目標とリンクさせることが必要
◎具体性は必要だが、気持ちのあり方や育む力などねらいの表現も必要
◎長期目標は約1年、短期目標は3～6か月で設定

〇具体的な到達目標及び支援計画等

項 目	具体的な到達目標	支援内容（内容・留意点等）	支援期間（頻度・時間・期間等）	サービス提供者・担当者等	優先順位

（項目）「発達支援」：「家族支援」：「地域支援」＝3：1：1の割合を目安に設定。項目には、ニーズや発達課題等を明記するとねらいが分かりやすい。

（具体的な到達目標）言葉で発せられるニーズだけでなく、子どもの成長に必要な「発達ニーズ」も検討して記載

（具体的な到達目標）支援期間修了後に、達成しているであろう「子どもの状態」を記載【発達支援の領域では子どもが主語】

（支援内容）到達目標に掲げた子どもの様子になるよう、事業所がどのような「専門的な支援」を行うのかを記載。家族支援の場合の具体的働きかけ、地域支援の場合の地域との具体的働きかけを記載【事業所が主語】
※支援期間終了後の評価時に事業所の支援の質、力量が問われる（達成しなかった場合は子どもや家族、地域のせいではなく、事業所の目標設定や支援内容が悪かったという評価になる）

総合的な支援方針

◎事業所として、どのようにコンセプトで支援していくのかも含めて書けるといい。その際には、より長期の目標などを書いてもいい
◎子どもの育ちにいいことがわかるといい
◎支援の見通し、イメージが持てるように（長いスパンの見通し）

上記計画について説明を受け、内容に同意し、交付を受けました。

年　　月　　日　保護者氏名　　　　　　　　　印　児童発達支援管理責任者　　　　　　　　　印

放課後等デイサービス計画（個別支援計画）

利用者名：〇〇　〇〇さん（15歳：〇〇特別支援学校高等部1年）　　作成年月日：　　年　　月　　日

〇到達目標

長期（12か月後）	自分の好きな活動の発表会を仲間とともに企画し、実施することを通して、自分に自信が持てる。
短期（6か月後）	自分の好きな活動を選択し、積極的に活動に参加できるようになります。

〇具体的な到達目標及び支援計画等

項 目	具体的な到達目標	支援内容（内容・留意点等）	支援期間	提供者担当者	優先順位
発達支援 ・自己選択や自己決定 ・自己肯定感 ・豊かな生活を創造	・様々な活動を体験する。 ・自分のやってみたい活動を選択することができる。 ・自分で目標を立て、チャレンジできる。 ・迷った時には相談や援助を求められる。 ・学校で疲れた時には休める（申出）。	・活動内容を選択できるようメニューを複数準備し、1か月前までにはお伝えします。 ・質の高い活動を提供します（地域で活躍している人の協力）。 ・活動内容や手順、作品等の出来上がりがイメージできるよう、予め視覚的に示して、自己選択しやすいよう、そして、見通しをもって安心して活動できるよう配慮します。 ・試行錯誤を支援します（待つ、振り返り、工夫の提案等）	6か月	支援員 地域の講師	
家族支援 ・家族との適度な距離 ・家族の自己実現	・子どもから放課後等デイサービスでの活動について話を聞き、頑張っている様子を評価できる。 ・保護者が就労を継続できる。 ・きょうだいも時々活動に参加できる。	・保護者に対しても、放課後等デイの活動内容を予め提示し、子どもの自己選択を促せるよう支えてもらい、さらには頑張っている過程をほめてもらえるよう情報提供します（思春期児童特有の対応方法（親子の距離感、褒める方等）を伝えます）。 ・保護者の就労時刻に併せて、送迎を実施します。	6か月	支援員 児発管	
地域支援 ・地域交流 ・人材育成 ・包容促進	・地域の人に活動の講師を務めてもらい、障害について理解してもらうとともに子どもたちの才能を伸ばしてもらう。 ・地域の中で支援を受けながら買い物ができる。	・地域で活躍している人材を発掘し、協力を依頼します。対応は基本的に任せますが、迷った時には援助します。 ・活動に必要な物を一緒にリストアップし、買出しに行きます。	6か月	児発管	

総合的な支援方針

・将来的には、周囲の支援を得ながら自分のことを自分で決め、地域で活き活きとした豊かな生活が送れるように支援します。
・そのためには、学校卒業後も継続できる趣味を持てるよう、地域とつながった様々な活動を体験できるようにします。
・自分の好きな活動を自己選択し、自分には何ができるかの自己理解や頑張ればできるという自信や意欲を育てます。
・家族に暖かく支えてもらいながら、家族以外の地域の人へと交流を広げ、豊かな放課後生活が送くれるよう支援します。

上記計画について説明を受け、内容に同意し、交付を受けました。

年　　月　　日　保護者氏名　　　　　　　　　印　児童発達支援管理責任者　　　　　　　　　印

※この様式は国の指導研修のものです。

個別支援計画の様式は、国が実施する児童発達支援管理責任者指導者養成研修で参考例として紹介しているが、実際には、事業所ごとに個別支援計画の様式はかなり異なっているのが現状である。長年にわたり就学前療育を実施してきた放課後等デイサービス事業所では、運動、対人、社会性、遊びなどの発達領域別に項目があらかじめ構成され、アセスメントと一体的な様式になっている傾向がみられる。他方、生活介護などの障害福祉サービスから参入してきた事業所の場合は、本人または保護者のニーズの充足に直結する支援目標や内容が組まれることが多い。発達領域別の支援に偏っている場合には、地域での豊かな生活や将来的に必要となる社会経験の視点を導入すべきであり、逆に地域生活の支援に偏っている場合には、子どもに必要な発達のニーズや課題を把握しアプローチできるような書式に変更すべきである。個別支援計画の様式は統一されていないので、他の事業所の様式も参考にしながらメリットとデメリットを理解したうえで、事業所が使いやすく、そして、保護者や子ども本人が理解しやすい様式へと変化させていく姿勢が求められる。**図９**に個別支援計画の留意点と様式例をまとめた。

図 10 に、事業所が確立すべき「基本理念」と「全体の活動プログラム」、「個別支援計画」との関係について図式化した。現在、支援の指針となる「個別支援計画」が十分に活用されていない実態もみられ、現場では混乱している状況が続いているといえよう。図のように「全体プログラム」や「タイムテーブル」などが事業所の基本理念を反映したものであること、そして、日々の支援・活動を記した「全体プログラム」や「タイムテーブル」と個別に配慮すべき事項を定めた「個別支援計画」の関係を整理することで、それぞれの計画やプログラムが連動性をもち、生きいきとした輝きを放つようになってくる。

図10　事業所の理念と全体の個別支援計画・全体のプログラムとの関係

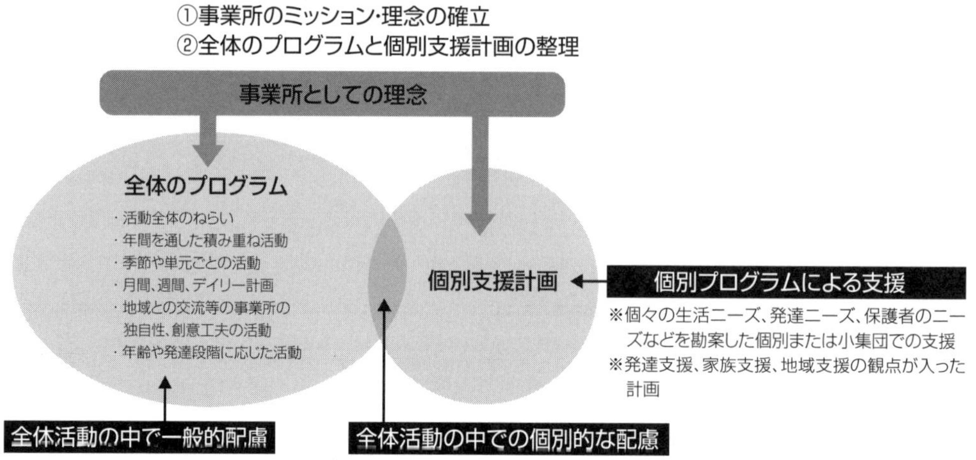

光真坊（2015）発達障害研究37, p146

⑦放課後等デイサービスの提供

提供にあたっては、個別の状況をふまえて集団や個別などの場面を適切に用意することが望ましい。

ア）集団活動

放課後等デイサービスは小学1年生から最長20歳までの幅広い年齢層を対象としているため、学童期と思春期でクラス分けし、それぞれの発達課題に応じた活動を行っている事業所がある。一方で、学童期と思春期の子どもが合同で活動している事業所もあり、そこでは思春期のお兄さん・お姉さんが学童期の子どもたちのモデルとして機能していたり、逆に、思春期の子どもが学童期の子どもから認められたりすることで頑張りを見せ、さらには小さい子どもをいたわる心が育つことも期待できる。どちらの形にしてもよいが、事業所がどのような目的で集団活動をするのかについてしっかり検討しておくことが重要となる。

イ）個別活動

機能訓練や心理療法などの実施は個別的に行われることが多いが、あくまでも子どもの発達課題に対して個別での支援が有効であると判断された場合に実施するべきである。個別活動の方法は、他児と時間や空間を分けて行う方法もあれば、同じ空間であっても個々のスペースに区切って行う方法もある。構造化された活動は、子どもにとって学びやすいという利点はあるが、家庭や学校場面などには般化しにくいという問題が指摘されており、個々の目的に応じて実施されるべきである。

ウ）送迎支援

送迎支援は、平成23年度までは自宅と事業所間のみであったが、平成24年の改正児童福祉法で学校と事業者間も認められることになった。その結果、「学校の通学バスでは放課後等デイサービス事業所まで送ってくれない」「保護者が働いているため学校終了後事業所まで送っていけない」などの理由で通所できていなかった子どもの利用が促進されることになった。

一方で、放課後の時間帯に各事業所の送迎車が学校前の道路に一斉に並ぶという事態も発生しており、安全にそして確実に子どもたちを送迎するためには一定のルールづくりと学校側の協力が不可欠である。利用計画を立案した障害児相談支援事業所と連携して学校と協議する場を設け、送迎にかかる協定書を結んでいる地域も存在する。どの教員が、誰（児童・生徒）を、何時何分に、どの事業所の送迎車に乗せるのかといったリストを作成し、確実に送り出してもらえるよう、事業者同士も十分に連携したうえで学校側に理解を求める働きかけが必要である。

送迎は、学校と連携を図るよい機会である。送迎時に学校での様子や留意すべき事項について学校から事業者に確実に情報が引き継がれることが重要である。さらに事業所から自宅へ送迎する際には、放課後等デイサービスの様子に加え学校での様子を家族に引き継ぐことが大切である。連絡帳を用いて体調や状況のチェックができるようにしている事業所もある。送迎は必須ではないので実施していない事業所がある一方で、利用者が広域に及ぶ場合には数台の送迎車を運行している事業所もある。事業所は常に地域事情や個々のニーズに応じて送迎についても柔軟に検討することが求められる。

⑧学校や家庭との連携

ア）利用の調整

毎日利用する子どもたちもいるが、実態は月あたりの平均利用日数は5日前後であり、いつ誰が利用するのかについて事前に調整する必要がある。曜日固定の場合もあれば、翌月の利用日についてそのつど調整する場合もある。日にちと活動を示した月間プログラムを作成し前月上旬に提示している事業所の場合は、前月中旬までに利用希望を募って調整したうえで利用日を決定している。複数の事業所を利用している場合には、家族や障害児相談支援、他の事業所と連携しながら、円滑に利用できるよう調整することも求められる。学校の長期休暇中は利用希望者が多くなるため、地域にある日中一時支援事業所などとも連携を図りながら利用調整を行っていく必要がある。

イ）学校や家庭との連携

放課後等デイサービスは、学校でも家庭でもない時間、場所、人、活動を提供する支援である。活動プログラムを作成する際には学校教育や家庭養育の内容を十分に理解したうえで、支援の一貫性や継続性を確保しつつ、役割分担することが必要である。

●学校との連携

学校で作成される「個別の教育支援計画」には、放課後等デイサービスの利用およびその目的について記載されることになるので、個別支援計画の作成の際には学校側の参加を求めたり授業や支援について相互に見学し合うなど、保護者の了解を得つつ連携を深めていくことが望まれる。学校との連携のポイントは、①本人の状態や課題は何か、②学校での「個別の教育支援計画」や「指導計画」に基づく年間目標、単元ごとの目標はどうなっているのか、③支援はどのように行われているのか（学校で使用している補装具や自助具、身体介助方法、スケジュールなどの視覚支援ツール、声かけの方法、パニック時の対応など）、④学校が放課後等デイサービス事業所に何を期待しているのかなどの情報について共有することが考えられる。

また、日々の連携については、前述したように送迎時は学校と連携を図るよい機会である。その日の学校での様子、とくに気になることがあった場合の情報が確実に学校から事業者に情報が引き継がれるよう「連絡ノート」などを作成し活用していくことも考えられる。

●家庭との連携

家庭との連携は学校との連携と同等に重要である。家族のニーズや家庭での生活状況を把握しながら、学校教育や家庭生活と連動して放課後活動支援が展開されることが望ましい。放課後等デイサービスでの様子を伝え、家庭で取り組んでほしい課題があれば､そのつど家族と話し合うことが大切である。家庭連携加算を有効に活用して、家庭養育について具体的にアドバイスしたり、環境整備を行ったりすることも考えられる。送迎時は、情報共有を行うよい機会であり、子どもが第三の社会的居場所として安全・安心に過ごせていることやさまざまな活動を通して生きいきとしている様子を口頭で伝えることが重要である。また、学校と家庭、放課後等デイサービスを結ぶ「連絡ノート」などを活用することも考えられる。

⑨モニタリングと障害児相談支援との連携

モニタリングは、個別支援計画に基づくものと「障害児支援利用計画」に基づくものがある。

指定基準では、目標達成度を評価して支援の効果測定するために、個別支援計画は概ね６か月に１回以上モニタリングすることになっている。達成していない場合は、「支援目標の設定が高すぎたのではないか」「支援内容が子どもに合っていなかったのではないか」「別の課題が新たに生じているのではないか」などの視点をもち、これまでの自分たちの支援内容について評価するべきである。そのうえで、今後も同じ支援内容を継続するのか､変更する必要があるのかを判断していくことになる。決して、達成できなかったことを子どものせいにしたり、障害のせいにしたりするようなことがあってはならない。

個別支援計画は事業所内で行う支援について記述するものであるが、本人への発達支援だけでなく、家族支援、さらには学校等との連携や地域での生活支援に関することも掲げることになっているので、モニタリングの際には、障害児相談支援や学校、家族、関係機関とともに行うことが重要である。

一方、障害児支援利用計画のモニタリングの時期が、個別支援計画のモニタリングの時期と合致しないこともある。そのため、障害児相談支援にも声をかけ、個別支援計画のモニタリングに参加してもらうことが望ましい。そして、個別支援計画によるモニタリング結果を積極的に関係機関にも開示し、助言や意見を得ることも有効であろう。なお、モニタリングは、個別支援計画に定めた時期だけに行うものではなく、本人の状態や家庭状況、ニーズなどに変化があった場合には、見直しを図る必要がある。

⑩個別支援計画などの見直し、または終結

支給決定の更新時期や支援目標達成時、逆に支援効果がみられない場合などには、個別支援計画の積極的な見直しを行う。放課後等デイサービスの必要性がなくなった場合は、終結を検討する。終結にあたっては、放課後等デイサービスの支援内容などについて、関係機関に引き継がれるよう配慮することが必要である。

3. 支援の質の向上と人材育成

放課後等デイサービスは、子どもが大人になるための非常に重要な時期にかかわる事業であり、この時期の子どもの心身の成長発達について十分理解したうえで子どもの障害について理解する必要がある。

子ども・子育て支援新制度においては、放課後児童クラブの補助員として支援にあたる「子ども支援員」に対して、子育て支援員基本研修の８科目８時間に加え、専門研修（放課後児童コース）として６科目９時間のカリキュラムの受講を必須としている。基礎研修は、①子ども･子育て家庭の現状、②子ども家庭福祉、③子どもの発達、④保育の原理、⑤対人援助の価値と倫理、⑥子ども虐待と社会的養護、⑦子どもの障害、⑧総合演習からなり、専門研修（放課後児童コース）は、①放課後児童健全育成事業の目的および制度内容、②放課後児童クラブにおける権利擁護とその機能・役割など、③子どもの発達理解と児童期の生活と発達、④子どもの生活と遊びの理解と支援、⑤子どもの生活面における対応など、⑥放課後児童クラブに従事する者の仕事内容と職場倫理などを学ぶことになっている。

放課後等デイサービスに携わる従事者も、子ども支援員研修で学ぶ内容と同等の知識を最低限習得しておく必要があるだろう。そのためには、管理者および児童発達支援管理責任者が、事業所内研修もしくは外部研修（子育て支援員研修を含む）を計画的に企画する必要がある。放課後等デイサービスの質の向上は個別支援計画の作成・評価を通して行うことが重要であるが、実際には義務的に個別支援計画が作成され、実際の支援にはあまり活用されていないという実態もある。PDCA サイクルにより計画を評価し見直ししていくことも必要であるが、その際には、スタッフ全員によるグループワーク形式での創意工夫や改善を図ること、外部の専門家に依頼しアドバイ

スを得ることも有効である。その他、学校の授業風景や他の放課後等デイサービスの活動を見学させてもらう、あるいは、事業所団体の連帯のもと「公開療育」のような形態で自分たちの支援について外部視点を入れながら実践研究していくことも望まれる。また、平成 27 年 4 月に厚生労働省から発出された「放課後等デイサービスガイドライン」を活用し、自分たちの事業運営や支援内容について自己評価・保護者評価するとともに、結果を積極的に公開し、質の向上を図ることが求められる。

D. まとめ

まとめとして、放課後等デイサービスの課題や今後の発展に向けた心構えについて述べる。

1. 放課後等デイサービス事業所としてのコンセプトの確立

放課後等デイサービスが学童期および思春期という大変重要な時期にかかわっているという自覚をもって、自分たちの事業コンセプトをしっかり確立させることが何よりも大切である。将来を見据えてどのような力の育成が求められているのか、将来にわたる地域生活のために地域とどのように結びついていくのか、学校や家族とどのように連携し役割分担していくのかなどについて、事業所内で十分議論しておく必要がある。理念なき支援は、子どもの未来を拓けないことを認識するべきである。

2. 子どもの人権としての最善の利益の保障、インクルージョンを意識した支援

放課後等デイサービスは児童福祉法の「育成」を理念とした事業であり、社会福祉法の第二種社会福祉事業である。つまり、子どもが安全・安心に暮らせるよう居場所を提供し、子どもの健やかな成長・発達を促し、社会的に向けて成熟していくことを支援する事業である。

放課後等デイサービスは「心身障害児通園事業」が源流であり、障害者基本法第17条に規定する「療育」を行う事業であるが、指導訓練的な要素にだけ焦点をあててはいけない。**第Ⅱ部 児童発達支援**での記載のとおり、この時期の子どもに共通して求められるものは、「育ちや暮らしへの意欲」「自分が愛されているという安心感」「自分が認められているという自信」であり、自己肯定感をもってさまざまな発達課題に

主体的に取り組んでいくことをサポートすることが放課後等デイサービスの一義的な役割である。常に子どもの成長・発達にとって何が一番大切かについて考えていくことは「子どもの最善の利益の保障」につながる。支援者側の一方的な思いや思い込みで進めるのではなく、子どもの成長・発達の声に注意をそそぎ、子どもの歩みに歩調を合わせて支援を行うことが必要である。

わが国においても障害者権利条約が批准され、障害のある子どもの人権についても意識が高まっている。虐待はもちろんのこと不適切な支援は人権侵害であり、子どもの育ちに悪影響を及ぼすことを常に念頭におきながら事業を行う必要がある。また、インクルージョンの理念を推進するには、放課後等デイサービスが障害のない子どもや地域社会から分断された場所や活動にならないために、常に地域を意識した活動を組む必要がある。障害のある子どもが地域の中にあたり前に存在し、地域のメンバーとして認識され、社会貢献もできる存在であることを地域の人たちに認識してもらうことが放課後等デイサービスの目的の一つでもある。

3. 地域との結びつき、そのための連携強化

障害のある子どもたちが地域の中にインクルードされるためには、地域の中に積極的に活動の場を求めていくことが必要である。事業所外活動を入れるということだけではなく、事業所が地域に馴染むこと、地域の社会資源であるということを認識しかつ発信していくことが必要である。また、障害のない子どもだけでなく、若者や高齢者、店舗の従業員など地域のさまざまな人々と自然な形でかかわれるような活動が必要である。地域の中には多くの環境があり、多彩な人材が存在する。放課後等デイサービス事業所は、自分たちの事業所で提供できる支援内容が限られていることを自覚し、地域の優秀な人材や住民に協力を求めていくことが、子どもたちの豊かな放課後活動の支えになり、将来的な地域での暮らしの支えにつながることを認識しておく必要がある。そのためには、児童発達支援管理責任者を中心として、地域の資源に積極的にアプローチし、地域の人たちと顔の見える関係を創っていくことが求められる。放課後等デイサービスは、学校や家庭とは異なる第三の居場所であると同時に、地域と深い結びつきをもって地域を開拓していく事業であるといえる。

4. 放課後等デイサービスにおける専門性の向上

放課後等デイサービスは、事業所数の急増から質の低下が懸念されている。国からガイドラインは出されたが、支援内容に関する明確な基準がないのが現状である。

しかし、全国には創造的な実践がたくさん存在する。それらの知見を全国的に共有し、各事業所が独自の取り組みに活かせるような仕組みも必要だろう。今は一つひとつの取り組みの積み重ねが大切な時期であり、それぞれの実践について、事業団体や（地域自立支援）協議会の子ども部会などで共有してくことが求められる。支援の質の向上は急務である。そのための制度的な仕組みは必要であるが、子ども子育て支援制度のような研修要件がない中では、まずは事業所自身が質の向上のために取り組むことが求められる。一事業所だけで難しい場合は、地域のいくつかの事業所が協働して取り組むことも必要である。そのような努力の一つひとつが、放課後等デイサービスの専門性の向上に寄与し、ひいては学齢期にある障害のある子どもたちの健やかな成長を保障していくことにつながるのである。

5. 事業継続と創造性と展望

放課後等デイサービスが創設されてまだ10年にも満たないが、この間に、1万4千を超える事業所が開設された。この数を活かして、各地域でそれぞれの事業所の貴重な取り組みを相互に共有し、地元に根ざした求められる社会資源として事業の発展に努力していただきたい。

資料編

放課後等デイサービスガイドライン

厚生労働省社会・援護局障害保健福祉部
「障害児通所支援に関するガイドライン検討会」報告書
平成27年4月1日

児童発達支援ガイドライン

平成29年7月24日付 障発0724第1号
厚生労働省社会・援護局障害保健福祉部長通知

放課後等デイサービスガイドライン

（厚生労働省社会・援護局障害保健福祉部「障害児通所支援に関するガイドライン検討会」報告書　平成27年4月1日）

1 総　　則

（1） ガイドラインの趣旨

放課後等デイサービスは平成24年4月に児童福祉法（昭和22年法律第164号）に位置づけられた新たな支援であり、その提供が開始されてから間もないこともあって、利用する子どもや保護者のニーズは様々で、提供される支援の内容は多種多様であり、支援の質の観点からも大きな開きがあるとの指摘がなされている状況にある。このような状況を踏まえて、平成26年7月に取りまとめられた障害児支援の在り方に関する検討会報告書「今後の障害児支援の在り方について」において、「支援の一定の質を担保するための全国共通の枠組みが必要であるため、障害児への支援の基本的事項や職員の専門性の確保等を定めたガイドラインの策定が必要」、「特に、平成24年度に創設した放課後等デイサービスについては、早期のガイドラインの策定が望まれる」との提言がなされたところである。

現在の放課後等デイサービスの提供形態の多様性に鑑みれば、「放課後等デイサービスはこうあるべき」ということについて、特定の枠にはめるような形で具体性をもって示すことは技術的にも困難であり、支援の多様性自体は否定されるべきものではない。しかしながら、提供される支援の形態は多様であっても、障害のある学齢期の子どもの健全な育成を図るという支援の根幹は共通しているはずであり、したがって、放課後等デイサービスを提供する事業所が、その支援の質の向上のために留意しなければならない基本的事項もまた共通するはずである。

本ガイドラインは、以上のような考えに基づき、放課後等デイサービスを実施するに当たって必要となる基本的事項を示すものであるが、ここに記載されている内容を機械的に実行していけば質の高い支援提供が確保されるというような、手取り足取りの事業マニュアルではない。各事業所は、本ガイドラインの内容を踏まえつつ、各事業所の実情や個々の子どもの状況に応じて不断に創意工夫を図り、提供する支援の質の向上に努めなければならない。

本ガイドライン並びに別添の「事業者向け放課後等デイサービス自己評価表」及び「保護者等向け放課後等デイサービス評価表」は、放課後等デイサービス事業所における自己評価の際に活用されることを想定しており、各事業所は自己評価の結果を踏まえて、事業運営の改善を図るとともに、結果についても利用者や保護者に向けて公表するよう努めなければならない。

また、上述のとおり、放課後等デイサービスは、その提供が開始されてから間もなく、行われている支援の内容は多種多様であり、現在においても日々新たな支援形態が生み出されているものと想像される。このような状況に鑑みれば、本ガイドラインが多くの専門家、関係団体等の協力を得て策定されたものであるにしても、その内容については不断の見直しによる改善が図られるべきものである。各事業所が本ガイドラインを活用して自己評価を実施するに際して、本ガイドライン自体の問題点に気づくことが想定されるところであり、今後、そうした気づき等を丁寧に拾いあげて本ガイドラインを更新していくことが求められる。各事業所の不断の努力による支援の質の向上とあいまって、本ガイドラインの内容もまた向上させていかなければならないものである。

（2） 放課後等デイサービスの基本的役割

○子どもの最善の利益の保障

放課後等デイサービスは、児童福祉法第6条の

2の2第2項の規定に基づき、学校（幼稚園及び大学を除く。以下同じ。）に就学している障害児に、授業の終了後又は休業日に、生活能力の向上のために必要な訓練、社会との交流の促進その他の便宜を供与することとされている。

放課後等デイサービスは、支援を必要とする障害のある子どもに対して、学校や家庭とは異なる時間、空間、人、体験等を通じて、個々の子どもの状況に応じた発達支援を行うことにより、子どもの最善の利益の保障と健全な育成を図るものである。

○共生社会の実現に向けた後方支援

放課後等デイサービスの提供に当たっては、子どもの地域社会への参加・包容（インクルージョン）を進めるため、他の子どもも含めた集団の中での育ちをできるだけ保障する視点が求められるものであり、放課後等デイサービス事業所においては、放課後児童クラブや児童館等の一般的な子育て支援施策を、専門的な知識・経験に基づきバックアップする「後方支援」としての位置づけも踏まえつつ、必要に応じて放課後児童クラブ等との連携を図りながら、適切な事業運営を行うことが求められる。さらに、一般的な子育て支援施策を利用している障害のある子どもに対して、保育所等訪問支援を積極的に実施する等、地域の障害児支援の専門機関としてふさわしい事業展開が期待されている。

○保護者支援

放課後等デイサービスは、保護者が障害のある子どもを育てることを社会的に支援する側面もあるが、より具体的には、

①子育ての悩み等に対する相談を行うこと
②家庭内での養育等についてペアレント・トレーニング等活用しながら子どもの育ちを支える力をつけられるよう支援すること
③保護者の時間を保障するために、ケアを一時的に代行する支援を行うこと

により、保護者の支援を図るものであり、これらの支援によって保護者が子どもに向き合うゆとりと自信を回復することも、子どもの発達に好ましい影響を及ぼすものと期待される。

（3） 放課後等デイサービスの提供に当たっての基本的姿勢と基本活動

①基本的姿勢

放課後等デイサービスの提供に際しては、子どもの最善の利益を考慮し、人権に配慮した支援を行うために、子どもの支援に相応しい職業倫理を基盤として職務に当たらなければならない。

放課後等デイサービスの対象は、心身の変化の大きい小学校や特別支援学校の小学部から高等学校等までの子どもであるため、この時期の子どもの発達過程や特性、適応行動[1]の状況を理解した上で、コミュニケーション面で特に配慮が必要な課題等も理解し、一人ひとりの状態に即した放課後等デイサービス計画（＝個別支援計画）[2]に沿って発達支援を行う。

放課後等デイサービスでは、子どもの発達過程や障害種別、障害特性を理解している者による発達支援を通じて、子どもが他者との信頼関係の形成を経験できることが必要であり、この経験を起点として、友達とともに過ごすことの心地よさや楽しさを味わうことで、人と関わることへの関心が育ち、コミュニケーションをとることの楽しさ

1） 適応行動とは、年齢相応の周囲の期待の範囲内の行動（社会的な活動への参加、コミュニケーション、運動など）のこと。

2） 放課後等デイサービス計画とは、放課後等デイサービスを利用する個々の子どもについて、その有する能力、置かれている環境や日常生活全般の状況に関するアセスメントを通じて、総合的な支援目標及び達成時期、生活全般の質を向上させるための課題、支援の具体的内容、支援を提供する上での留意事項などを記載する計画のこと。放課後等デイサービス事業所の児童発達支援管理責任者が作成する。

を感じることができるように支援する。また、友達と関わることにより、葛藤を調整する力や、主張する力、折り合いをつける力が育つことを期待して支援する。基本活動には、子どもの自己選択や自己決定を促し、それを支援するプロセスを組み込むことが求められる。

また、日常的な子どもとの関わりを通じて、保護者との信頼関係を構築し、保護者が子どもの発達に関して気兼ねなく相談できる場になるよう努める。

放課後等デイサービスは、子どもに必要な支援を行う上で、学校との役割分担を明確にし、学校で作成される個別の教育支援計画等[3]と放課後等デイサービス計画を連携させる等により、学校と連携を積極的に図ることが求められる。

また、不登校の子どもについては、学校や教育支援センター、適応指導教室等の関係機関・団体や保護者と連携しつつ、本人の気持ちに寄り添って支援していく必要がある。

②基本活動

①の基本的姿勢を踏まえ、子ども一人ひとりの放課後等デイサービス計画に沿って、下記の基本活動を複数組み合わせて支援を行うことが求められる。

ア　自立支援と日常生活の充実のための活動

子どもの発達に応じて必要となる基本的日常生活動作や自立生活を支援するための活動を行う。子どもが意欲的に関われるような遊びを通して、成功体験の積み増しを促し、自己肯定感を育めるようにする。将来の自立や地域生活を見据えた活動を行う場合には、子どもが通う学校で行われている教育活動を踏まえ、方針や役割分担等を共有できるように学校との連携を図りながら支援を行う。

イ　創作活動

創作活動では、表現する喜びを体験できるようにする。日頃からできるだけ自然に触れる機会を設け、季節の変化に興味を持てるようにする等、豊かな感性を培う。

ウ　地域交流の機会の提供

障害があるがゆえに子どもの社会生活や経験の範囲が制限されてしまわないように、子どもの社会経験の幅を広げていく。他の社会福祉事業や地域において放課後等に行われている多様な学習・体験・交流活動等との連携、ボランティアの受入れ等により、積極的に地域との交流を図っていく。

エ　余暇の提供

子どもが望む遊びや自分自身をリラックスさせる練習等の諸活動を自己選択して取り組む経験を積んでいくために、多彩な活動プログラム[4]を用意し、ゆったりとした雰囲気の中で行えるように工夫する。

（4）事業所が適切な放課後等デイサービスを提供するために必要な組織運営管理

放課後等デイサービス事業所が適切な支援を安定的に提供することにより、障害のある子どもの健全な育成に貢献するとともに、子どもや保護者の満足感、安心感を高めるためには、組織運営管理を適切に行う必要がある。

3）個別の教育支援計画等とは、障害のある子どもの一人ひとりのニーズを正確に把握し、教育の視点から適切に対応していくという考えの下、長期的な視点で乳幼児期から学校卒業後までを通じて一貫して適確な支援を行うことを目的として策定される計画のこと。

4）活動プログラムとは、事業所の日々の支援の中で、一定の目的を持って行われる個々の活動のこと。子どもの障害特性や課題、平日／休日／長期休暇の別等に応じて柔軟に組み合わせて実施されることが想定されている。

①適切な支援の提供と支援の質の向上

○ 事業所の運営方針や、放課後等デイサービス計画、日々の活動に関するタイムテーブル[5)]や活動プログラムについて、その Plan（計画）、Do（実行）、Check（評価）、Act（改善）で構成される一連のプロセス（PDCA サイクル）を、設置者・管理者、児童発達支援管理責任者、従業者（児童発達支援管理責任者以外の従業者をいう。以下同じ。）（以下「従業者等」と総称する。）の積極的な関与のもとで繰り返し、事業所が一体となって不断に支援の質の向上を図ることが重要である。

○ 適切な支援を安定的に提供するとともに、支援の質を向上させるためには、支援に関わる人材の知識・技術を高めることが必要であり、そのためには様々な研修の機会を確保するとともに、知識・技術の習得意欲を喚起することが重要である。

○ 子どもの発達支援には、保護者や学校をはじめとする様々な関係者が関与しており、それらの関係者と密に連携し、情報を共有することにより、子どもに対する理解を深めるとともに、支援の輪の中において放課後等デイサービス事業所に期待される役割を適切に認識することも、適切な支援を提供し、支援の質を高めていく上で重要である。

②説明責任の履行と、透明性の高い事業運営

○ 子どもや保護者の満足感、安心感を高めるためには、提供する支援の内容を保護者とともに考える姿勢を持ち、子どもや保護者に対する丁寧な説明を常に心がけ、子どもや保護者の気持ちに寄り添えるように積極的なコミュニケーションを図ることが重要である。

○ 子どもが健全に発達していくためには、地域社会とのふれあいが必要であり、そうした観点からは放課後等デイサービス事業所が地域社会からの信頼を得ることが重要であるが、そのためには地域社会に対して事業に関する情報発信を積極的に行う等、地域に開かれた事業運営を心がけることが求められる。

③様々なリスクへの備えと法令遵守

○ 子どもや保護者が安心して放課後等デイサービス事業所の支援を受け続けられるようにするためには、事業を運営する中で想定される様々なリスク、例えば、子どもの健康状態の急変、非常災害、犯罪、感染症の蔓延等に対する、訓練や対応マニュアルの策定、関係機関・団体との連携等により、日頃から十分に備えることが重要である。

○ 子どもの虐待の未然防止や個人情報保護を徹底する等、関係法令を確実に遵守することは、子どもの権利擁護の観点や、子どもや保護者を継続的に支援していく観点からも非常に重要である。

2 設置者・管理者向けガイドライン

設置者・管理者は、放課後等デイサービスの運営状況の全体を把握し、事業を円滑に進める役割、児童発達支援管理責任者及び従業者の意識形成や効率的な配置を行う役割並びに学校や地域の関係機関・団体との連携を図る役割が求められる。

設置者・管理者は、その事業所が提供する放課後等デイサービスの質の評価を行うことはもとより、第三者による外部評価の導入等を通じて、常にその改善を図らなければならない。

（1）子どものニーズに応じた適切な支援の提供と支援の質の向上

①環境・体制整備

ア　適正な規模の利用定員

○ 設備、従業者等の状況を総合的に勘案し、適

5）タイムテーブルとは、1日の時間帯別活動を示す日課表のこと。

切な生活環境と事業内容が確保されるよう、子どもの情緒面への配慮や安全性の確保の観点から、適正な利用定員を定めることが必要である。

イ　適切な職員配置

○　放課後等デイサービス事業所においては、指導員又は保育士、児童発達支援管理責任者、機能訓練担当職員（機能訓練を行う場合）の配置が必須であり、重症心身障害児に対して放課後等デイサービスを行う場合は、指導員又は保育士に替えて、児童指導員又は保育士、さらに嘱託医、看護師、機能訓練担当職員の配置を行い、医療的ケア等の体制を整える必要がある。

○　常時見守りが必要な子どもへの支援等のために、必要に応じて指導員又は保育士を人員配置基準を上回って配置することも考慮する必要がある。

○　児童発達支援管理責任者が個々の子どもについて作成する放課後等デイサービス計画に基づき、適切な知識と技術をもって活動等が行われるよう、支援の単位ごとに、従業者を統括する指導的役割の職員が配置されている必要があり、この職員には児童指導員等の資格を保有する者を充てる等、支援の質の確保の視点から、適切な職員配置に留意する必要がある。

○　設置者・管理者は、職員一人ひとりの倫理観及び人間性を把握し、職員としての適性を適確に判断する責任がある。

○　質の高い支援を確保する観点から、従業者等が心身ともに健康で意欲的に支援を提供できるよう、労働環境の整備に努める。

ウ　適切な設備等の整備

○　放課後等デイサービス事業所は、放課後等デイサービスを提供するための設備及び備品を適切に備えた場所である必要がある。様々な障害のある子どもが安全に安心して過ごすことができるようバリアフリー化や情報伝達への配慮等、個々の子どもの態様に応じた工夫が必要である。

○　放課後等デイサービス事業所の指導訓練室については、床面積の基準は定められていないが、児童発達支援センターが児童発達支援事業を行う場合においては子ども一人当たり2.47㎡の床面積が求められていることを参考としつつ、適切なスペースを確保することが望ましい。

○　子どもが生活する空間については、指導訓練室のほか、おやつや学校休業日に昼食がとれる空間、静かな遊びのできる空間、雨天等に遊びができる空間、子どもが体調の悪い時等に休息できる静養空間、年齢に応じて更衣のできる空間等を工夫して確保することが必要である。

室内のレイアウトや装飾にも心を配り、子どもが心地よく過ごせるように工夫することが望ましい。

○　屋外遊びを豊かにするため、屋外遊技場の設置や、学校と連携して校庭等を利用したり、近隣の児童遊園・公園等を有効に活用することが望ましい。

○　備品については、遊具のほか、障害種別、障害特性及び発達状況に応じた支援ツールを備えることも考慮していくことが必要である。

② PDCAサイクルによる適切な事業所の管理

設置者・管理者はPDCAサイクルを繰り返すことによって、継続的に事業運営を改善する意識を持って、児童発達支援管理責任者及び従業者の管理及び事業の実施状況の把握その他の管理を行わなければならない。

ア　事業運営の理念・方針の設定・見直しと職員への徹底

○　放課後等デイサービス事業所ごとに、運営規程を定めておくとともに、児童発達支援管理責任者及び従業者に運営規程を遵守させておかなければならない。運営規程には以下の重要事項は必ず定めておく必要がある。

【運営規程の重要事項】

・事業の目的及び運営の方針

・従業者の職種、員数及び職務の内容
・営業日及び営業時間
・利用定員
・放課後等デイサービスの内容並びに保護者から受領する費用の種類及びその額
・通常の事業の実施地域
・サービスの利用に当たっての留意事項
・緊急時等における対応方法
・非常災害対策
・事業の主たる対象とする障害の種類を定めた場合には当該障害の種類
・虐待の防止のための措置に関する事項
・その他運営に関する重要事項

○　事業の目的及び運営方針は、本ガイドラインの総則に記載されている放課後等デイサービスの基本的役割、基本的姿勢や、地域での子どもや保護者の置かれた状況、放課後等デイサービス事業が公費により運営される事業であること等を踏まえ、適切に設定する。

○　事業の目的及び運営方針の設定や見直しに当たっては、児童発達支援管理責任者及び従業者が積極的に関与できるように配慮する。

○　児童発達支援管理責任者及び従業者の採用に当たっては、事業所の目的及び運営方針を始めとした運営規程の内容を丁寧に説明するとともに、様々な機会を通じて繰り返しその徹底を図る。

イ　複数のサイクル（年・月等）での目標設定と振り返り

○　PDCA サイクルにより不断に業務改善を進めるためには、児童発達支援管理責任者及び従業者が参画して、複数のサイクル（年間のほか月間等）で事業所としての業務改善の目標設定とその振り返りを行うことが望ましい。年間の振り返りに当たっては、本ガイドラインに基づく自己評価を実施し、その結果を事業運営に反映させ、自己評価結果については事業所の会報やホームページ等で公表するよう努めるものとする。

○　可能な限り第三者による外部評価を導入して、事業運営の一層の改善を図る。

ウ　コミュニケーションの活性化等

○　PDCA サイクルによる業務改善が適切に効果を上げるには、現状の適切な認識・把握と、事業所内での意思の疎通・情報共有が重要である。

○　サービス提供の日々の記録については、児童発達支援管理責任者が掌握する以外に、従業者同士での情報共有を図ることも支援の質の向上のために有用である。職場での何でも言える雰囲気作りや職員同士のコミュニケーションの活性化も設置者・管理者の役割である。

○　放課後等デイサービス計画の作成・モニタリング・変更の結果について、児童発達支援管理責任者から報告を受ける等、児童発達支援管理責任者や従業者の業務の管理及び必要な指揮命令を行う。

○　支援内容の共有や職員同士のコミュニケーションの活性化が事業所内虐待の防止や保護者による虐待の早期発見に繋がるものであることも認識しておくとともに、設置者・管理者も、適切な支援が提供されているか掌握しておく必要がある。

エ　子どもや保護者の意向等の把握

○　PDCA サイクルによる業務改善を進める上で、支援を利用する子ども及び保護者の意向や満足度を把握することが必要であり、例えばアンケート調査を実施して、意向等を把握することが考えられる。

○　子ども及び保護者の意向等を踏まえて行うこととした業務改善への取組については、子ども及び保護者に周知することが望ましい。

オ　支援の継続性

○　放課後等デイサービスは、子どもや保護者への支援の継続性の観点から継続的・安定的に運営することが望ましい。やむを得ず事業を廃止し又は休止しようとする時は、一月前までに都道府県知事等に届け出なければならない。この場合、子どもや保護者に事業を廃止又は休止しようとする理由を丁寧に説明するとともに、他の放課後等デイサービス事業所等を紹介する等、子どもや保護者への影響が最小限に抑えられるように対応することが必要である。

③従業者等の知識・技術の向上

ア　従業者等の知識・技術の向上意欲の喚起

○　児童発達支援管理責任者及び従業者の知識・技術の向上は、放課後等デイサービスの提供内容の向上に直結するものであり、児童発達支援管理責任者及び従業者の知識・技術の向上への取組は、設置者・管理者の重要な管理業務の一つである。

○　設置者・管理者は、従業者等の資質の向上の支援に関する計画を策定し、その計画に係る研修の実施又は研修の機会を確保することが望ましい。資質の向上の支援に関する計画の策定に際しては、児童発達支援管理責任者や従業者を積極的に参画させることが望ましい。

○　放課後等デイサービスを適切に提供する上で、放課後等デイサービスに期待される役割、子どもの発達段階ごとの特性、障害種別・障害特性、関連する制度の仕組み、関係機関・団体の役割、児童虐待への対応、障害者の権利に関する条約の内容等を理解することが重要であり、児童発達支援管理責任者及び従業者に対してこうした知識の習得に向けた意欲を喚起する必要がある。

○　障害種別、障害特性に応じた支援や発達段階に応じた支援、家族支援等に係る適切な技術を従業者が習得することが、子どもの発達支援や二次障害の予防、家庭養育を支えるといった視点から重要であり、児童発達支援管理責任者及び従業者に対してこうした技術の習得に向けた意欲を喚起する必要がある。

イ　研修受講機会等の提供

○　設置者・管理者は、従業者等の資質向上を図るため、研修を実施する等の措置を講じなければならない。

具体的には自治体や障害児等関係団体が実施する研修等への児童発達支援管理責任者及び従業者の参加、事業所における勉強会の開催、事業所に講師を招いての研修会の実施、児童発達支援管理責任者及び従業者を他の事業所等に派遣しての研修、事業所内における児童発達支援管理責任者及び従業者の自己研鑽のための図書の整備等が考えられる。

○　児童発達支援管理責任者は、従業者に対する技術指導及び助言を行うことも業務となっており、設置者・管理者は、事業所内における研修の企画等に当たっては、児童発達支援管理責任者と共同して対応していくことが望まれる。

④関係機関・団体や保護者との連携

ア　相談支援事業者との連携

○　障害児相談支援事業所が作成する障害児支援利用計画は、相談支援専門員が総合的な援助方針や解決すべき課題を踏まえ最も適切なサービスの組合せ等について検討し、子ども又は保護者の同意のもと作成するものである。

放課後等デイサービス事業所の放課後等デイサービス計画は、児童発達支援管理責任者が、障害児支援利用計画における総合的な援助方針等を踏まえ、当該事業所が提供するサービスの適切な支援内容等について検討し、子ども又は保護者の同意のもと作成するものである。両計画が連動して機能することによって、子どもに対する支援がより良いものとなっていくものであり、設置者・管理者はこの連動の重要性を認識しておく必要がある。

○　障害児相談支援事業所の相談支援専門員が開催するサービス担当者会議の招集に対し、設置者・管理者は従業者あるいは児童発達支援管理責任者のうち、当該子どもの状況に精通した最もふさわしい者を参画させなければならない。

○　サービス担当者会議は、障害児支援利用計画案に位置付けられた福祉サービス等の担当者が、障害児支援利用計画案の内容について、専門的な見地からの意見を述べるものである。

サービス担当者会議に参画する担当者は、障害児支援利用計画案に位置づけられた放課後等デイサービス事業所に期待される役割を確認するとともに、障害のある子どもが、他の子どもや地域社会から安易に切り離されないための配慮等、子どもの最善の利益の観点から意見を述べることが重要である。障害児支援利用計画のモニタリング時には、その時点までの放課後等デイサービスの提供状況を踏まえて、課題への達成度や気づきの点等の情報を積極的に述べることが重要である。

設置者・管理者は担当者をサービス担当者会議に参画させるに当たっては、このような役割を明確に認識しておく必要がある。

イ　学校との連携

○　子どもに必要な支援を行う上で、学校との役割分担を明確にし、連携を積極的に図る必要がある。

○　年間計画や行事予定等の交換、子どもの下校時刻の確認、引継ぎの項目等、学校との間で情報を共有しておく必要がある。

○　送迎を行う場合には、子どもの安全確保に留意することは当然であるが、特に学校の授業終了後の迎えに当たっては、他の事業所の車両の発着も想定されることから、事故等が発生しないよう細心の注意を払う必要がある。

このため、設置者・管理者は、送迎時の対応について学校と事前に調整しておくことが必要である。

○　下校時のトラブルや子どもの病気・事故の際の連絡体制（緊急連絡体制や対応マニュアル等）について、事前に学校と調整し、児童発達支援管理責任者や送迎を担当する従業者に対し徹底しておく必要がある。

○　学校との間で相互の役割の理解を深めるため、

（ア）　保護者の同意を得た上で、学校に配置されている外部との関係機関・団体との調整の役割を担っている特別支援教育コーディネーター等から個別の教育支援計画等についての情報提供を受けるとともに、放課後等デイサービス事業所の放課後等デイサービス計画を特別支援教育コーディネーター等へ提供する。

（イ）　個別の教育支援計画が作成されていない子どもにあっては、保護者の同意を得た上で特別支援教育コーディネーター等とお互いの支援内容等の情報交換の連絡をとれるよう調整しておく。

（ウ）　学校の行事や授業参観に児童発達支援管理責任者と分担して積極的に参加する等の対応をとることが望ましい。

ウ　医療機関や専門機関との連携

○　子どもの事故やケガ、健康状態の急変が生じた場合に備え、近隣の協力医療機関をあらかじめ定めておく必要がある。

○　医療的なケアが必要な子どもを受け入れる場合は、子どもの主治医等との連携体制を整えておく必要がある。

○　障害種別や障害特性の理解や、障害種別や障害特性に応じた活動や支援方法に関すること、支援困難事例等については、児童発達支援センターや発達障害者支援センター等の専門機関から助言や研修を受けること等により連携を図りながら適切な支援を行っていく必要がある。

○　保護者による子ども虐待のケースについては、児童相談所、市区町村の児童虐待対応窓口や保健所等の関係機関・団体と連携して対応を図る必要がある。

エ　保育所・児童発達支援事業所等との連携

○　子どもの発達支援の連続性を保障するため、就学前に利用していた保育所や幼稚園、認定こども園や児童発達支援事業所等と連携し、情報の共有と相互理解に努めることが重要である。

○　放課後等デイサービスで行われていた支援内容等の情報を提供する等、学校卒業後に関わる障害福祉サービス事業所等と連携することが必要である。

オ　他の放課後等デイサービス事業所等との連携

○　発達支援上の必要性により、他の放課後等デイサービス事業所等を併せて利用する子どもについて、支援内容を相互に理解しておくため、保護者の了解を得た上で、当該他の事業所との間で、相互の個別支援計画の内容等について情報共有を図ることが必要である。

カ　放課後児童クラブや自治会等との連携

○　放課後児童クラブの放課後児童支援員等や放課後子供教室関係者等が障害のある子どもへの対応に不安を抱える場合等については、放課後等デイサービスとの併行利用や、保育所等訪問支援等の積極的活用を図る等、放課後児童クラブ等と連携を図りながら、子どもと放課後児童支援員等に対して、適切な支援を行っていくことが重要である。

○　障害のある子どもができるだけ地域や他の子どもから切り離されないよう、地域の放課後児童クラブや放課後子供教室、児童館との交流や他の子どもとの活動を企画することが望ましい。

○　日頃から地域の行事や活動に参加できる環境を作るため、自治会の会合に参加することや、地域のボランティア組織と連絡を密にする等の対応をとることが望ましい。

キ　（地域自立支援）協議会等への参加

○　**ア**から**カ**までに記載した関係機関・団体との連携を円滑なものとするため、設置者・管理者又は児童発達支援管理責任者は、（地域自立支援）協議会子ども部会等へ積極的に参加すること等により、関係機関・団体との関係性を構築しておく必要がある。

○　虐待等により福祉的介入が必要とされるケースについては、市区町村等が設置する要保護児童対策地域協議会等へ参加する。

ク　保護者との連携

○　学校への子どもの出欠や帰宅の状況について、保護者との連絡により確実に確認することが必要である。

このため、設置者・管理者は、送迎時の対応について保護者と事前に調整しておくことが必要である。また、下校時のトラブルや子どもの病気・事故の際の連絡体制について、事前に保護者と調整し、児童発達支援管理責任者や送迎を担当する従業者に対し徹底しておく必要がある。

○　日頃から子どもの状況を保護者と伝え合い、子どもの発達の状況や課題について共通理解を持つことが重要である。

○　このため、設置者・管理者は、児童発達支援管理責任者及び従業者が行う保護者への連絡や支援について、随時報告を受けることや記録の確認等により、把握・管理するよう努める必要がある。

○　家庭内での養育について、保護者に対して、子どもの育ちを支える力をつけるためのペアレント・トレーニングや環境整備等の支援を必要に応じて児童発達支援管理責任者や従業者に実施させることが望ましい。

（2）子どもと保護者に対する説明責任等

設置者・管理者は、子どもと保護者が放課後等デイサービスを適切かつ円滑に利用できるよう、説明責任を果たすとともに必要な支援を行う責務がある。

①運営規程の周知

○　運営規程については事業所内の見やすい場所に掲示する等によりその周知を図る。

②子どもと保護者に対する、支援利用申込時の説明

○　子どもと保護者には、利用申込時において、運営規程や支援の内容を理解しやすいように説明し、特に、利用者負担について丁寧に説明を行う必要があるため、児童発達支援管理責任者にも徹底しておく。

③保護者に対する相談支援等

○　保護者からの相談に適切に応じるとともに、必要な助言と支援を行うことも必要である。

例えば、保護者との定期的な面談（最低限モニタリング時に実施することが望ましい）や訪問相談等を通じて、子育ての悩み等に対する相談を行ったり、子どもの障害について保護者の理解が促されるような支援を行うことが望ましい。

○　設置者・管理者は、児童発達支援管理責任者及び従業者に対して、保護者との定期的な面談や保護者に対する相談支援について、その適切な実施を促すとともに、随時報告を受けることや記録の確認等により、把握・管理する必要がある。

○　父母の会の活動を支援したり、保護者会等を開催したりすることにより、保護者同士のつながりを密にして、安心して子育てを行っていけるような支援を行うことも望まれる。家族支援は、保護者に限った支援ではなく、きょうだいや祖父母への支援も含まれる。特にきょうだいは、心的負担等から精神的な問題を抱える場合も少なくないため、例えば、きょうだい向けのイベントを開催する等の対応を行うことが望ましい。

④苦情解決対応

○　放課後等デイサービスに対する子どもや保護者からの苦情について、迅速かつ適切に対応するために、苦情（虐待に関する相談も含む）を受け付けるための窓口や苦情受付担当者、苦情解決責任者、第三者委員の設置、解決に向けた手順の整理等、迅速かつ適切に解決が図られる仕組みを構築することが求められる。

○　苦情受付窓口については、子どもや保護者に周知するとともに、第三者委員を設置している場合には、その存在についても、子どもや保護者に周知する。

○　設置者・管理者は、苦情解決責任者として、迅速かつ適切に対応する。

⑤適切な情報伝達手段の確保

○　事業所は定期的に会報等を発行し、活動概要や行事予定、連絡体制等の情報を子どもや保護者に対して発信することが必要である。

○　視覚障害や聴覚障害等の障害種別に応じて、設備・備品への配慮のほか、子どもや保護者との意思の疎通、情報伝達のための手話等による配慮が必要である。

⑥地域に開かれた事業運営

○　地域住民の事業所に対する理解の増進や地域の子どもとしての温かい見守り、地域住民との交流活動の円滑な実施等の観点から、事業所はホームページや会報等を通じて活動の情報を積極的に発信することや、事業所の行事に地域住民を招待する等地域に開かれた事業運営を図ることが必要である。

○　実習生やボランティアの受入れは、事業所及び実習生やボランティア双方にとって有益であり、積極的に対応することが望ましい。ただし、実習生やボランティアの受入れに当たっては、事故が起きないよう適切な指導を行う等の対応が必要である。また、実習生やボランティアの受入れにあたっては、事業所の理念やプログラム内容及びそれぞれの子どもの支援上の注意事項等を理解させることが必要である。

（3） 緊急時の対応と法令遵守等

①緊急時対応

○　子どもの事故やケガ、健康状態の急変が生じた場合は、速やかに保護者、協力医療機関及び主治医に連絡を行う等の必要な措置を講じなければならない。

緊急時における対応方法について、「緊急時対応マニュアル」策定と児童発達支援管理責任者及び従業者への周知が必要である。

②非常災害・防犯対策

○　設置者・管理者は、非常災害に備えて消火設備等の必要な設備を設けるとともに、非常災害に関する具体的計画を立て、非常災害時の避難方法や、関係機関・団体への通報及び連絡体制を明確にするとともに、それらを定期的に児童発達支援管理責任者及び従業者や保護者に周知しなければならない。

○　非常災害の発生に備え、定期的に避難、救出その他必要な訓練を行わなければならない。

○　重大な災害の発生や台風の接近等により危険が見込まれる場合、特に教育委員会や学校が休校や下校時刻を早める等の判断を発表した場合には、子どもの安全確保のために状況に応じて休所とする等適切な対処をするとともに、保護者や学校等関係機関・団体との連絡体制を構築しておく必要がある。

○　障害種別や障害特性ごとの災害時対応について理解しておき、子どもごとの放課後等デイサービス計画に災害時の対応について記載させることも考慮する。

特に医療的ケアが必要な子どもについては、保護者や主治医等との間で災害発生時の対応について、綿密に意思疎通を図っておくことが重要であり、児童発達支援管理責任者及び従業者に徹底する。

○　子どもが犯罪に巻き込まれないよう、事業所として防犯マニュアルの策定や、地域の関係機関・団体等と連携しての見守り活動、子ども自身が自らの安全を確保できるような学習支援等の防犯への取組が必要である。

③虐待防止の取組

○　設置者・管理者は、児童発達支援管理責任者及び従業者による子どもに対する虐待を防止するため、虐待防止委員会の設置等、必要な体制の整備が求められる。

虐待防止委員会の責任者は、通常、管理者が担うこととなる。虐待防止委員会を組織的に機能させるために、苦情解決の第三者委員等の外部委員を入れてチェック機能を持たせるとともに、児童発達支援管理責任者等、虐待防止のリーダーとなる職員を虐待防止マネージャーとして配置し、研修や虐待防止チェックリストの実施等、具体的な虐待防止への取組を進める。

○　設置者・管理者は、児童発達支援管理責任者及び従業者に対する虐待防止啓発のための定期的な研修を実施し、又は自治体が実施する研修を受講させるほか、自らが虐待防止のための研修を積極的に受講する等により、児童虐待防止等に関する法律（平成12年法律第82号。以下、「児童虐待防止法」という。）及び障害者虐待の防止、障害者の養護者に対する支援等に関する法律（平成23年法律第79号。以下「障害者虐待防止法」という。）について理解し、虐待の防止への取組を進める必要がある。特に、「障害者福祉施設・事業所における障害者虐待の防止と対応の手引き」は必ず読むようにする。

各都道府県で実施する虐待防止や権利擁護に関する研修を受講した場合には、放課後等デイサービス事業所で伝達研修を実施することが重要である。

○　児童発達支援管理責任者及び従業者が、虐待を発見しやすい立場にあることを認識し、子どもの状態の変化や保護者の態度等の観察や情報収集により、虐待の早期発見に努めさせる必要がある。

○　従業者等（実習生やボランティアを含む。）からの虐待（特に性的虐待）は、密室化した場所で起こりやすいことから、送迎の車内を含め、密室化した場所を極力作らないよう、常に周囲の目が届く範囲で支援を実施する必要がある。

○ 従業者等（実習生やボランティアを含む。）からの虐待を受けたと思われる子どもを発見した場合（相談を受けて虐待と認識した場合を含む。）は、障害者虐待防止法第 16 条に規定されている通報義務に基づき、通所給付決定をした市区町村の窓口に通報する。この時に、市区町村に通報することなく、事業所の中だけで事実確認を進め、事態を収束させてしまうと通報義務に反することとなるため、必ず市区町村に通報した上で行政と連携して対応を進める必要がある。

○ 保護者による虐待については、保護者に対する相談支援やカウンセリング等により未然防止に努めることが重要であることを認識する。

○ 保護者による虐待を発見した場合は、児童虐待防止法第 6 条に規定されている通報義務に基づき、市区町村、都道府県の設置する福祉事務所又は児童相談所等へ速やかに通告するよう徹底する必要がある。虐待等により福祉的介入が必要とされるケースについては、市区町村等が設置する要保護児童対策地域協議会等を活用しながら、児童相談所、市区町村の児童虐待対応窓口や保健所等の関係機関・団体と連携して対応を図っていくことが求められる。

④身体拘束への対応

○ 従業者等（実習生やボランティアを含む。）が自分の体で利用者を押さえつけて行動を制限することや、自分の意思で開けることのできない居室等に隔離すること等は身体拘束に当たり、緊急やむを得ない場合を除き禁止されている。

○ やむを得ず身体拘束を行う場合は、切迫性、非代替性、一時性が要件となるが、身体拘束の検討が必要なケースについては、代替性がないか等について慎重に検討した上で、それでもなお、身体拘束を行わざるを得ない事態が想定される場合には、いかなる場合にどのような形で身体拘束を行うかについて組織的に決定する必要がある。児童発達支援管理責任者に対しては、放課後等デイサービス計画に、身体拘束が必要となる状況、身体拘束の態様・時間等について、子どもや保護者に事前に十分に説明をし、了解を得た上で記載させることが必要である。

○ 身体拘束を行った場合には、行った担当者または児童発達支援管理責任者から、その様態及び時間、その際の利用者の心身の状況並びに緊急やむを得ない理由等必要な事項の記録とともに報告を受ける。なお、必要な記録がされていない場合は、運営基準違反となることを認識しておく必要がある。

⑤衛生・健康管理

○ 感染症の予防や健康維持のため、手洗いやうがいの励行、おやつや学校休業日における昼食の提供に係る設備の衛生管理を徹底することが必要である。

○ 子どもの来所時の健康チェック等、健康管理に必要となる器械器具の管理を適正に行うことが必要である。

○ 感染症又は食中毒の対応や排泄物又は嘔吐物に関する処理方法について、対応マニュアルを策定しておくことが必要である。

○ インフルエンザ等感染症により集団的感染のおそれがある場合、特に教育委員会や学校が休校を発表した場合は、子どもの安全確保のために状況に応じて休所とする等適切に対処するとともに、保護者や学校等関係機関・団体との連絡体制を構築しておく必要がある。

⑥安全確保

○ サービス提供中に起きる事故やケガを防止するために、室内及び屋外の環境の安全性について毎日点検し必要な補修等を行い、危険を排除するよう必要な措置を講じておく。

○　設置者・管理者は、発生した事故事例や事故につながりそうな事例について、児童発達支援管理責任者と従業者間で共有するため、いわゆる「ヒヤリハット事例集」を作成することが望ましい。

⑦秘密保持等

○　設置者は、従業者等（実習生やボランティアを含む。）または、管理者及び従業者等（実習生やボランティアを含む。）であった者が、その業務上知り得た秘密を漏らすことがないよう、誓約書の提出や雇用契約に明記する等、必要な措置を講じなければならない。

○　関係機関・団体に子ども又は保護者に関する情報を提供する際は、あらかじめ文書により保護者の同意を得させておかなければならない。また、ホームページや会報等に子ども又は保護者の写真や氏名を掲載する際には、保護者の許諾を得ることが必要である。

○　管理者は、その職を辞した後も含めて、正当な理由がなく業務上知り得た秘密を漏らしてはならない。

3　児童発達支援管理責任者向けガイドライン

児童発達支援管理責任者は、放課後等デイサービスを利用する子どもと保護者のニーズを適切に把握し、放課後等デイサービス計画を作成し、すべての従業者が放課後等デイサービス計画に基づいた支援を行っていけるように調整する。また、提供される支援のプロセスを管理し、客観的な評価等を行う役割がある。

（1）子どものニーズに応じた適切な支援の提供と支援の質の向上

①放課後等デイサービス計画に基づくPDCAサイクル等による適切な支援の提供

ア　子どもと保護者及びその置かれている環境に対するアセスメント

○　子どもと保護者及びその置かれている環境を理解するためには、子どもの障害の状態だけでなく、子どもの適応行動の状況(P.3の脚注参照)※を、標準化されたアセスメントツール（例えば「Vineland- Ⅱ適応行動評価尺度」の日本版）を使用する等により確認する。

また、子どもの発育状況、自己理解、心理的課題、子どもの興味関心事となっていること、養育環境、これまで受けてきた支援、現在関わっている機関に関すること、地域とのつながり、利用に当たっての希望、将来展望等について必要な情報をとり、子どもと保護者のニーズや課題を客観的に分析する。

○　保護者のニーズと子ども自身のニーズは必ずしも一致するわけではないので、子どものニーズを明確化していくことがまず求められる。また、発達段階にある子どものニーズは変化しやすいため、日頃から状況を適切に把握し対応していく必要がある。

イ　放課後等デイサービス計画の作成

○　障害児相談支援事業所等が作成した障害児支援利用計画や、自らの事業所でアセスメントした情報を課題整理表等を用いて整理した上で、放課後等デイサービス計画を作成する。

○　放課後等デイサービス計画には、子どもと保護者の生活に対する意向、総合的な支援目標とその達成時期、生活全般の質を向上させるための課題、児童発達支援の具体的内容、留意事項を含める。

○　将来に対する見通しを持った上で、障害種

※　編注：本書では資料編165ページの脚注1）参照

別、障害特性や子どもの発達段階を丁寧に把握し、それらに応じた関わり方を考えていく。

○　支援手法については、個別活動と集団活動をその子どもに応じて適宜組み合わせる。

○　平日／休日／長期休暇の別等に応じて、課題をきめ細やかに設定をするように工夫しなければならない。

○　計画の作成に際しては、従業者から放課後等デイサービス計画の原案について意見を聞く等、担当の従業者を積極的に関与させることが望ましい。

ウ　タイムテーブル、活動プログラムの立案

○　放課後等デイサービス事業所における時間をどのようにして過ごすかについて、一人ひとりの放課後等デイサービス計画を考慮し、一日のタイムテーブルを作成する。タイムテーブルは、子どもの生活リズムを大切にし、日常生活動作の習得や、子どもが見通しを持って自発的に活動できるよう促されることが期待される。ただし、提供される活動プログラムを固定化することは、経験が限られてしまうことにもなるため、活動プログラムの組合せについて、創意工夫が求められる。

○　発達支援の時間は十分に確保されなければならず、送迎の都合で発達支援の時間が阻害されることのないようタイムテーブルを設定しなければならない。

○　活動プログラムは、子どもの障害種別、障害特性、発達段階、生活状況や課題、平日／休日／長期休暇の別等に応じた内容を組み立て、従業者も交えながらチームで検討していく。

○　集団活動の場合は、対象児の年齢や障害の状態の幅の広さを考慮しながら、活動プログラムを作成する必要がある。子どもの年齢や発達課題が異なることも多いことから、年齢別又は障害別、発達課題別に支援グループを分けることも考慮する必要がある。

○　活動プログラムの内容は、本ガイドラインの総則に記載されている放課後等デイサービスの基本的役割、基本的姿勢等を十分に踏まえたものでなければならない。

エ　日々の適切な支援の提供

○　本ガイドラインの総則に記載されている放課後等デイサービスの基本的役割、基本姿勢等について理解するとともに、従業者にその理解を徹底し、日々の支援を適切に提供する。

○　設備、従業者等の状況を総合的に勘案し、適切な生活環境と事業内容が確保されるよう、子どもの情緒面への配慮や安全性の確保の観点から、利用定員の規模や、室内のレイアウトや装飾等に心を配り、必要に応じて設置者・管理者とも相談し、改善を図る。また、着替えや排泄の介助等については、同性介護を基本とする等、配慮することが求められる。

○　支援開始前には従業者間で必ず打合せを実施し、その日行われる支援の内容や役割分担について把握する。

○　従業者が放課後等デイサービス計画に沿って、それぞれの子どもたちの障害種別、障害特性、発達段階、生活状況や課題に細やかに配慮しながら支援を行えるように注意する。

○　従業者と常に意思の疎通を図り、円滑なコミュニケーションがとれるよう努める。

○　支援終了後の打合せを実施し、従業者にその日の支援の振り返りをさせ、子どもや保護者との関わりで気づいた点や、気になった点について従業者間で共有させる。

○　従業者にその日行った支援に関して正しく記録をとることを徹底させる。従業者が行っている支援が目標や計画に沿って行われているか、記録に基づいて検証し、その改善につなげていく。

オ　放課後等デイサービス計画の実施状況把握（モニタリング）

○　放課後等デイサービス計画は、概ね６ヶ月に１回以上モニタリングを行うことになっているが、子どもの状態や家庭状況等に変化があった場合にはモニタリングを行う必要がある。モニタリングは、目標達成度を評価して支援の効果測定していくためのものであり、単に達成しているか達成していないかを評価するものではなく、提供した支援の客観的評価を行い、放課後等デイサービス計画の見直しの必要性を判断する。

カ　モニタリングに基づく放課後等デイサービス計画の変更

○　モニタリングにより、放課後等デイサービス計画の見直しの必要性が判断された場合は、放課後等デイサービス計画の積極的な見直しを行う。その際、支援目標の設定が高すぎたのか、支援内容があっていなかったのか、別の課題が発生しているのか等の視点で、これまでの支援内容を評価し、今後も支援内容を維持するのか、変更するのかを判断していく。放課後等デイサービスの必要性が低くなった場合は、終結を検討する。なお、支援内容の変更や終結時には、設置者・管理者へ報告する。

○　終結に当たっては、放課後等デイサービスの支援内容等について、関係機関・団体に引き継ぐことが必要である。終結に当たってのモニタリングは、障害児相談支援事業所、学校、子ども、保護者とともに行っていくことが望ましい。

キ　事業所全体の業務改善サイクルへの積極的関与

○　事業所の目的及び運営方針をはじめとした運営規程の内容を十分に理解して職務に従事する。

○　児童発達支援管理責任者は、PDCA サイクルによる事業所全体の業務改善の取組に積極的に関与し、事業運営方針の設定や見直し、業務改善の目標設定とその振り返り、本ガイドラインに基づく事業所の自己評価の実施や利用者の意向の把握等について協力・貢献することが求められる。

②従業者及び自らの知識・技術の向上

○　放課後等デイサービスを適切に提供する上で、放課後等デイサービスが期待される役割、子どもの発達段階ごとの特性、障害種別、障害特性、関連する制度の仕組み、関係機関・団体の役割、児童虐待への対応、障害者の権利に関する条約等を理解することが重要である。

○　障害種別、障害特性に応じた支援や発達段階に応じた支援、家族支援等に係る適切な技術を従業者が習得することが、子どもの発達支援や二次障害の予防、家庭養育を支えるといった視点から重要である。

○　放課後等デイサービスを適切に提供する上で、児童発達支援管理責任者は、放課後等デイサービスの従業者に対して、児童発達支援の提供に関わる技術的な指導や助言を日々行うとともに、設置者・管理者と共同して、従業者に対して知識・技術の習得意欲を喚起し、事業所内における研修の企画等を行うことが望まれる。

○　児童発達支援管理責任者は、自らも知識・技術の習得に努め、自治体等の研修を積極的に受講するよう努めるものとする。

③関係機関・団体や保護者との連携

ア　障害児相談支援事業者との連携

○　障害児相談支援事業所が作成する障害児支援利用計画は、相談支援専門員が総合的な援助方針や解決すべき課題を踏まえ、最も適切なサービスの組合せ等について検討し、子ども又は保護者の同意のもと作成するものである。

放課後等デイサービス事業所の放課後等デイサービス計画は、児童発達支援管理責任者が、障害児支援利用計画における総合的な援助方針等を踏まえ、当該事業所が提供するサービスの適切な支援内容等について検討し、子ども又は保護者の同意のもと作成するものである。両計画が連動して機能することによって、子どもに対する支援がより良いものとなっていくものであり、この連動の重要性を認識しておく必要がある。

○　サービス担当者会議は、障害児支援利用計画案に位置づけられた福祉サービス等の担当者が、障害児支援利用計画案の内容について、専門的な見地からの意見を述べるものである。

サービス担当者会議に参画する場合においては、障害児支援利用計画案に位置づけられた放課後等デイサービス事業所として期待される役割を確認するとともに、障害のある子どもが、他の子どもや地域社会から安易に切り離されないための配慮等、子どもの最善の利益の観点から意見を述べることが重要である。障害児支援利用計画のモニタリング時には、その時点までの放課後等デイサービスの提供状況を踏まえて課題への達成度や気付きの点等の情報を積極的に述べることが重要である。

イ　学校との連携

○　子どもに必要な支援を行う上で、学校との役割分担を明確にし、連携を積極的に図る必要がある。

○　学校との間で相互の役割の理解を深めるため、

（ア）　保護者の同意を得た上で、学校に配置されている外部との関係機関・団体との調整の役割を担っている特別支援教育コーディネーター等から、個別の教育支援計画等についての情報提供を受けるとともに、放課後等デイサービス事業所の放課後等デイサービス計画を特別支援教育コーディネーター等へ提供する。

（イ）　個別の教育支援計画が作成されていない子どもにあっては、保護者の同意を得た上で特別支援教育コーディネーター等とお互いの支援内容等の情報交換の連絡をとれるよう調整しておく。

（ウ）　学校の行事や授業参観へ設置者・管理者と分担して積極的に参加する等の対応をとることが望ましい。

○　子ども一人ひとりの個別の教育支援計画等を理解するとともに、日々学校で配慮されていること（姿勢保持の椅子等の器具、身体介助方法、声かけの方法、パニック時の対応等）について必要な情報を得て、従業者に対しても理解の徹底を図る。

○　学校関係者がサービス担当者会議に参加できない場合は、障害児相談支援事業者とともに学校との連絡会議を開催する等、何らかの方法で連携する機会を設けることが必要である。

○　年間計画や行事予定等の交換、子どもの下校時刻の確認等、学校との間で共有された情報を従業者と共有しておく必要がある。

○　子どもを送迎する場合は、誰が、どの時間に、どの事業所の送迎車に載せるのかといった送迎リストやルールを作成する等、学校側に送り出しの協力をしてもらう必要があり、送迎時には、身分証明書等を学校側の担当者に見せる等、学校側の確認を取ってから、子どもを事業所に送っていくよう従業者に徹底させる。

○　下校時のトラブルや子どもの病気・事故の際の連絡体制について、事前に把握しておく。

○　医療的ケアの情報や、気になることがあった場合の情報等を、保護者の同意のもと、連絡ノート等を通して、学校との間で共有する。

ウ　医療機関や専門機関との連携

○　障害種別や障害特性の理解、障害種別や障害特性に応じた活動や支援方法に関すること、支援困難事例等については、児童発達支援センターや発達障害者支援センター等の専門機関から助言や研修を受ける等により、連携を図りながら適切な支援を行っていく必要がある。

○　保護者による子ども虐待のケースについては、児童相談所、市区町村の児童虐待対応窓口や保健所等の関係機関・団体と連携して対応を図る必要がある。

エ　保育所・児童発達支援事業所等との連携

○　子どもの発達の連続性を保障するため、就学前に利用していた保育所、幼稚園、認定こども園や児童発達支援事業所等と連携し、保育所等や児童発達支援事業等で行われていた支援内容を把握し、従業者に当該内容を理解させる。

○　放課後等デイサービスで行われていた支援内容等の情報を提供する等、学校卒業後に関わる障害福祉サービス事業所と連携することが必要である。

オ　他の放課後等デイサービス事業所等との連携

○　発達支援上の必要性により、他の放課後等デイサービス事業所等を併せて利用する子どもについて、支援内容等を相互に理解しておくため、保護者の了解を得た上で、当該他の事業所等との間で、相互の個別支援計画の内容等について情報を共有し、従業者への周知を図ることが必要である。

カ　放課後児童クラブや自治会等との連携

○　地域の放課後児童クラブや放課後子供教室と連携し、併行利用している子どもがいる場合は、情報の共有と相互理解を深めるとともに、放課後児童クラブ等で行われている支援内容を把握し、従業者への周知を図る。

○　放課後児童クラブの放課後児童支援員等や放課後子供教室関係者等が障害のある子どもへの対応に不安を抱える場合等については、放課後等デイサービスとの併行利用や、保育所等訪問支援等の積極的活用を図る等、放課後児童クラブ等と連携を図りながら、子どもと放課後児童支援員等に対して適切な支援を行っていくことが重要である。

○　地域に子どもたちの理解者を増やすためにも、日頃から子どもたちが地域の行事に参加したり、日常的に地域住民と同じ経験を共有する機会を積極的に作るようにする。

キ　（地域自立支援）協議会等への参加

○　**ア**から**カ**までに記載した関係機関・団体との連携を円滑なものとするため、設置者・管理者又は児童発達支援管理責任者は、（地域自立支援）協議会子ども部会等へ積極的に参加する等により、関係機関・団体との関係性を構築しておく必要がある。

○　虐待等により福祉的介入が必要とされるケースについては、市区町村等が設置する要保護児童対策地域協議会等へ参加する。

ク　保護者との連携

○　学校への子どもの出欠や帰宅の状況について、保護者との連絡のもとに確実に確認することが必要である。

○　医療的ケアの情報や、気になることがあった場合の情報等を連絡ノート等を通じて保護者と共有する等、日頃から子どもの状況を保護者と伝えあい、子どもの発達の状況や課題について共通理解を持つように努める。また、必要に応じて、家庭内での養育等についてペアレント・トレーニング等活用しながら、子どもの育ちを支える力をつけられるよう支援したり、環境整備等の支援を行ったりすることが考えられる。

(2)　子どもと保護者に対する説明責任等

①子どもと保護者に対する運営規定や放課後等デイサービス計画の内容についての丁寧な説明

○　申請時に、保護者に対して運営規程の説明を行う。特に、支援の内容、人員体制（資格等）、利用者負担、苦情処理の手順、緊急時の連絡体制等の重要事項については文書化の上、対面で説明する。

○　放課後等デイサービス計画の内容については、その作成時、変更時に子どもと保護者に対して丁寧に説明を行う。

②保護者に対する相談支援等

○　保護者が悩み等を自分だけで抱え込まないように、保護者からの相談に応じ、信頼関係を築きながら、保護者の困惑や将来の不安を受け止め、専門的な助言を行うことも必要である。例えば、保護者との定期的な面談（最低限モニタリング時に実施することが望ましい）や訪問相談等を通じて、子育ての悩み等に対する相談を行ったり、子どもの障害について保護者の理解が促されるような支援を行うことが望ましい。

○　父母の会の活動を支援したり、保護者会等を開催したりすることにより、保護者同士が交流して理解を深め、保護者同士のつながりを密にして、安心して子育てを行っていけるような支援を行うことも望まれる。家族支援は保護者に限った支援ではなく、きょうだいや祖父母等への支援も含まれる。特にきょうだいは、心的負担等から精神的な問題を抱える場合も少なくないため、例えば、きょうだい向けのイベントを開催する等の対応を行うことが望ましい。

③苦情解決対応

○　放課後等デイサービス事業所においては、子どもや保護者からの苦情について、迅速かつ適切に対応するために、苦情（虐待に関する相談も含む）を受け付けるための窓口を設置する等の必要な措置を講じる必要がある。児童発達支援管理責任者は、苦情受付担当者の役割が想定されるところであるが、子どもや保護者からの苦情受付に当たっては、職員の目を気にせず苦情を受付できるよう、苦情受付箱を設置する等、苦情受付担当者として適切にその役割を果たすことが求められる。

④適切な情報伝達手段の確保

○　事業所は定期的に会報等を発行し、活動概要や行事予定、連絡体制の情報を子どもや保護者に対して発信することが必要である。

○　視覚障害や聴覚障害等障害種別に応じて、設備・備品への配慮のほか、子どもや保護者との意思の疎通、情報伝達のための手話等による配慮が必要である。

（3）緊急時の対応と法令遵守等

①緊急時対応

○　子どもの事故やケガ、健康状態の急変が生じた場合は、事業所で作成された「緊急時対応マニュアル」に沿って、速やかに保護者、協力医療機関及び主治医への連絡を行う等の必要な措置を講じなければならない。緊急時における対応方法について、児童発達支援管理責任者は熟知しておくとともに従業者に周知徹底しておく必要がある。

○　特に常時、医療的ケアを必要とする子どもに対しては、窒息や気管出血等、生命に関わる事態への対応を熟知しておくとともに、従業者に周知徹底しておく必要がある。

②非常災害・防犯対応

○　児童発達支援管理責任者は、災害時避難場所や避難経路について等、非常災害に関する具体的計画について十分に熟知し、従業者の理解を徹底しておく必要がある。

○　定期的な避難、救出その他必要な訓練では、従業者とともに訓練に当たり、問題があれば改善を図る。

○　障害種別や障害特性ごとの災害時対応について理解しておき、子どもごとの放課後等デイサービス計画に災害時の対応について記載しておく。特に医療的ケアが必要な子どもについては、保護者や主治医等との間で災害発生時の対応について、綿密に意思疎通を図っておく。

○　子どもが犯罪に巻き込まれないよう、事業所として防犯マニュアルの策定や、地域の関係機関・団体と連携しての見守り活動、子ども自身が自らの安全を確保できるような学習支援等の防犯への取組が必要である。

③虐待防止の取組

○　児童発達支援管理責任者は、事業所の虐待防止マネージャーとして、研修や虐待防止チェックリストの実施等、具体的な虐待防止への取組を進めるとともに、自ら虐待防止研修を積極的に受講する等により、児童虐待防止法、障害者虐待防止法の趣旨と通報制度等を理解し、虐待の防止への取組を進める必要がある。特に、「障害者福祉施設・事業所における障害者虐待の防止と対応の手引き」は必ず読むようにする。各都道府県で実施する虐待防止や権利擁護に関する研修を受講した場合には、放課後等デイサービス事業所で伝達研修を実施することが重要である。

○　児童発達支援管理責任者及び従業者が、虐待を発見しやすい立場にあることを認識し、子どもの状態の変化や保護者の態度等の観察や情報収集により、虐待の早期発見に努める必要がある。

○　従業者等（実習生やボランティアを含む。）からの虐待（特に性的虐待）は、密室化した場所で起こりやすいことから、送迎の車内を含め、密室化した場所を極力作らないよう、常に周囲の目が届く範囲で支援を実施する必要がある。

○　従業者等（実習生やボランティアを含む。）から虐待を受けたと思われる子どもを発見した場合（相談を受けて虐待と認識した場合を含む。）は、障害者虐待防止法第 16 条に規定されている通報義務に基づき、通所給付決定をした市区町村の窓口に通報する。この時に、市区町村に通報することなく、事業所の中だけで事実確認を進め、事態を収束させてしまうと通報義務に反することとなるため、必ず市区町村に通報した上で行政と連携して対応を進める必要がある。

○　保護者による虐待については、相談支援やカウンセリング等で未然防止に努める必要がある。

○　保護者による虐待を発見した場合は、児童虐待防止法第 6 条に規定されている通報義務に基づき、市区町村、都道府県の設置する福祉事務所又は児童相談所等へ速やかに通告する必要がある。虐待等により福祉的介入が必要とされるケースについては、市区町村等が設置する要保護児童対策地域協議会等を活用しながら、児童相談所、市区町村の児童虐待対応窓口や保健所等の関係機関・団体と連携して対応を図っていくことが求められる。

④身体拘束への対応

○　従業者等（実習生やボランティアを含む。）が自分の体で利用者を押さえつけて行動を制限することや、自分の意思で開けることのできない居室等に隔離すること等は身体拘束に当たり、緊急やむを得ない場合を除き禁止されている。

○　やむを得ず身体拘束を行う場合は、切迫性、非代替性、一時性が要件となるが、身体拘束の検討が必要なケースについては、代替性がないか等について慎重に検討した上で、それでもなお、身体拘束を行わざるを得ない事態が想定される場合には、いかなる場合にどのような形で身体拘束を行うかについて組織的に決定する必要がある。放課後等デイサービス計画に身体拘束が必要となる状況、身体拘束の態様・時間等について、子どもや保護者に事前に十分に説明をし、了解を得た上で記載することが必要である。

○　身体拘束を行った場合には、その様態及び時間、その際の利用者の心身の状況並びに緊急やむを得ない理由等必要な事項の記録をとることを従業者に指示しなければならない。なお、必要な記録がされていない場合は、運営基準違反となることを認識しておく必要がある。

⑤衛生・健康管理

○　感染症の予防や健康維持のため、従業者に対し常に清潔を心がけさせ、手洗い、うがい、手指消毒の励行、換気等の衛生管理を徹底することが必要である。

○　感染症又は食中毒が発生した場合や排泄物や嘔吐物等に関する処理方法について対応マニュアルを熟知し、マニュアルに沿って対応する。

また、従業者にマニュアルの周知徹底することが必要である。

○ 食物アレルギーのある子どもについては、医師の指示書に基づき、食事やおやつ提供する際に、除去食や制限食で対応できる体制を整えることが必要である。

⑥安全確保

○ サービス提供中に起きる事故やケガを防止するために、室内や屋外の環境の安全性について毎日点検し、必要な補修等を行って、危険を排除することが必要である。

○ 児童発達支援管理責任者は、発生した事故事例や、事故につながりそうな事例の情報を収集し、ヒヤリハット事例集を作成し、従業者間で共有することが望ましい。

⑦秘密保持等

○ 従業者（実習生やボランティアを含む。）に対しては、秘密保持等の指導的役割を果たすことが求められる。

○ 関係機関・団体に子ども又は保護者に関する情報を提供する際は、あらかじめ文書により保護者の同意を得させておかなければならない。また、ホームページや会報等に子ども又は保護者の写真や氏名を掲載する際には、保護者の許諾を得ることが必要である。

○ 児童発達支援管理責任者は、その職を辞した後も含めて、正当な理由がなく業務上知り得た子どもや保護者の秘密を漏らしてはならない。

4 従業者向けガイドライン

従業者は、放課後等デイサービス計画に基づき、子どもの心身の状況に応じて、適切な技術を持って、支援を行う役割がある。

（1） 子どものニーズに応じた適切な支援の提供と支援の質の向上

①放課後等デイサービス計画に基づくPDCAサイクル等による適切な支援の提供

ア 障害児支援利用計画及び放課後等デイサービス計画の理解

○ 障害児相談支援事業所が作成する障害児支援利用計画は、相談支援専門員が総合的な援助方針や解決すべき課題を踏まえ最も適切なサービスの組合せ等について検討し、子ども又は保護者の同意のもと作成するものである。

放課後等デイサービス事業所の放課後等デイサービス計画は、児童発達支援管理責任者が、障害児支援利用計画における総合的な援助方針等を踏まえ、当該事業所が提供するサービスの適切な支援内容等について検討し、子ども又は保護者の同意のもと作成するものである。両計画が連動して機能することによって、子どもに対する支援がより良いものとなっていくものであり、この連動の重要性を認識しておく必要がある。

○ 従業者は、放課後等デイサービス計画の作成・モニタリング・変更に際しては積極的に関与するとともに、利用している子どもの障害児支援利用計画と放課後等デイサービス計画の内容について熟知し、日々の支援を行う必要がある。

イ 従業者間での意思の疎通、支援内容の共有

○ 支援開始前には従業者間で必ず打合せを実施し、その日行われる支援の内容や、役割分担について把握する。

○ 他の従業者と常に意思の疎通を図り、円滑なコミュニケーションがとれるよう努める。

○ 支援終了後の打合せを実施し、その日の支援の振り返りを行い、子どもや保護者との関わりで気付いた点や気になったことについて、従業者間で共有する。

ウ　支援提供に際しての工夫

○　従業者は、本ガイドラインの総則に記載されている放課後等デイサービスの基本的役割、基本姿勢等を十分に理解した上で支援を行う。

○　従業者は、子どもの発達と発達支援に関する専門的知識、技術及び判断を持って、子どもの発達支援を行うとともに、保護者に対して発達支援に関するサポートを行う。

○　従業者は、児童発達支援管理責任者が作成するタイムテーブルに沿って、それぞれの子どもたちの障害種別、障害特性、発達段階、生活状況や課題に細やかに配慮しながら支援を行う。

○　従業者は、活動プログラムの作成に積極的に関与する。

○　医療的ケアが必要な子どもに対して、常に体調への配慮を行う。特に重度の障害がある子どもには、活動プログラムごとに休息を交えながら支援していくよう注意する。

○　視覚障害や聴覚障害等の障害種別に応じて、設備・備品への配慮のほか、子どもや保護者との意思の疎通、情報伝達のための手話等による配慮が必要である。

エ　支援提供記録

○　従業者は、その日行った支援の手順、内容、利用者の反応や気付きについて、記録をとらなければならない。支援提供記録を正しくとることを通して、その日行った自らの言動や子どもの様子・反応をふりかえり、放課後等デイサービス計画に沿って支援が行われているか、放課後等デイサービス計画で掲げた目標が達成されつつあるか等について支援提供を検証し、支援の改善や自らのスキルアップにつなげていく。

オ　事業所全体の業務改善サイクルへの積極的関与

○　事業所の目的及び運営方針をはじめとした運営規程の内容を十分に理解して職務に従事する。

○　従業者は、PDCAサイクルによる事業所全体の業務改善の取組に積極的に関与し、事業運営方針の設定や見直し、業務改善の目標設定とその振り返り、本ガイドラインに基づく事業所の自己評価の実施や利用者の意向の把握等について協力・貢献することが求められる。

②研修受講等による知識・技術の向上

○　放課後等デイサービスを適切に提供する上で、放課後等デイサービスが期待される役割、子どもの発達段階ごとの特性、障害種別・障害特性、関連する制度の仕組み、関係機関・団体の役割、児童虐待への対応、障害者の権利に関する条約等を理解することが重要である。

○　障害種別や障害特性に応じた支援や発達段階に応じた支援、家族支援等に係る適切な技術を従業者が習得することが、子どもの発達支援や二次障害の予防、子どもの育つ家庭での生活を支える視点から重要である。

○　従業者の知識・技術の向上は、放課後等デイサービスの提供内容の向上に直結するものであることを理解し、実務能力の向上のために、事業所内で開催される研修等に積極的に受講することが求められる。

○　知識・技術の習得に関する具体的な計画を立てる等により、将来に対する見通しを持ちながら研修等を受講していくよう心がける。

③関係機関・団体や保護者との連携

ア　障害児相談支援事業者等との連携

○　サービス担当者会議に参画する場合においては、障害児支援利用計画案に位置づけられた放課後等デイサービス事業所として期待される役割を確認するとともに、障害のある子どもが、他の子どもや地域社会から安易に隔離されないための配慮等、子どもの最善の利益の観点から意見を述べることが重要である。障害児支援利用計画のモニタリング時には、その時点までの放課後等デイサービスの提供状況を踏まえて、課題への達成度や気づきの点等の情報を積極的に述べることが重要である。

イ　学校との連携

○　子どもに必要な支援を行う上で、学校との役割分担を明確にし、連携を積極的に図る必要がある。

○　学校で作成される個別の教育支援計画等の内容を把握しておくとともに、学校から提供された各種の情報を理解し、本人の状態や支援の方法、留意点、学校の行事予定等について把握しておく。

○　子どもの学校から事業所への送迎に際しては、送迎リストの内容や送迎時の学校側とのルールを事前に把握し、送迎時には身分証明書を学校側の担当者に見せる等確認を取ってから、子どもを事業所に送っていくことを徹底する。

○　下校時のトラブルや子どもの病気・事故の際の連絡体制について、事前に把握しておく。

○　医療的ケアの情報や、気になることがあった場合の情報等を、保護者の同意のもと、連絡ノート等を通して学校との間で共有する。

ウ　保育所・児童発達支援事業所との連携

○　子どもの発達支援の連続性を保障するため、就学前に利用していた保育所等や児童発達支援事業所等で行われていた支援内容について理解しておくことが望ましい。

エ　他の放課後等デイサービス事業所等との連携

○　発達支援上の必要性により、他の放課後等デイサービス事業所等を併行利用する子どもについて、支援内容を相互に理解しておくため、保護者の了解を得た上で、当該他の事業所との間で、相互の個別支援計画の内容等を理解しておく。

オ　放課後児童クラブ等との連携

○　地域の放課後児童クラブや放課後子供教室と連携し、併行利用している子どもがいる場合は、放課後児童クラブ等における支援内容について理解しておく。

カ　保護者との連携

○　学校への子どもの出欠や帰宅の状況について、保護者との連絡のもとに確実に確認することが必要である。

○　医療的ケアの情報や、気になることがあった場合の情報等を連絡ノート等を通じて保護者と共有する等、日頃から子どもの状況を保護者と伝えあい、子どもの発達の状況や課題について共通理解を持つように努める。また、必要に応じて、家庭内での養育等について、児童発達支援管理責任者の指導の下、ペアレント・トレーニング等活用しながら、子どもの育ちを支える力をつけられるよう支援したり、環境整備等の支援を行ったりすることが考えられる。

(2)　子どもと保護者に対する説明責任等

①保護者に対する相談支援等

○　児童発達支援管理責任者の指導の下、保護者が悩み等を自分だけで抱え込まないように、保護者からの相談に応じ、信頼関係を築きながら、保護者の困惑や将来の不安を受け止め、専門的な助言を行うことが必要である。例えば、保護者との定期的な面談（最低限モニタリング時に実施することが望ましい）や訪問相談等を通じて、子育ての悩み等に対する相談を行ったり、子どもの障害について保護者の理解が促されるような支援を行うことが望ましい。

②苦情解決対応

○　放課後等デイサービスに対する子どもや保護者からの苦情（虐待に関する相談も含む）については、設置者・管理者と児童発達支援管理責任者の指導の下、適切な対応を図る必要がある。

（3） 緊急時の対応と法令遵守等

①緊急時対応

○ 子どもの事故やケガ、健康状態の急変が生じた場合は、事業所で作成された「緊急事態への対応マニュアル」に沿って、速やかに保護者、協力医療機関及び主治医への連絡を行う等の必要な措置を講じなければならない。緊急時における対応方法については理解し、予め設定された役割を実行できるように訓練しておく。

○ 特に、医療的ケアを必要とする子どもに対しては、窒息や気管出血等、生命に関わる事態への対応を理解し、実践できるようにしておく必要がある。

②非常災害・防犯対応

○ 従業者は、災害時避難場所や避難経路等、非常災害に関する具体的計画について十分に熟知し、非常災害時に子どもたちを誘導できるよう、定期的に訓練しておく。

○ 障害種別や障害特性ごとの災害時対応について理解しておき、子どもごとの放課後等デイサービス計画に災害時の対応について記載されている内容を理解しておく。特に医療的ケアが必要な子どもについては、保護者や主治医等との間で災害発生時の対応について、綿密に意思疎通を図っておく。

○ 子どもが犯罪に巻き込まれないよう、事業所が策定する防犯マニュアルの内容を理解し、地域の関係機関・団体と連携しての見守り活動、子ども自身が自らの安全を確保できるような学習支援等の防犯への取組に対して児童発達支援管理責任者の指導の下、取り組む必要がある。

③虐待防止の取組

○ 事業所内で実施される虐待防止研修や自治体が実施する虐待防止研修等を積極的に受講する、「障害者福祉施設・事業所における障害者虐待の防止と対応の手引き」を必ず読む等により、児童虐待防止法や障害者虐待防止法の趣旨と通報制度等を理解し、発生予防に努める。

○ 各都道府県で実施する虐待防止や権利擁護に関する研修を受講した場合には、放課後等デイサービス事業所で伝達研修を実施することが重要である。

○ 従業者が虐待を発見しやすい立場にあることを認識し、子どもの状態の変化や保護者の態度等の観察や情報収集により、虐待の早期発見に努める必要がある。

○ 従業者等（実習生やボランティアを含む。）からの虐待（特に性的虐待）は密室化した場所で起こりやすいことから、送迎の車内を含め、密室化した場所を極力作らないよう、常に周囲の目が届く範囲で支援を実施する必要がある。

○ 従業者等（実習生やボランティアを含む。）から虐待を受けたと思われる子どもを発見した場合（相談を受けて虐待と認識した場合も含む。）は、障害者虐待防止法第16条に規定されている通報義務に基づき、支給決定をした市区町村の窓口に通報する。この時に、市区町村に通報することなく、事業所の中だけで事実確認を進め、事態を収束させてしまうと通報義務に反することとなるため、必ず市区町村に通報した上で行政と連携して対応を進める必要がある。

○ 保護者による虐待については、相談支援やカウンセリング等で未然防止に努める必要がある。

○ 保護者による虐待を発見した場合は、児童虐待防止法第6条に規定されている通報義務に基づき、市区町村、都道府県の設置する福祉事務所又は児童相談所等へ速やかに通告する。虐待等により福祉的介入が必要とされるケースについては、市区町村等が設置する要保護児童対策地域協議会等を活用しながら、児童相談所、市区町村の児童虐待対応窓口や保健所等の関係機関・団体と連携して対応を図っていくことが求められる。

④身体拘束への対応

○　従業者等（実習生やボランティアを含む。）が自分の体で利用者を押さえつけて行動を制限することや、自分の意思で開けることのできない居室等に隔離すること等は身体拘束に当たり、緊急やむを得ない場合を除き禁止されている。

○　やむを得ず身体拘束を行う場合は、切迫性、非代替性、一時性が要件となるが、身体拘束の検討が必要なケースについては、代替性がないか等について慎重に検討した上で、それでもなお、身体拘束を行わざるを得ない事態が想定される場合には、いかなる場合にどのような形で身体拘束を行うかについて組織的に決定する必要がある。放課後等デイサービス計画に身体拘束が必要となる状況、身体拘束の態様・時間等について、子どもや保護者に事前に十分に説明をし、了解を得た上で記載されていることが必要である。

○　身体拘束を行った場合には、その様態及び時間、その際の利用者の心身の状況並びに緊急やむを得ない理由等必要な事項を記録する。なお、必要な記録を行っていない場合は、運営基準違反となることを認識しておく必要がある。

⑤衛生管理・健康管理

○　感染症の予防や健康維持のため、常に清潔を心がけ、手洗い、うがい、手指消毒の励行、換気等の衛生管理を徹底することが必要である。

○　感染症又は食中毒が発生した場合や排泄物や嘔吐物等に関する処理方法について対応マニュアルを熟知し、マニュアルに沿って対応する。

○　食物アレルギーのある子どもについては、医師の指示書に基づき、食事やおやつ提供する際に、除去食や制限食で対応する。

⑥安全確保

○　日常の生活・遊びの中で起きる事故やケガを防止するために、室内や屋外の環境の安全性について、毎日点検し、必要な補修等を行って、危険を排除することが必要である。

○　ヒヤリハット事例集作成に協力し、内容を理解し実施する。

⑦秘密保持等

○　従業者は、他人が容易に知り得ない個人情報を知りうる立場にあり、個人情報の適正な取扱いが強く求められる。

○　関係機関・団体に子ども又は保護者に関する情報を提供する際は、あらかじめ文書により保護者の同意を得ておかなければならない。また、ホームページや会報等に子ども又は保護者の写真や氏名を掲載する際には、保護者の許諾を得ることが必要である。

○　従業者は、その職を辞した後も含めて、正当な理由がなく業務上知り得た子どもや保護者の秘密を漏らしてはならない。

児童発達支援ガイドライン

（平成29年7月24日付 障発0724第1号 厚生労働省社会・援護局障害保健福祉部長通知）

第1章　総　　則

平成24年の児童福祉法改正において、障害のある子どもが身近な地域で適切な支援が受けられるように、従来の障害種別に分かれていた施設体系が一元化され、この際、児童発達支援は、主に未就学の障害のある子どもを対象に発達支援を提供するものとして位置づけられた。

この後、平成26年7月に取りまとめられた障害児支援の在り方に関する検討会報告書「今後の障害児支援の在り方について」において、「障害児支援の内容については、各事業所において理念や目標に基づく独自性や創意工夫も尊重されるものである。その一方で、支援の一定の質を担保するための全国共通の枠組みが必要であるため、障害児への支援の基本的事項や職員の専門性の確保等を定めたガイドラインの策定が必要」との提言を受けた。これを受けて、平成27年4月に、提供される支援の内容が多種多様で、支援の質の観点からも大きな開きがあるとの指摘がなされている状況にあった放課後等デイサービスについて、「放課後等デイサービスガイドライン」を策定した。

児童発達支援については、平成24年4月では、約1,700カ所の事業所数であったが、平成29年1月には、約4,700カ所となっており、この事業所数や利用者数は、放課後等デイサービスに次いで増加している状況にある。

このような状況にある中、児童発達支援についても、支援の質の確保及びその向上を図り、障害のある子ども本人やその家族のために児童発達支援を提供していく必要がある。このため、今般、児童発達支援が提供すべき支援の内容を示し、支援の一定の質を担保するための全国共通の枠組みを示すために、「児童発達支援ガイドライン」として策定し、公表するものである。

なお、本ガイドラインは、児童発達支援を実施するに当たって必要となる基本的事項を示すものである。各事業所には、本ガイドラインの内容を踏まえつつ、各事業所の実情や個々の子どもの状況に応じて不断に創意工夫を図り、提供する支援の質の向上に努めることが求められる。また、各事業所の不断の努力による支援の質の向上とあいまって、今後も本ガイドラインの見直しを行い、本ガイドラインの内容も向上させていくものである。

1 目　　的

(1)　この「児童発達支援ガイドライン」は、児童発達支援について、障害のある子ども本人やその家族に対して質の高い児童発達支援を提供するため、児童発達支援センター及び児童発達支援事業所（以下「児童発達支援センター等」という。）における児童発達支援の内容や運営及びこれに関連する事項を定めるものである。

(2)　各児童発達支援センター等は、このガイドラインにおいて規定される児童発達支援の内容等に係る基本的な事項等を踏まえ、各児童発達支援センター等の実情に応じて創意工夫を図り、その機能及び質の向上を図らなければならない。

2 障害児支援の基本理念

(1) 障害のある子ども本人の最善の利益の保障

児童福祉法（昭和22年法律第164号）第1条において、「全て児童は、児童の権利に関する条約の精神にのっとり、適切に養育されること、その生活を保障されること、愛され、保護されること、その心身の健やかな成長及び発達並びにその自立が図られることその他の福祉を等しく保障される権利を有する。」と規定され、児童福祉法第2条第1項において、「全て国民は、児童が良好な環境において生まれ、かつ、社会のあらゆる分野において、児童の年齢及び発達の程度に応じて、その意見が尊重され、その最善の利益が優先して考慮され、心身ともに健やかに育成されるよう努めなければならない。」と規定されている。このように、障害のある子どもの支援を行うに当たっては、その気づきの段階から、障害の種別にかかわらず、子ども本人の意思を尊重し、子ども本人の最善の利益を考慮することが必要である。

(2) 地域社会への参加・包容（インクルージョン）の推進と合理的配慮

障害者権利条約では、障害を理由とするあらゆる差別（「合理的配慮」の不提供を含む。）の禁止や障害者の地域社会への参加・包容（インクルージョン）の促進等が定められており、障害のある子どもの支援に当たっては、子ども一人一人の障害の状態及び発達の過程・特性等に応じ、合理的な配慮が求められる。

また、地域社会で生活する平等の権利の享受と、地域社会への参加·包容（インクルージョン）の考え方に立ち、障害の有無にかかわらず、全ての子どもが共に成長できるようにしていくことが必要である。

障害のある子どもへの支援に当たっては、移行支援を含め、可能な限り、地域の保育、教育等の支援を受けられるようにしていくとともに、同年代の子どもとの仲間作りを図っていくことが求められる。

(3) 家族支援の重視

障害のある子どもへの支援を進めるに当たっては、障害のある子どもを育てる家族への支援が重要である。障害のある子どもに対する各種の支援自体が、家族への支援の意味を持つものであるが、子どもを育てる家族に対して、障害の特性や発達の各段階に応じて子どもの「育ち」や「暮らし」を安定させることを基本に置いて丁寧な支援を行うことにより、子ども本人にも良い影響を与えることが期待できる。

(4) 障害のある子どもの地域社会への参加・包容（インクルージョン）を子育て支援において推進するための後方支援としての専門的役割

障害のある子どもの地域社会への参加·包容（インクルージョン）を進めるため、障害のない子どもを含めた集団の中での育ちをできるだけ保障する視点が求められる。このため、専門的な知識・技術に基づく障害のある子どもに対する支援を、一般的な子育て支援をバックアップする後方支援として位置づけ、保育所等訪問支援等を積極的に活用し、子育て支援における育ちの場において、障害のある子どもの支援に協力できるような体制づくりを進めていくことが必要である。

また、障害のある子どもの健やかな育成のためには、子どものライフステージに沿って、地域の保健、医療、障害福祉、保育、教育、就労支援等の関係機関が連携を図り、切れ目の無い一貫した支援を提供する体制の構築を図る必要がある。

3 児童発達支援の役割

(1) 児童発達支援は、児童福祉法第6条の2の2第2項の規定に基づき、障害のある子どもに対し、児童発達支援センター等において、日常生活における基本的な動作の指導、知識技能の付与、集団生活への適応訓練その他の便宜を提供するものである。

(2) 児童発達支援センター等は、児童福祉法等の理念に基づき、障害のある子どもの最善の利益を考慮して、児童発達支援を提供しなければならない。

(3) 児童発達支援センター等は、主に未就学の障害のある子ども又はその可能性のある子どもに対し、個々の障害の状態及び発達の過程・特性等に応じた発達上の課題を達成させていくための本人への発達支援を行うほか、子どもの発達の基盤となる家族への支援に努めなければならない。また、地域社会への参加・包容（インクルージョン）を推進するため、保育所、認定こども園、幼稚園、小学校、特別支援学校（主に幼稚部及び小学部）等（以下「保育所等」という。）と連携を図りながら支援を行うとともに、専門的な知識・経験に基づき、保育所等の後方支援に努めなければならない。

(4)　特に、児童発達支援センターは、地域における中核的な支援機関として、保育所等訪問支援や障害児相談支援、地域生活支援事業における巡回支援専門員整備や障害児等療育支援事業等を実施することにより、地域の保育所等に対し、専門的な知識・技術に基づく支援を行うよう努めなければならない。

(5)　児童発達支援の目的を達成するため、専門性を有する職員が、保護者や地域の様々な社会資源との緊密な連携のもとで、障害のある子どもの状態等を踏まえて支援を行わなければならない。

4 児童発達支援の原則

(1) 児童発達支援の目標

ア　乳幼児期は、障害の有無に関わらず、子どもの生涯にわたる人間形成にとって極めて重要な時期である。このため、児童発達支援センター等においては、子どもが充実した毎日を過ごし、望ましい未来を作り出す力の基礎を培うために、子どもの障害の状態及び発達の過程・特性等に十分配慮しながら、子どもの成長を支援する必要がある。

イ　児童発達支援においては、障害の気づきの段階から継続的な支援を行い、将来の子どもの発達・成長の姿を見通しながら、日常生活や社会生活を円滑に営めるよう、今、どのような支援が必要かという視点を持ち、子どもの自尊心や主体性を育てつつ発達上の課題を達成させることが必要である。

ウ　児童発達支援センター等は、通所する子どもの保護者に対し、その意向を受け止め、子どもと保護者の安定した関係に配慮し、児童発達支援センター等の特性や児童発達支援に携わる職員の専門性を活かして、支援に当たる必要がある。

(2) 児童発達支援の方法

児童発達支援の目標を達成するために、児童発達支援に携わる職員は、次の事項に留意して、障害のある子どもに対し、児童発達支援を行わなければならない。

ア　一人一人の子どもの状況や家庭及び地域社会での生活の実態について、アセスメントを適切に行い、子どもと保護者のニーズや課題を客観的に分析した上で支援に当たるとともに、子どもが安心感と信頼感を持って活動できるよう、子どもの主体としての思いや願いを受け止めること。

イ　子どもの生活リズムを大切にし、健康、安全で情緒の安定した生活ができる環境や、自己を十分に発揮できる環境を整えること。

ウ　一人一人の子どもの発達や障害の特性について理解し、発達の過程に応じて、個別又は集団における活動を通して支援を行うこと。その際、子どもの個人差に十分配慮すること。

エ　どもの相互の関係作りや互いに尊重する心を大切にし、集団における活動を効果あるものにするよう援助すること。

オ　子どもが自発的、意欲的に関われるような環境を構成し、子どもの主体的な活動や子ども相互の関わりを大切にすること。特に、乳幼児期にふさわしい体験が得られるように支援を行うこと。

カ　子どもの成長は、「遊び」を通して促されることから、周囲との関わりを深めたり、表現力を高めたりする「遊び」を通し、職員が適切に関わる中で、豊かな感性や表現する力を養い、創造性を豊かにできるように、具体的な支援を行うこと。

キ　単に運動機能や検査上に表される知的能力にとどまらず、「育つ上での自信や意欲」、「発話だけに限定されないコミュニケーション能力の向上」、「自己選択、自己決定」等も踏まえながら、子どものできること、得意なことに着目し、それを伸ばす支援を行うこと。

ク　一人一人の保護者の状況やその意向を理解し、受容し、それぞれの親子関係や家庭生活等に配慮しながら、様々な機会をとらえ、適切に援助すること。

（3）児童発達支援の環境

児童発達支援の環境には、児童発達支援に携わる職員や子ども等の人的環境、施設や遊具等の物的環境、更には自然や社会の事象等がある。

児童発達支援センター等は、こうした人、物、場等の環境が相互に関連し合い、子どもの生活が豊かなものとなるよう、次の事項に留意しつつ、計画的に環境を構築し、工夫して児童発達支援を行わなければならない。

ア　子ども自らが環境に関わり、自発的に活動し、様々な経験を積んでいくことができるよう配慮すること。

イ　子どもの活動が豊かに展開されるよう、児童発達支援センター等の設備や環境を整え、児童発達支援センター等の保健的環境や安全の確保等に努めること。

ウ　子どもが生活する空間は、温かな親しみとくつろぎの場となるとともに、障害の特性を踏まえ、時間や空間を本人にわかりやすく構造化した環境の中で、生き生きと活動できる場となるように配慮すること。

エ　子どもが人と関わる力を育てていくため、子ども自らが周囲の子どもや大人と関わっていくことができる環境を整えること。

（4）児童発達支援の社会的責任

ア　児童発達支援センター等は、子どもの人権に十分配慮することを徹底するとともに、子ども一人一人の人格を尊重して児童発達支援を行わなければならない。

イ　児童発達支援センター等は、地域社会との交流や連携を図り、保護者や地域社会に、当該児童発達支援センター等が行う児童発達支援の内容を適切に説明しなければならない。

ウ　児童発達支援センター等は、常に計画に基づいて提供される支援の内容や役割分担について定期的に点検し、その質の向上が図られるようにしなければならない。

エ　児童発達支援センター等は、通所する子ども等の個人情報を適切に取り扱うとともに、保護者の相談や申入れ等に対し、その解決を図らなければならない。

5　障害のある子どもへの支援

乳幼児期は、子どもの成長が著しく、障害の有無に関わらず、周囲との信頼関係に支えられた生活の中で、適切な環境や活動を通じて子どもの健全な心身の発達を図りつつ、生涯にわたる人間形成の基礎を培う極めて重要な時期である。

このため、児童発達支援に携わる職員は、子どもの障害の状態及び発達の過程・特性等を理解し、発達及び生活の連続性に配慮して児童発達支援を行わなければならない。また、子ども自身の力を十分に認め、一人一人の障害の状態及び発達の過程・特性等に応じた適切な援助及び環境構成を行うことが重要である。

また、乳児から3歳未満の障害のある子どもの場合には、健康状態や生活習慣の育成に十分な配慮を行いながら、子どもの心身の発達に即して支援を行うとともに、親子関係の形成期にあることを踏まえ、保護者の子どもの障害特性の理解等に配慮しながら支援を行う必要がある。

3歳以上の障害のある子どもの場合には、個の成長と、子ども相互の関係や協同的な活動が促されるよう配慮しながら支援を行うとともに、地域社会への参加・包容（インクルージョン）を推進する観点から、できる限り多くの子どもが、保育所や認定こども園、幼稚園の利用に移行し、障害の有無に関わらず成長できるように、児童発達支援センター等においては児童発達支援計画を組み立てる必要がある。

第2章　児童発達支援の提供すべき支援

児童発達支援に携わる職員は、保育所等との連携及び移行支援を行うために、保育所保育指針（平成20年厚生労働省告示第141号。以下「保育所保育指針」という。）の「養護」のねらい及び内容を理解するとともに、次の事項に留意しながら、支援にあたる必要がある。

・一人一人の子どもの健康状態や発育及び発達状態を的確に把握する。また、家庭環境や生活の実態を知り、社会的養護等の支援の必要性を感じる場合は、速やかに適切に対応する。
・家庭との連携を密にし、主治医や嘱託医、協力医療機関と連携を図りながら、保健的で安全な支援環境の維持及び向上に努める。
・清潔で安全な環境を整え、適切な援助や応答的な関わりを通して子どもの生理的欲求を満たしていく。また、家庭と協力しながら、適切な生活リズムが作られていくようにする。
・適度な運動と休息を取ることができるようにする。また、食事、衣類の着脱、排泄、身の回りを清潔にすることなどについて、子どもが意欲的に生活できるよう適切に援助する。
・子どもの欲求を適切に満たしながら、応答的な触れあいや言葉がけを行う。また、子どもの気持ちを受容し、共感しながら、継続的な信頼関係を築いていく。
・人との信頼関係を基盤に、主体的な活動、自発性や探索意欲等を高め、自信を持つことができるよう成長の過程を見守り、適切に働きかける。

また、児童発達支援センター等においては、保育所保育指針の「健康」、「人間関係」、「環境」、「言葉」及び「表現」のねらい及び内容に準じて支援にあたるとともに、障害のある子どもが家庭や地域社会で健やかに育つために、「児童発達支援」を提供するものとする。

この児童発達支援は、大別すると、「発達支援（本人支援及び移行支援）」、「家族支援」及び「地域支援」からなり、障害のある子どもの個々のニーズに対し、支援ごとのねらいを達成するために、それに必要な支援内容を具体的に提供しながら、総合的に支援を行うものである。

また、「本人支援」の各領域に示すねらい及び支援内容は、子どもが家庭や地域社会における生活を通じ、様々な体験を積み重ねる中で、相互に関連を持ちながら達成に向かうものである。このため、「本人支援」だけでなく、「移行支援」や「家族支援」、「地域支援」を通して、育ちの環境を整えていくことが極めて重要である。

さらに、発達支援により得られた、障害のある子どもが健やかに育っていくための方法について、家庭や地域に伝えていくことも重要である。

なお、幼稚園教育要領、特別支援学校幼稚部教育要領及び幼保連携型認定こども園教育・保育要領のねらい及び内容についても理解し、支援に当たることが重要である。特に、特別支援学校幼稚部教育要領の「自立活動」は、障害のある幼児がその障害による学習上又は生活上の困難の改善・克服のための指導について示していることに留意する必要がある。

1　児童発達支援の内容

児童発達支援は、障害のある子どもに対し、身体的・精神的機能の適正な発達を促し、日常生活及び社会生活を円滑に営めるようにするために行う、それぞれの障害の特性に応じた福祉的、心理的、教育的及び医療的な援助である。具体的には、障害のある子どものニーズに応じて、「発達支援（本人支援及び移行支援）」、「家族支援」及び「地域支援」を総合的に提供していくものである。

また、児童発達支援は、障害のある子どもの個々のニーズにあった質の高い支援の提供が必要であり、そのためには、児童発達支援センター等において、子どもそれぞれに児童発達支援計画を作成し、これに基づき、標準的な支援を提供していくものである。

この児童発達支援計画の作成に当たっては、標準化されたツールの活用も含め、子どもの多様なニーズを総合的に把握するためにアセスメントを行うことが必要である。この際は、子ども本人の発達等の状況や家族・地域社会の状況のみならず、子どもや家族の意向を適切に把握することが必要である。

このアセスメントを踏まえ、児童発達支援計画に、子ども本人のニーズに応じた「支援目標」を設定し、それを達成するために必要な支援について、「発達支援（本人支援及び移行支援）」、「家族支援」及び「地域支援」で示す支援内容から子どもの支援に必要な項目を適切に選択し、その上で、具体的な支援内容を設定するものである。なお、選択した支援内容の項目については、具体的な支援内容と共に、児童発達支援計画に明記することが必要である。また、「いつ」、「どこで」、「誰が」、「どのように」、「どのくらい」支援するかということが、児童発達支援計画の中に常に明確になっていることが必要である。

適切な支援を提供するためには、適時のモニタリングにより、必要な支援の検討・改善を行うことが必要である。このためには、児童発達支援計画の見直し等を行う支援の一連の流れ、すなわちPDCAサイクル（Plan（計画）→Do（実行）→Check（評価）→Action（改善）で構成されるプロセス）が必要である。

なお、これらの支援の結果は、記録・評価され、次の支援に活かしていくものである。

（1）発達支援

ア　本人支援

「本人支援」は、障害のある子どもの発達の側面から、心身の健康や生活に関する領域「健康・生活」、運動や感覚に関する領域「運動・感覚」、認知と行動に関する領域「認知・行動」、言語・コミュニケーションの獲得に関する領域「言語・コミュニケーション」、人との関わりに関する領域「人間関係・社会性」の5領域にまとめられるが、これらの領域の支援内容は、お互いに関連して成り立っており、重なる部分もある。

また、この「本人支援」の大きな目標は、障害のある子どもが、将来、日常生活や社会生活を円滑に営めるようにするものである。また、児童発達支援センター等で行われる本人支援は、家庭や地域社会での生活に活かされるために行われるものであり、保育所等に引き継がれていくものである。

（ア）健康・生活

a　ねらい

（a）健康状態の維持・改善

（b）生活のリズムや生活習慣の形成

（c）基本的生活スキルの獲得

b　支援内容

（a）健康状態の把握

健康な心と体を育て自ら健康で安全な生活を作り出すことを支援する。また、健康状態の常なるチェックと必要な対応を行う。その際、意思表示が困難である子どもの障害の特性及び発達の過程・特性等に配慮し、小さなサインから心身の異変に気づけるよう、きめ細かな観察を行う。

（b）健康の増進

睡眠、食事、排泄等の基本的な生活のリズムを身に付けられるよう支援する。また、健康な生活の基本となる食を営む力の育成に努めるとともに、楽しく食事ができるよう、口腔内機能・感覚等に配慮しながら、咀嚼・嚥下、姿勢保持、自助具等に関する支援を行う。さらに、病気の予防や安全への配慮を行う。

（c）リハビリテーションの実施

日常生活や社会生活を営めるよう、それぞれの子どもに適した身体的、精神的、社会的訓練を行う。

（d）基本的生活スキルの獲得

身の回りを清潔にし、食事、衣類の着脱、排泄等の生活に必要な基本的技能を獲得できるよう支援する。

（e）構造化等により生活環境を整える

生活の中で、さまざまな遊びを通して学習できるよう環境を整える。

また、障害の特性に配慮し、時間や空間を本人に分かりやすく構造化する。

（イ） 運動・感覚

a ねらい

（a）姿勢と運動・動作の向上

（b）姿勢と運動・動作の補助的手段の活用

（c）保有する感覚の総合的な活用

b 支援内容

（a）姿勢と運動・動作の基本的技能の向上

日常生活に必要な動作の基本となる姿勢保持や上肢・下肢の運動・動作の改善及び習得、関節の拘縮や変形の予防、筋力の維持・強化を図る。

（b）姿勢保持と運動・動作の補助的手段の活用

姿勢の保持や各種の運動・動作が困難な場合、姿勢保持装置など、様々な補助用具等の補助的手段を活用してこれらができるよう支援する。

（c）身体の移動能力の向上

自力での身体移動や歩行、歩行器や車いすによる移動など、日常生活に必要な移動能力の向上のための支援を行う。

（d）保有する感覚の活用

保有する視覚、聴覚、触覚等の感覚を十分に活用できるよう、遊び等を通して支援する。

（e）感覚の補助及び代行手段の活用

保有する感覚器官を用いて状況を把握しやすくするよう眼鏡や補聴器等の各種の補助機器を活用できるよう支援する。

（f）感覚の特性（感覚の過敏や鈍麻）への対応

感覚や認知の特性（感覚の過敏や鈍麻）を踏まえ、感覚の偏りに対する環境調整等の支援を行う。

（ウ） 認知・行動

a ねらい

（a）認知の発達と行動の習得

（b）空間・時間、数等の概念形成の習得

（c）対象や外部環境の適切な認知と適切な行動の習得

b 支援内容

（a）感覚や認知の活用

視覚、聴覚、触覚等の感覚を十分活用して、必要な情報を収集して認知機能の発達を促す支援を行う。

（b）知覚から行動への認知過程の発達

環境から情報を取得し、そこから必要なメッセージを選択し、行動につなげるという一連の認知過程の発達を支援する。

（c）認知や行動の手掛かりとなる概念の形成

物の機能や属性、形、色、音が変化する様子、空間・時間等の概念の形成を図ることによって、それを認知や行動の手掛かりとして活用できるよう支援する。

（d）数量、大小、色等の習得

数量、形の大きさ、重さ、色の違い等の習得のための支援を行う。

（e）認知の偏りへの対応

認知の特性を踏まえ、自分に入ってくる情報を適切に処理できるよう支援し、認知の偏り等の個々の特性に配慮する。また、こだわりや偏食等に対する支援を行う。

（f）行動障害への予防及び対応

感覚や認知の偏り、コミュニケーションの困難性から生ずる行動障害の予防、及び適切行動への対応の支援を行う。

（エ） 言語・コミュニケーション

a ねらい

（a）言語の形成と活用

（b）言語の受容及び表出

（c）コミュニケーションの基礎的能力の向上

(d) コミュニケーション手段の選択と活用

b　支援内容

(a) 言語の形成と活用

具体的な事物や体験と言葉の意味を結びつける等により、体系的な言語の習得、自発的な発声を促す支援を行う。

(b) 受容言語と表出言語の支援

話し言葉や各種の文字・記号等を用いて、相手の意図を理解したり、自分の考えを伝えたりするなど、言語を受容し表出する支援を行う。

(c) 人との相互作用によるコミュニケーション能力の獲得

個々に配慮された場面における人との相互作用を通して、共同注意の獲得等を含めたコミュニケーション能力の向上のための支援を行う。

(d) 指差し、身振り、サイン等の活用

指差し、身振り、サイン等を用いて、環境の理解と意思の伝達ができるよう支援する。

(e) 読み書き能力の向上のための支援

発達障害の子どもなど、障害の特性に応じた読み書き能力の向上のための支援を行う。

(f) コミュニケーション機器の活用

各種の文字・記号、絵カード、機器等のコミュニケーション手段を適切に選択、活用し、環境の理解と意思の伝達が円滑にできるよう支援する。

(g) 手話、点字、音声、文字等のコミュニケーション手段の活用

手話、点字、音声、文字、触覚、平易な表現等による多様なコミュニケーション手段を活用し、環境の理解と意思の伝達ができるよう支援する。

（オ）人間関係・社会性

a　ねらい

(a) 他者との関わり（人間関係）の形成

(b) 自己の理解と行動の調整

(c) 仲間づくりと集団への参加

b　支援内容

(a) アタッチメント（愛着行動）の形成

人との関係を意識し、身近な人と親密な関係を築き、その信頼関係を基盤として、周囲の人と安定した関係を形成するための支援を行う。

(b) 模倣行動の支援

遊び等を通じて人の動きを模倣することにより、社会性や対人関係の芽生えを支援する。

(c) 感覚運動遊びから象徴遊びへの支援

感覚機能を使った遊びや運動機能を働かせる遊びから、見立て遊びやつもり遊び、ごっこ遊び等の象徴遊びを通して、徐々に社会性の発達を支援する。

(d) 一人遊びから協同遊びへの支援

周囲に子どもがいても無関心である一人遊びの状態から並行遊びを行い、大人が介入して行う連合的な遊び、役割分担したりルールを守って遊ぶ協同遊びを通して、徐々に社会性の発達を支援する。

(e) 自己の理解とコントロールのための支援

大人を介在して自分のできること、できないことなど、自分の行動の特徴を理解するとともに、気持ちや情動の調整ができるように支援する。

(f) 集団への参加への支援

集団に参加するための手順やルールを理解し、遊びや集団活動に参加できるよう支援する。

イ　移行支援

地域社会で生活する平等の権利の享受と、地域社会への参加・包容（インクルージョン）の考え方に立ち、障害の有無にかかわらず、全ての子どもが共に成長できるよう、障害のある子どもに対する「移行支援」を行うことで、可能な限り、地域の保育、教育等の支援を受けられるようしていくとともに、同年代の子どもとの仲間作りを図っていくことが必要である。

また、児童発達支援においては、障害のある子どもの発達の状況や家族の意向をアセスメントし、地域において保育・教育等を受けられるように保育所等への支援を行う「後方支援」の役割が求められている。

（ア）ねらい

a　保育所等への配慮された移行支援

b　移行先の保育所等との連携（支援内容等の共有や支援方法の伝達）

c　移行先の保育所等への支援と支援体制の構築

d　同年代の子どもとの仲間作り

（イ）支援内容

a　具体的な移行を想定した子どもの発達の評価

b　合理的配慮を含めた移行に当たっての環境の評価

c　具体的な移行先との調整

d　家族への情報提供や移行先の見学調整

e　移行先との援助方針や支援内容等の共有、支援方法の伝達

f　子どもの情報・親の意向等についての移行先への伝達

g　併行通園の場合は、利用日数や時間等の調整

h　移行先の受け入れ体制づくりへの協力

i　相談支援等による移行先への支援

j　地域の保育所等や子育て支援サークルとの交流

ウ　支援に当たっての配慮事項

児童発達支援に携わる職員は、障害のある子どもの発達の状態及び発達の過程・特性等を理解し、一人一人の子どもの障害種別、障害の特性及び発達の状況に応じた支援を行うことが必要である。

また、障害種別に応じて、設備・備品への配慮のほか、子どもや保護者との意思の疎通、情報伝達のための手話等による配慮が必要である。

○　視覚に障害のある子どもに対しては、聴覚、触覚及び保有する視覚等を十分に活用しながら、様々な体験を通して身近な物の存在を知り、興味・関心や意欲を育てていくことが必要である。また、ボディイメージを育て、身の回りの具体的な事物・事象や動作と言葉とを結び付けて基礎的な概念の形成を図るようにすることが必要である。

○　聴覚に障害のある子どもに対しては、保有する聴覚や視覚的な情報等を十分に活用して言葉の習得と概念の形成を図る指導を進める必要がある。また、言葉を用いて人との関わりを深めたり、日常生活に必要な知識を広げたりする態度や習慣を育てる必要がある。

○　知的障害のある子どもに対しては、活動内容や環境の設定を創意工夫し、活動への意欲を高めて、発達を促すようにすることが必要である。また、ゆとりや見通しをもって活動に取り組めるよう配慮するとともに、周囲の状況に応じて安全に行動できるようにすることが必要である。

○　発達障害のある子どもに対しては、予定等の見通しをわかりやすくしたり、感覚の特性（感覚の過敏や鈍麻）に留意し、安心できる環境づくりが必要である。また、具体的又は視覚的な手段を用いながら、活動や場面の理解ができるようにすることや、人とかかわる際の具体的な方法や手段を身に付けることが必要である。

○　精神的に強い不安や緊張を示す子どもに対しては、活動内容や環境の設定を創意工夫し、情緒の程よい表出を促すとともに、人との関わりを広げていけるようにすることが必要である。また、少人数でゆったりと落ち着いた受容的な環境を用意することが必要である。

○　肢体不自由の子どもに対しては、幼児の身体の動きや健康の状態等に応じ、可能な限り体験的な活動を通して経験を広げるようにすることが必要である。また、興味や関心をもって、進んで身体を動かそうとしたり、表現したりするような環境を創意工夫することが必要である。

○　病弱・身体虚弱の子どもに対しては、病気の状態等に十分に考慮し、活動と休息のバランスを取りながら、様々な活動が展開できるようにすることが必要である。心臓病等により乳幼児期に手術等を受けている子どもは、治療過程で運動や日常生活上での様々な制限を受けたり、同年代の子どもとの関わりが少なくなるなど、学習の基礎となる経験が不足することがある。小児慢性特定疾病や難病等の子どもを含め、子どもが可能な限り体験的な活動を経験できるよ

う、児童発達支援センター等は、主治医からの指示・助言や保護者の情報を３者で共有しながら支援を行うことが必要である。

○　医療的ケアが必要な子どもや重症心身障害のある子どもに対しては、心身や健康の状態、病気の状態等を十分に考慮し、活動と休息のバランスを取りながら、様々な活動が展開できるようにすることが必要である。また、健康状態の維持・改善に必要な生活習慣を身に付けることができるようにすることが必要である。さらに、子どもが可能な限り体験的な活動を経験できるよう、児童発達支援センター等は、主治医からの指示・助言や保護者の情報を３者で共有しながら支援を行うことが必要である。

○　重症心身障害のある子どもに対しては、重度の知的障害及び重度肢体不自由があるため、意思表示の困難さに配慮し、子どもの小さなサインを読み取り、興味や関心を持った体験的な活動の積み重ねができるようにすることが必要である。また、筋緊張を緩和する環境づくりと、遊び、姿勢管理により、健康状態の維持・改善を支えることが必要である。

○　複数の種類の障害を併せ有する子どもに対しては、それぞれの障害の特性に配慮した支援が必要である。

(2) 家族支援

障害のある子どもを育てる家族に対して、障害の特性に配慮し、子どもの「育ち」や「暮らし」を安定させることを基本に、丁寧な「家族支援」を行うことが必要である。

特に、保護者が子どもの発達を心配する気持ちを出発点とし、障害があっても子どもの育ちを支えていける気持ちが持てるようになるまでの過程においては、関係者が十分な配慮を行い、日々子どもを育てている保護者の思いを尊重し、保護者に寄り添いながら、子どもの発達支援に沿った支援が必要である。

ア　ねらい

（ア）家族からの相談に対する適切な助言やアタッチメント形成（愛着行動）等の支援

（イ）家庭の子育て環境の整備

（ウ）関係者・関係機関との連携による支援

イ　支援内容

（ア）子どもに関する情報の提供と定期的な支援調整

（イ）子育て上の課題の聞きとりと必要な助言

（ウ）子どもの発達上の課題についての気づきの促しとその後の支援

（エ）子どもを支援する輪を広げるための橋渡し

（オ）相談支援専門員との定期的な支援会議や支援計画の調整

（カ）関係者・関係機関の連携による支援体制の構築

（キ）家族支援プログラム（ペアレント・トレーニング等）の実施

（ク）心理的カウンセリングの実施

（ケ）家族の組織化と定期的な面会

（コ）兄弟姉妹等の支援

ウ　支援に当たっての配慮事項

○家族支援は、家族が安心して子育てを行うことができるよう、さまざまな家族の負担を軽減していくための物理的及び心理的支援等を行うことである。

○家族支援は、大きなストレスや負担にさらされている母親が中心となる場合が多いが、父親や兄弟姉妹、さらには祖父母など、家族全体を支援していく観点が必要である。

○家族が子どもの障害の特性等を理解していくための支援となるが、理解のプロセス及び態様は、それぞれの家族で異なることを理解することが重要である。

○特に、子どもの障害の特性等の理解の前段階として、「気づき」の支援も重要な家族支援の内容であり、個別性に配慮して慎重に行うことが大切である。

○家族支援において明らかとなってくる虐待（ネグレクトを含む）の疑いや心理カウンセリングの必要性など、専門的な支援が必要な場合は、適切な対応が求められる。

○家族支援は、必要に応じて、障害児相談支援事業所、他の児童発達支援センターや児童発達支援事業所、居宅介護（ホームヘルプ）や短期入所(ショートステイ)等を実施する障害福祉サービス事業所、発達障害者支援センター、児童相談所、専門医療機関、保健所等と緊密な連携を行って実施することが必要である。

(3) 地域支援

障害のある子どもの地域社会への参加･包容(インクルージョン）を推進するため、児童発達支援センター等は、保育所等の子育て支援機関等の関係機関との連携を進め、地域の子育て環境や支援体制の構築を図るための「地域支援」を行うことが必要である。

ア　ねらい

（ア）地域における連携の核としての役割

（イ）地域の子育て環境の構築

（ウ）地域の支援体制の構築

イ　支援内容

（ア）児童発達支援センター等

(a) 保育所等の子育て支援機関との連携

(b) 医療機関、保健所、児童相談所等の専門機関との連携

(c) 児童委員、主任児童委員等地域の関係者等との連携

(d) 地域支援の体制の構築のための会議の開催

(e) 個別のケース検討のための会議の開催

(f)（自立支援）協議会等への参加

(g) 要保護児童対策地域協議会等への参加

(h) 児童発達支援センター等に対する理解促進のための地域集会等への積極的な参加

（イ）特に児童発達支援センター

(a) 連携・ネットワークの中核機関としての役割

(b) 保育所等訪問支援の実施

(c) 障害児等療育支援事業、巡回支援専門員整備事業の実施

ウ　支援に当たっての配慮事項

○地域支援は、支援を利用する子どもが地域で適切な支援を受けられるよう関係機関等と連携することのみならず、地域全体の子育て支援力を高めるためのネットワークを普段から構築しておくという視点が必要である。

○そのためには、支援を利用する個々の子どもに対する個別の支援会議から生じた課題等を地域の「(自立支援)協議会」において検討するなど、地域全体の課題として取り組んでいくことが重要である。

○地域の支援体制を構築していくためには、平成26年7月の障害児支援の在り方に関する検討会の報告書「今後の障害児支援の在り方について ~「発達支援」が必要な子どもの支援はどうあるべきか~」において示された、「地域における縦横連携のイメージ」や、都道府県域、障害保健福祉圏域、市町村域等における重層的な支援体制のイメージが参考となる。

第3章　児童発達支援計画の作成及び評価

1　障害児支援利用計画との整合性のある児童発達支援計画の作成と児童発達支援の実施（障害児相談支援事業所との連携）

児童発達支援センター等による児童発達支援の適切な実施に当たっては、障害のある子どもや保護者の生活全般における支援ニーズとそれに基づいた総合的な支援方針等を把握した上で、具体的な支援内容を検討し実施する必要がある。そのためには、障害児相談支援事業者と連携し、障害児支援利用計画との整合性のある児童発達支援計画の作成と児童発達支援の実施が重要である。なお、障害児支援利用計画と児童発達支援計画は、個々の子どもの支援における合理的配慮の根拠と

なるものである。

(1) 障害児相談支援事業者による障害児支援利用計画案の作成と支給決定

○ 障害児相談支援事業に従事する相談支援専門員は、児童発達支援センター等の利用を希望する子どもや保護者の求めに応じて障害児支援利用計画案の作成を行う。

○ 相談支援専門員は、子どもや保護者との面談により、子どもの心身の状況や置かれている環境、日常生活の状況、現に受けている支援、支援の利用の意向等を子どもや保護者から聞き取った上で、それらに基づいたアセスメントによりニーズを明らかにし、総合的な援助方針を提案する。

○ そして、子どもや家族の意向と総合的な援助方針に基づき、個々の子どもの障害の状態及び発達の過程・特性等に応じた発達上の課題を達成させ、生活全般のニーズを充足するために、必要な支援を検討する。

○ 乳幼児期の障害のある子どもへの支援には、児童福祉法に基づき、通所により発達支援を行う「児童発達支援」や「医療型児童発達支援」の他、重度の障害等により外出が著しく困難な障害児に対し、居宅を訪問して発達支援を行う「居宅訪問型児童発達支援」(平成30年4月施行予定)、保育所等を利用している障害児に対し支援を行う「保育所等訪問支援」がある。また、障害者の日常生活及び社会生活を総合的に支援するための法律(平成17年法律第123号)に基づき、居宅で入浴や排泄、食事の介護等を行う居宅介護（ホームヘルプ）や、自宅で介護する人が病気の場合等に、短期間、施設で入浴や排泄、食事の介護等を行う短期入所（ショートステイ)等の障害福祉サービスが利用できる。

○ 障害児支援利用計画案は、これらの支援の中から、必要な支援を選択又は組み合わせ、個々の支援の目的や内容及び量について検討し、子ども又は保護者の同意のもと作成するものである。

○ 市町村は、作成された障害児支援利用計画案を勘案し、児童発達支援センター等の利用についての支給決定を行うこととなる。

(2) サービス担当者会議の開催と障害児支援利用計画の確定

○ 相談支援専門員は、市町村による支給決定後、子どもや保護者の希望を踏まえて、支援を提供する事業者の調整を行い、それらの事業者等を集めたサービス担当者会議を開催する。児童発達支援センター等を利用する場合、サービス担当者会議には、子どもや家族、児童発達支援センター等の児童発達支援管理責任者や従業者、他の支援等を利用している場合にはその担当者、その他必要に応じて、子どもや保護者への支援に関係する者が招集される。

○ サービス担当者会議では、障害児支援利用計画案の作成に至る経緯、子どもや保護者の意向と総合的な援助方針、ニーズと支援目標、支援内容等について参加者で共有する。

○ サービス担当者会議の参加者は、障害児支援利用計画案の内容について意見交換を行うが、その際、児童発達支援センター等の担当者は、児童発達支援の専門的な見地からの意見を述べることが求められる。また、障害児支援利用計画案に位置づけられた当該事業所に期待される役割を確認するとともに、障害のある子どもが、地域の中で他の子どもと共に成長できるようにするため、子どもの最善の利益の観点から、支援の提供範囲にとどまらない意見を述べることが重要である。

○ 相談支援専門員は、参加者による意見交換を受けて支援の提供の目的や内容を調整し、各担当者の役割を明確にした上で、子ども又は保護者の同意のもと障害児支援利用計画を確定する。確定した障害児支援利用計画は、子どもや保護者を始め、支給決定を担当する市町村、児童発達支援センター等の支援を提供する者に配付され共有される。

(3) 児童発達支援計画に基づく児童発達支援の実施

○ 児童発達支援センター等の児童発達支援計画は、児童発達支援管理責任者が、障害児支援利用計画における総合的な援助方針や、当該事業所に対応を求められるニーズや支援目標及び支援内容を踏まえて、児童発達支援の具体的な内容を検討し、作成する。

○ 児童発達支援センター等は、作成された児童発達支援計画に基づき児童発達支援を実施する。

(4) 障害児相談支援事業者によるモニタリングと障害児支援利用計画の見直し

○ 一定期間毎に、相談支援専門員は、子どもと保護者に対する面談により、障害児支援利用計画に基づいた支援の提供状況や効果、支援に対する満足度についてモニタリングを実施する。また、各事業者から支援の提供状況や効果について確認した結果、現在の支援がニーズの充足のために適切でなかったり、当初のニーズが充足してニーズが変化していたり、新たなニーズが確認された場合は、必要に応じてサービス担当者会議を開催し、障害児支援利用計画を見直す。

○ サービス担当者会議において、児童発達支援センター等の児童発達支援管理責任者は、その時点までの児童発達支援の提供状況を踏まえて、課題への達成度や気づきの点等の情報を積極的に述べ、必要に応じた障害児支援利用計画の見直しに寄与することが重要である。そのためには、児童発達支援センター等の設置者・管理者は、児童発達支援管理責任者や従業者のうち、当該子どもの状況に精通した最もふさわしい者を参画させなければならない。

○ 障害児支援利用計画の内容が見直され、総合的な支援方針や児童発達支援センター等に求められる役割が変更された場合には、児童発達支援管理責任者は、必要に応じて児童発達支援計画を変更し、適切な児童発達支援を実施する。

(5) その他の連携について

○ 児童発達支援センター等による児童発達支援は、子どもや保護者への生活全般における支援の一部を継続的に実施するものである。このため、日々の支援を担う児童発達支援センター等は、子どもや保護者のニーズの変化を細やかに把握することができる。また、継続的な関わりは、専門的なアセスメントを深め、潜在的なニーズの顕在化にもつながる。

○ しかし、それらのニーズは、児童発達支援センター等のみで対応できるものばかりではなく、他の支援機関による対応が必要な場合もある。その場合は適切な支援が調整され提供されるように、速やかに障害児相談支援事業者などの関係機関と連絡を取り合う必要がある。

以上のように、障害児相談支援事業者と児童発達支援センター等の関係性は、単に相談支援専門員が作成した障害児支援利用計画に基づき、児童発達支援管理責任者が児童発達支援計画を作成し、支援を実施するという上下の関係にはない。児童発達支援センター等から障害児相談支援事業者へ積極的に働きかけ、子どもや保護者の生活全般のニーズを充足するための双方向のやり取りを行う関係であることに留意して連携する必要がある。

2 児童発達支援計画の作成及び評価

児童発達支援管理責任者は、児童発達支援を利用する子どもと保護者のニーズを適切に把握し、児童発達支援が提供すべき支援の内容を踏まえて児童発達支援計画を作成し、すべての従業者が児童発達支援計画に基づいた支援を行っていけるように調整する。また、提供される支援のプロセスを管理し、客観的な評価等を行う役割がある。

（1） 子どもと保護者及びその置かれている環境に対するアセスメント

○ 児童発達支援管理責任者は、子どもや家族への面談等により専門的な視点からのアセスメントを実施する。子どもと保護者及びその置かれている環境を理解するためには、子どもの障害の状態だけでなく、子どもの適応行動の状況を、標準化されたアセスメントツールを使用する等により確認する必要がある。

また、子どもの発育状況、自己理解、心理的課題、子どもの興味・関心、養育環境、これまで受けてきた支援、現在関わっている機関に関ること、地域とのつながり、利用に当たっての希望、将来展望等について必要な情報をとり、子どもと保護者のニーズや課題を客観的に分析する。

○ 保護者のニーズと子ども自身のニーズは必ずしも一致するわけではないので、子どものニーズを明確化していくことがまず求められる。また、この発達の段階にある子どものニーズは変化しやすいため、日頃から状況を適切に把握して対応していく必要がある。

（2） 児童発達支援計画の作成

○ 障害児相談支援事業者等が作成した障害児支援利用計画や、自らの事業所でアセスメントした情報について課題整理表等を用いて整理しながら児童発達支援におけるニーズを具体化した上で、児童発達支援の具体的な内容を検討し、児童発達支援計画を作成する。

○ 児童発達支援計画には、子どもと保護者の生活に対する意向、総合的な支援目標とその達成時期、生活全般の質を向上させるための課題、児童発達支援の提供すべき支援の内容を踏まえた具体的な支援内容、留意事項を含める。

○ 児童発達支援計画に、子ども本人のニーズに応じた「支援目標」を設定し、それを達成するために、「発達支援（本人支援及び移行支援）」、「家族支援」及び「地域支援」で示す支援内容から子どもの支援に必要な項目を適切に選択し、その上で、具体的な支援内容を設定する。なお、選択した支援内容の項目についても、具体的な支援内容と共に、児童発達支援計画に明記することが必要である。また、「いつ」、「どこで」、「誰が」、「どのように」、「どのくらい」支援するかということが、児童発達支援計画において常に明確になっていることが必要である。

○ 子ども又は保護者に対し、本ガイドラインの「児童発達支援の提供すべき支援」の「発達支援（本人支援及び移行支援）」、「家族支援」及び「地域支援」のねらい及び支援内容と、これに基づき作成された「児童発達支援計画」を示しながら説明を行い、子どもや家族の支援に必要な内容になっているかについて同意を得る必要がある。

○ 将来に対する見通しを持った上で、障害種別、障害の特性や子どもの発達の段階を丁寧に把握し、それらに応じた関わり方を考えていくことが必要である。

○ 支援手法については、個別活動と集団活動をその子どもに応じて適宜組み合わせる。

○ 計画の作成に際しては、従業者から児童発達支援計画の原案について意見を聞くなど、担当の従業者を積極的に関与させることが必要である。

（3） タイムテーブル、活動プログラムに沿った発達支援の実施

○ 児童発達支援センター等における時間をどのようにして過ごすかについて、一人一人の児童発達支援計画を考慮し、一日のタイムテーブルを作成する。タイムテーブルは、子どもの生活リズムを大切にし、日常生活動作の習得や、子どもが見通しを持って自発的に活動できるよう促されることが期待される。ただし、提供される活動プログラムを固定化することは、経験が限られてしまうことにもなるため、活動プログラムの組合せについて、創意工夫が求められる。

○　発達支援の時間は十分に確保されなければならず、送迎の都合で発達支援の時間が阻害されることのないようタイムテーブルを設定しなければならない。

○　活動プログラムは、子どもの障害種別、障害の特性、発達の段階、生活状況や課題等に応じた内容を組み立て、従業者も交えながらチームで検討していくことが必要である。

○　集団活動の場合は、対象児の年齢や障害の状態の幅の広さを考慮しながら、活動プログラムを作成する必要がある。子どもの年齢や発達課題が異なることも多いことから、年齢別又は障害別、発達課題別に支援グループを分けることも考慮する必要がある。

○　活動プログラムの内容は、本ガイドラインに記載されている児童発達支援の提供すべき支援の内容等を十分に踏まえたものでなければならない。

(4)　児童発達支援計画の実施状況の把握（モニタリング）

○　児童発達支援計画は、概ね6ヶ月に1回以上モニタリングを行うことになっているが、子どもの状態や家庭状況等に変化があった場合にはモニタリングを行う必要がある。モニタリングは、目標達成度を評価して支援の効果を測定していくためのものであり、単に達成しているか達成していないかを評価するものではなく、提供した支援の客観的評価を行い、児童発達支援計画の見直しの必要性を判断する。

(5)　モニタリングに基づく児童発達支援計画の変更及び児童発達支援の終結

○　モニタリングにより、児童発達支援計画の見直しが必要であると判断された場合は、児童発達支援計画の積極的な見直しを行う。その際、支援目標の設定が高すぎたのか、支援内容があっていなかったのか、別の課題が発生しているのか等の視点で、これまでの支援内容等を評価し、今後もその支援内容を維持するのか、変更するのかを判断していく。現在提供している児童発達支援の必要性が低くなった場合は、児童発達支援計画の支援目標の大幅な変更や児童発達支援の終結を検討する。なお、児童発達支援計画の支援目標の大幅な変更や児童発達支援の終結時には、設置者・管理者へ報告する。

○　児童発達支援計画の支援目標の大幅な変更や児童発達支援の終結に当たっては、児童発達支援センター等から家族や障害児相談支援事業所、保育所等の関係機関との連絡調整を実施し、障害児支援利用計画の変更等を促す。また、他の機関・団体に支援を引き継ぐ場合には、これまでの児童発達支援の支援内容等について、適切に情報提供することが必要である。

第４章　関係機関との連携

障害のある子どもの発達支援は、子ども本人が支援の輪の中心となり、様々な関係者や関係機関が関与して行われる必要があり、これらの関係者や関係機関は連携を密にし、情報を共有することにより、障害のある子どもに対する理解を深めることが必要である。

このため、児童発達支援センター等は、日頃から市町村の障害児支援担当部局、母子保健や子ども・子育て支援、社会的養護等の児童福祉担当部局、保健所・保健センター、病院・診療所、訪問看護ステーション、発達障害者支援センター、障害児相談支援事業所、保育所、認定こども園、幼稚園、小学校、特別支援学校（幼稚部及び小学部）、児童委員や主任児童委員等の関係機関と連携を図り、児童発達支援が必要な子どもと保護者が、円滑に児童発達支援の利用に繋がるとともに、その後も、子どもの支援が保育所や学校等に適切に移行され、適切な支援が引き継がれていくことが必要である。

また、子ども本人が中心となった支援の輪の中において、児童発達支援センター等に期待される役割を認識し、子どもに対し適切な支援を提供することが必要である。

さらに、障害のある子どもが健全に発達していくためには、地域社会とのふれあいが必要であり、そうした観点からは児童発達支援センター等が地域社会から信頼を得ることが重要であるが、そのためには、地域社会に対して、児童発達支援に関する情報発信を積極的に行うなど、地域に開かれた事業運営を心がけることが求められる。

1　母子保健や医療機関等との連携

（1）母子保健等との連携

子どもの発達支援の必要性は、新生児聴覚検査、乳幼児健康診査、市町村保健センター等の発達相談、保育所等の利用等を通して気づかれる場合があり、気づきの段階から継続的な支援を行うため、母子保健や子ども・子育て支援等の関係者や関係機関と連携した支援が必要である。

（2）医療機関や専門機関との連携

医療的ケアが必要な子どもや重症心身障害のある子どもが医療機関（NICU 等）から在宅生活に移行し、その後も在宅生活を継続していくために、地域の保健、医療、保育、教育等の関係機関と連携した支援が必要である。

子どもの事故やけが、健康状態の急変が生じた場合に備え、近隣の協力医療機関をあらかじめ定めておく必要がある。特に、医療的ケアが必要な子どもや重症心身障害のある子どもは、事前に協力医療機関を受診し、医師に子どもの状態について理解しておいてもらうことも必要である。

また、医療的なケアが必要な子どもを受け入れる場合は、子どもの主治医等との連携体制を構築しておく必要がある。

さらに、保護者による子どもの虐待等により福祉的介入が必要とされるケースについては、市町村が設置する要保護児童対策地域協議会等を活用しながら、児童相談所や児童家庭支援センター、市町村の児童虐待対応窓口、保健所等の関係機関・団体と連携して対応を図る必要がある。

2　保育所や幼稚園等との連携

子どもが成長し、児童発達支援センター等から地域の保育所や認定こども園、幼稚園、特別支援学校（幼稚部）等に支援を移行する際には、児童発達支援計画と個別の教育支援計画等を含め、子どもの発達支援の連続性を図るため、保護者の了解を得た上で、子ども本人の発達の状況や障害の特性、児童発達支援センター等で行ってきた支援内容等について情報を共有しながら相互理解を図り、円滑に支援が引き継がれるようにすることが必要である。

また、この際は、引継ぎを中心とした移行支援会議において、障害児相談支援事業所と連携することが重要である。

さらに、児童発達支援センターにおいては、保育所等の職員が障害のある子どもへの対応に不安を抱える場合等に、保育所等訪問支援や巡回支援専門員整備、障害児等療育支援事業等の積極的な活用を図ることにより、適切な支援を行っていくことが重要である。

加えて、保育所や認定こども園、幼稚園、特別支援学校（幼稚部）等との交流や、同年代の障害のない子どもと活動する機会の確保も必要である。

3　他の児童発達支援センターや児童発達支援事業所等との連携

地域の児童発達支援センターや児童発達支援事業所は、障害種別や障害の特性の理解、障害種別や障害の特性に応じた活動や支援方法、支援困難事例等について、合同で研修を行うことやそれぞれから助言をし合うことにより、連携を図りながら適切な支援を行っていく必要がある。

また、発達障害者支援センター等の専門機関と連携し、助言や研修等を受けることも必要である。

さらに、発達支援上の必要性により、他の児童発達支援センター等を併せて利用する子どもについて、支援内容を相互に理解しておくため、保護者の了解を得た上で、他の児童発達支援センター等の事業所との間で、子ども本人の日常生活動作の状況や留意事項、相互の支援内容や個別の支援計画の内容等について情報共有を図ることが必要である。

4 学校や放課後等デイサービス事業所等との連携

○ 子どもが成長し、児童発達支援センター等から小学校や特別支援学校（小学部）に進学する際には、児童発達支援計画と個別の教育支援計画等を含め、子どもの発達支援の連続性を図るため、保護者の了解を得た上で、児童発達支援計画の内容だけでなく、子ども本人の発達の状況や障害の特性、児童発達支援センター等で行ってきた支援内容等について情報共有を図り、円滑に支援が引き継がれるようにすることが必要である。

また、児童発達支援センターにおいては、小学校や特別支援学校（小学部）への保育所等訪問支援等の実施により、子どもの支援が継続できるようにしていくことも必要である。

○ 放課後等デイサービスの利用を開始する場合についても、放課後等デイサービス計画が適切に作成されるよう、学校の場合と同様に情報の共有が必要である。また、放課後等デイサービス利用開始後も、より適切な発達支援を実施するために連携体制を継続し、必要な情報提供や助言を行うことが望ましい。

こうした、支援の移行の際は、引継ぎを中心とした移行支援会議において、障害児相談支援事業所と連携することが重要である。

5 協議会等への参加や地域との連携

児童発達支援センター等は、（自立支援）協議会子ども部会や地域の子ども・子育て会議、要保護児童対策地域協議会等へ積極的に参加すること等により、関係機関・団体等と連携して、地域支援体制を構築していく必要がある。

また、日頃から地域の行事や活動に参加できる環境を作るため、自治会の会合に参加することや、地域のボランティア組織と連絡を密にする等の対応をとることが必要である。

第5章　児童発達支援の提供体制

1 定　　員

設置者・管理者は、設備、従業者等の状況を総合的に勘案し、適切な生活環境と事業内容が確保されるよう、障害のある子どもの情緒面への配慮や安全性の確保の観点から、適切な利用定員を定めることが必要である。

2 職員配置及び職員の役割

（1） 適切な職員配置

○ 児童発達支援センターにおいては、嘱託医、児童発達支援管理責任者、児童指導員及び保育士、機能訓練担当職員（機能訓練を行う場合）の配置が必須であり、主に重症心身障害のある子どもに対して児童発達支援を行う場合は、看護師、機能訓練担当職員の配置を行い、医療的ケア等の体制を整える必要がある。

○ 児童発達支援事業所においては、児童発達支援管理責任者、指導員又は保育士、機能訓練担当職員（機能訓練を行う場合）の配置が必須であり、主に重症心身障害のある子どもに対して児童発達支援を行う場合は、指導員に代えて児童指導員、さらに嘱託医、看護師、機能訓練担当職員の配置を行い、医療的ケア等の体制を整える必要がある。

○　常時見守りが必要な子どもや医療的ケアが必要な子ども、重症心身障害のある子ども等への支援のために、指導員又は保育士、看護師について、人員配置基準を上回って配置することも考慮する必要がある。

○　児童発達支援管理責任者が個々の子どもについて作成する児童発達支援計画に基づき、適切な知識と技術をもって活動等が行われるよう、支援の単位ごとに、従業者を統括する指導的役割の職員が配置されている必要があり、この職員には保育士等の資格を保有する者を充てるなど、支援の質の確保の視点から、適切な職員配置に留意する必要がある。

（2） 設置者・管理者の責務

○　設置者・管理者は、児童発達支援センター等の役割や社会的責任を遂行するために、法令等を遵守し、設置者・管理者としての専門性等の向上を図るとともに、児童発達支援の質及び職員の資質向上のために必要な環境の確保を図らなければならない。

○　設置者・管理者は、児童発達支援センター等が適切な支援を安定的に提供することにより、障害のある子どもの発達に貢献するとともに、子どもや保護者の満足感、安心感を高めるために、組織運営管理を適切に行わなければならない。

○　設置者・管理者は、各職員が目指すキャリアパスに応じた研修等に参加することができるよう、職員の勤務体制等を工夫し、職員一人一人の資質及び専門性の向上の促進を図らなければならない。

○　設置者・管理者は、職員一人一人の倫理観及び人間性を把握し、職員としての適性を適確に判断する責任がある。

○　設置者・管理者は、質の高い支援を確保する観点から、従業者等が心身ともに健康で意欲的に支援を提供できるよう、労働環境の整備を図る必要がある。

（3） 設置者・管理者による組織運営管理

設置者・管理者は、事業所の運営方針や、児童発達支援計画、日々の活動に関するタイムテーブルや活動プログラムについて、児童発達支援管理責任者及び従業者の積極的な関与のもとでPDCAサイクルを繰り返し、事業所が一体となって不断に支援の質の向上を図ることが重要である。

また、設置者・管理者は、PDCAサイクルを繰り返すことによって、継続的に事業運営を改善する意識を持って、児童発達支援管理責任者及び従業者の管理及び事業の実施状況の把握その他の管理を行わなければならない。

ア　事業運営の理念・方針の設定・見直しと職員への徹底

○　児童発達支援センター等の事業所ごとに、運営規程を定めておくとともに、児童発達支援管理責任者及び従業者に運営規程を遵守させておかなければならない。運営規程には以下の重要事項は必ず定めておく必要がある。

【運営規程の重要事項】

・事業の目的及び運営の方針
・従業者の職種、職員数及び職務の内容
・営業日及び営業時間
・利用定員
・児童発達支援の内容並びに保護者から受領する費用の種類及びその額
・通常の事業の実施地域
・支援の利用に当たっての留意事項
・緊急時等における対応方法
・非常災害対策
・事業の主たる対象とする障害の種類を定めた場合には当該障害の種類
・虐待の防止のための措置に関する事項
・その他運営に関する重要事項

○　事業の目的及び運営方針は、本ガイドラインに記載されている児童発達支援の役割や児童発達支援の提供すべき内容、地域での子どもや保護者の置かれた状況、児童発達支援が公費により運営される事業であること等を踏まえ、適切に設定する。

○　事業の目的及び運営方針の設定や見直しに当たっては、児童発達支援管理責任者及び従業者が積極的に関与できるように配慮する。

○　児童発達支援管理責任者及び従業者の採用に当たっては、事業所の目的及び運営方針を始めとした運営規程の内容を丁寧に説明するとともに、様々な機会を通じて繰り返しその徹底を図る。

イ　複数のサイクル（年・月等）での目標設定と振り返り

○　PDCA サイクルにより不断に業務改善を進めるためには、児童発達支援管理責任者及び従業者が参画して、複数のサイクル（年間のほか月間等）で事業所としての業務改善の目標設定とその振り返りを行うことが必要である。

ウ　自己評価結果の公表

○　本ガイドラインに加え、別添の「児童発達支援センター等における事業所全体の自己評価の流れ」※を踏まえ、「事業所職員向け児童発達支援自己評価表」（別紙1）を活用して行う児童発達支援センター等の職員による事業所の支援の評価及び別添の「保護者等向け児童発達支援評価表」（別紙2）を活用して行う保護者等による事業所評価を踏まえ、事業所全体として自己評価を行う必要がある。

○　事業所の自己評価結果による児童発達支援の質の評価及び改善の内容については、事業所全体による自己評価に基づき、「事業所における自己評価結果（公表）」（別紙3）及び「保護者等からの事業所評価の集計結果（公表）」（別紙4）を用いて、概ね1年に1回以上、利用者や保護者等に向けて、インターネットのホームページや会報等で公表していくことが必要である。

○　また、この事業所による自己評価のほか、可能な限り、第三者による外部評価を導入して、事業運営の一層の改善を図ることが必要である。

エ　コミュニケーションの活性化等

○　PDCA サイクルによる業務改善が適切に効果を上げるには、現状の適切な認識・把握と、事業所内での意思の疎通・情報共有が重要である。

○　支援提供の日々の記録については、児童発達支援管理責任者が把握する以外に、従業者同士での情報共有を図ることも支援の質の向上のために有用である。職場での何でも言える雰囲気作りや職員同士のコミュニケーションの活性化も設置者・管理者の役割である。

○　児童発達支援計画の作成・モニタリング・変更の結果について、児童発達支援管理責任者から報告を受けるなど、児童発達支援管理責任者や従業者の業務の管理及び必要な指揮命令を行う。

○　支援内容の共有や職員同士のコミュニケーションの活性化が事業所内虐待の防止や保護者による虐待の早期発見に繋がるものであることも認識しておくとともに、設置者・管理者も、適切な支援が提供されているか把握しておく必要がある。

オ　子どもや保護者の意向等の把握

○　PDCA サイクルによる業務改善を進める上で、アンケート調査等を実施して、支援を利用する子どもや保護者の意向や満足度を把握することが必要である。

○　特に子どもや保護者の意向等を踏まえて行う

※　編注：本ガイドライン別添「児童発達支援センター等における事業所全体の自己評価の流れ」は本書では省略しました。

こととした業務改善への取組については、子ども及び保護者に周知していくことが必要である。

カ　支援の継続性

○　児童発達支援は、子どもや保護者への支援の継続性の観点から継続的・安定的に運営することが必要である。やむを得ず事業を廃止し又は休止しようとする時は、その一月前までに都道府県知事等に届け出なければならない。この場合、子どもや保護者に事業の廃止又は休止しようとする理由を丁寧に説明するとともに、他の児童発達支援センター等を紹介するなど、子どもや保護者への影響が最小限に抑えられるように対応することが必要である。

3　施設及び設備

○　児童発達支援センター等は、児童発達支援を提供するための設備及び備品を適切に備えた場所である必要がある。設置者・管理者は、様々な障害のある子どもが安全に安心して過ごすことができるようバリアフリー化や情報伝達への配慮等、個々の子どもの態様に応じた工夫が必要である。

○　児童発達支援事業所の指導訓練室については、床面積の基準は定められていないが、児童発達支援センターが児童発達支援事業を行う場合においては、子ども一人当たり2.47㎡の床面積が求められていることを参考としつつ、適切なスペースの確保に努めることが必要である。

○　子どもが生活する空間については、指導訓練室のほか、おやつや昼食がとれる空間、静かな遊びのできる空間、雨天等に遊びができる空間、子どもが体調の悪い時等に休息できる静養空間、年齢に応じて更衣のできる空間等を工夫して確保することが必要である。

　また、室内のレイアウトや装飾にも心を配り、子どもが心地よく過ごせるように工夫することが必要である。

○　屋外遊びを豊かにするため、屋外遊技場の設置や、近隣の児童遊園・公園等を有効に活用することが必要である。

○　備品については、遊具のほか、障害種別、障害の特性及び発達状況に応じた支援ツールを備えることも考慮していくことが必要である。

4　衛生管理、安全対策

設置者・管理者は、障害のある子どもや保護者が安心して児童発達支援センター等の支援を受け続けられるようにするためには、児童発達支援センター等を運営する中で想定される様々なリスク、例えば、子どもの健康状態の急変、非常災害、犯罪、感染症の発生と蔓延等に対する対応マニュアルの策定や発生を想定した訓練、関係機関・団体との連携等により、日頃から十分に備えることが必要である。

（1）衛生・健康管理

○　設置者・管理者は、感染症の予防や健康維持のために、職員に対し常に清潔を心がけさせ、手洗い、手指消毒の励行、換気等の衛生管理を徹底することが必要である。

○　設置者・管理者は、感染症又は食中毒が発生した場合の対応や、排泄物又は嘔吐物等に関する処理方法についての対応マニュアルを策定し職員に周知徹底を図るとともに、マニュアルに沿って対応できるようにすることが必要である。

○　設置者・管理者は、子どもの健康状態の把握及び感染症発生の早期発見のために、子どもの来所時の健康チェック及び保護者との情報共有の体制を構築しておくことが必要である。また、感染症発生動向に注意を払い、インフルエンザやノロウイルス等の感染症の流行時には、子どもの来所時の健康チェック及び保護者との情報共有体制を強化する必要がある。さらに、インフルエンザやノロウイルス等の感染症により集団感染の恐れがある場合は、子どもの安全確保のために、状況に応じて休所とする等の適切な対応を行うとともに、保護者や各関係機関・団体との連絡体制を構築しておく必要がある。

○　職員は、事前に、服薬や予防接種、てんかん発作等の子どもの状況を確認しておくとともに、子どもの健康管理に必要となる器械器具の管理等を適正に行う必要がある。

○　設置者・管理者は、食物アレルギーのある子どもについて、医師の指示書に基づき、食事やおやつを提供する際に、除去食や制限食で対応できる体制を整えることが必要である。

○　設置者・管理者は、重症心身障害のある子どもなど、全身性障害がある子どもについては、常に骨折が起こりやすいことを念頭におき、適切な介助が行える体制を整えるとともに、誤嚥性肺炎を起こさないよう、摂食時の姿勢や車いすの角度等の調整、本人の咀嚼・嚥下機能に応じた適切な食事の介助を計画的・組織的に行えるようにすることが必要である。

(2) 非常災害・防犯対策

○　設置者・管理者は、非常災害に備えて消火設備等の必要な設備を設けるとともに、非常災害に関する具体的計画を立て、非常災害時の避難方法や、関係機関・団体への通報及び連絡体制を明確にするとともに、それらを定期的に職員や保護者に周知しなければならない。

○　設置者・管理者は、非常災害の発生に備え、定期的に避難、救出その他必要な訓練を行わなければならない。

○　設置者・管理者は、重大な災害の発生や台風の接近等により危険が見込まれる場合には、子どもの安全確保のために、状況に応じて児童発達支援センター等を休所とする等の適切な対応を行うとともに、保護者や保育所等の関係機関・団体との連絡体制を構築しておく必要がある。また、地震や風水害等の緊急事態に対して、重要な事業を継続又は早期に復旧させるための事業継続計画（BCP）を策定することが望ましい。

○　職員は、障害種別や障害の特性ごとの災害時対応について理解しておくとともに、児童発達支援管理責任者は、子どもごとの児童発達支援計画に災害時の対応について記載することも必要である。

　特に医療的ケアが必要な子どもについては、保護者や主治医、嘱託医及び協力医療機関等との間で災害発生時の対応について綿密に意思疎通を図っておくことが重要であり、設置者・管理者は、職員に徹底する必要がある。

○　設置者・管理者は、外部からの不審者の侵入を含め、子どもが犯罪に巻き込まれないよう、事業所として防犯マニュアルの策定や、地域の関係機関・団体等と連携しての見守り活動、子ども自身が自らの安全を確保できるような学習支援など、防犯に係る安全確保への取組を行う必要がある。

(3) 緊急時対応

○　設置者・管理者は、子どもの事故やケガ、健康状態の急変が生じた場合は、速やかに保護者、協力医療機関及び主治医に連絡を行う等の必要な措置を講じなければならない。

○　設置者・管理者は、緊急時における対応方法について「緊急時対応マニュアル」を策定するとともに、職員が緊急時における対応方針について理解し、予め設定された役割を実行できるように訓練しておく必要がある。

　また、設置者・管理者は、例えば、てんかんのある子どもが急な発作を起こした場合に速やかに対応できるよう、個々の子どもに応じた緊急の対応方法や搬送先等について、個別の緊急時対応マニュアルとして策定して、職員間で共有することも必要である。

○　職員は、医療的ケアを必要とする子ども等の支援に当たっては、窒息や気管出血等、生命に関わる事態への対応を学び、実践できるようにしておく必要がある。

（4）安全確保

○　職員は、支援の提供中に起きる事故やケガを防止するために、室内や屋外の環境の安全性について毎日点検し、必要な補修等を行い、危険を排除することが必要である。

また、職員は、衝動的に建物から出てしまう子ども等もいるため、子どもの特性を理解した上で、必要な安全の確保を行う必要である。

○　設置者・管理者は、発生した事故事例や、事故につながりそうな事例の情報を収集し、ヒヤリハット事例集を作成し、職員間で共有することが必要である。

5　適切な支援の提供

○　設置者・管理者は、設備、職員等の状況を総合的に勘案し、適切な生活環境と事業内容が確保されるよう、障害のある子どもの情緒面への配慮や安全性の確保の観点から、利用定員の規模や、室内のレイアウトや装飾等に心を配り、必要に応じて改善を図る。

○　職員は、児童発達支援の提供すべき支援の内容等について理解するとともに、児童発達支援計画に沿って、それぞれの子どもたちの障害種別、障害の特性、発達の段階、生活状況や課題に細やかに配慮しながら支援を行うことが必要である。

○　職員は常に意思の疎通を図り、円滑なコミュニケーションが取れるようにすることが必要である。

○　支援開始前には職員間で必ず打合せを実施し、その日行われる支援の内容や役割分担について把握する。

○　支援終了後に職員間で打合せを実施し、その日の支援の振り返りをし、子どもや家族との関わりで気づいた点や、気になった点について職員間で共有する。

○　職員は、その日行った支援の手順、内容、利用者の反応や気づきについて、記録をとらなければならない。また、日々の支援が目標や計画に沿って行われているか、記録に基づいて検証し、支援の改善や自らのスキルアップに繋げていく必要がある。

6　保護者との関わり

職員は、子どもや保護者の満足感、安心感を高めるために、提供する支援の内容を保護者とともに考える姿勢を持ち、子どもや保護者に対する丁寧な説明を常に心がけ、子どもや保護者の気持ちに寄り添えるように積極的なコミュニケーションを図る必要がある。

（1）保護者との連携

○　職員は、日頃から子どもの状況を保護者と伝え合い、子どもの発達の状況や課題について共通理解を持つことが重要である。このため、医療的ケアの情報や介助の方法、適切な姿勢、気になることがあった場合の情報等について、連絡ノート等を通じて保護者と共有することが必要である。また、必要に応じて、家庭内での養育等についてペアレント・トレーニング等を活用しながら、子どもの育ちを支える力をつけられるよう支援したり、環境整備等の支援を行ったりすることが必要である。

○　設置者・管理者は、送迎時の対応について、事前に保護者と調整していくことが必要である。また、施設内でのトラブルや子どもの病気・事故の際の連絡体制について、事前に保護者と調整し、その内容について職員間で周知徹底しておく必要がある。

○　設置者・管理者は、職員が行う保護者への連絡や支援について、随時報告を受けることや記録の確認等により、把握・管理することが必要である。

（2）子どもや保護者に対する説明責任等

職員は、子どもや保護者が児童発達支援を適切かつ円滑に利用できるよう、説明責任を果たすとともに、必要な支援を行う責務がある。

ア　運営規程の周知

設置者・管理者は、運営規程について、事業所内の見やすい場所に掲示する等により、その周知を図る。

イ　子どもや保護者に対する運営規程や児童発達支援計画の内容についての丁寧な説明

設置者・管理者は、子どもや保護者に対し、利用申込時において、運営規程や支援の内容を理解しやすいように説明を行う必要がある。

特に、支援の内容、人員体制（資格等）、利用者負担、苦情解決の手順、緊急時の連絡体制等の重要事項については文書化の上､対面で説明する。

また、児童発達支援管理責任者は、児童発達支援計画の内容について、その作成時、変更時に子どもと保護者に対して丁寧に説明を行う必要がある。

ウ　保護者に対する相談援助等

○　職員は、保護者が悩み等を自分だけで抱え込まないように、保護者からの相談に適切に応じ、信頼関係を築きながら、保護者の困惑や将来の不安を受け止め、専門的な助言を行うことも必要である。例えば、保護者との定期的な面談（最低限モニタリング時に実施することが望ましい）や訪問相談等を通じて、子育ての悩み等に対する相談を行ったり、子どもの障害について保護者の理解が促されるような支援を行ったりすることが必要である。

○　職員は、父母の会の活動を支援したり、保護者会等を開催したりすることにより、保護者同士が交流して理解を深め、保護者同士のつながりを密にして、安心して子育てを行っていけるような支援を行うことが必要である。また、家族支援は保護者に限った支援ではなく、兄弟姉妹や祖父母等への支援も含まれる。特に兄弟姉妹は、心的負担等から精神的な問題を抱える場合も少なくないため、例えば、兄弟姉妹向けのイベントを開催する等の対応を行っていくことも必要である。

○　設置者・管理者は、職員に対して、保護者との定期的な面談や保護者に対する相談援助について、その適切な実施を促すとともに、随時報告を受けることや記録の確認等により、把握・管理する必要がある。

エ　苦情解決対応

○　設置者・管理者は、児童発達支援に対する子どもや保護者からの苦情（虐待に関する相談も含む）について、迅速かつ適切に対応するために、苦情を受け付けるための窓口や苦情受付担当者、苦情解決責任者、第三者委員の設置、解決に向けた手順の整理等、迅速かつ適切に解決が図られる仕組みを構築することが必要である。

○　設置者・管理者は、苦情受付窓口について、子どもや保護者に周知するとともに、第三者委員を設置している場合には、その存在についても、子どもや保護者に周知する必要がある。

○　設置者・管理者は、苦情解決責任者として、迅速かつ適切に対応する必要がある。

オ　適切な情報伝達手段の確保

○　事業所は、定期的に会報等を発行し、活動概要や行事予定、連絡体制等の情報を子どもや保護者に対して発信することが必要である。

○　視覚障害や聴覚障害等の障害種別に応じて、子どもや保護者との意思の疎通、情報伝達のための手話等による配慮が必要である。

7　地域に開かれた事業運営

○　設置者・管理者は、地域住民の事業所に対する理解の増進や地域の子どもとしての温かい見守り、地域住民との交流活動の円滑な実施等の観点から、事業所はホームページや会報等を通じて活動の情報を積極的に発信することや、事業所の行事に地域住民を招待する等地域に開かれた事業運営を図ることが必要である。

○　実習生やボランティアの受入れは、事業所及び実習生やボランティア双方にとって有益であり、設置者・管理者は、積極的に対応することが望ましい。ただし、実習生やボランティアの受入れに当たっては、事故が起きないよう適切な指導を行う等の対応が必要である。また、実習生やボランティアの受入れに当たっては、事業所の理念やプログラム内容及び障害のある子どもの支援上の注意事項等を理解させることが必要である。

8　秘密保持等

○　設置者・管理者は、職員等（実習生やボランティアを含む。以下同じ。）であった者が、その業務上知り得た秘密を漏らすことがないよう、誓約書の提出や雇用契約に明記するなど、必要な措置を講じなければならない。

○　職員は、関係機関・団体に子ども又はその家族に関する情報を提供する際は、あらかじめ文書により保護者等の同意を得ておかなければならない。また、ホームページや会報等に子ども又は保護者の写真や氏名を掲載する際には、保護者の許諾を得ることが必要である。

○　職員等は、その職を辞した後も含めて、正当な理由がなく業務上知り得た秘密を漏らしてはならない。

第6章　支援の質の向上と権利擁護

1　支援の質の向上への取り組み

児童福祉法第21条の5の17第2項の規定において、指定障害児事業者等は、その提供する障害児通所支援の質の評価を行うことその他の措置を講ずることにより、障害児通所支援の質の向上に努めなければならないとされている。そのためには、設置者・管理者は、「第三者評価共通基準ガイドライン（障害者・児福祉サービス版）」等により、第三者による外部評価を活用することが有効である。

また、適切な支援を安定的に提供するとともに、支援の質を向上させるためには、支援に関わる人材の知識・技術を高めることが必要であり、そのためには、設置者・管理者は、様々な研修の機会を確保するとともに、知識・技術の取得意欲を喚起することが重要である。

さらに、職員が児童発達支援センター等における課題について共通理解を深め、協力して改善に努めることができる体制を構築するためには、日常的に職員同士が主体的に学び合う姿勢が重要である。そのため、設置者・管理者は、児童発達支援センター等において職場研修を実施し、職員は当該研修を通じて、常に自己研鑽を図る必要がある。

加えて、設置者・管理者は、職員が外部で行われる研修等へ積極的に参加できるようにし、職員が必要な知識・技術の修得、維持及び向上を図れるようにする必要がある。

（1）職員の知識・技術の向上

○　職員の知識・技術の向上は、児童発達支援の提供内容の向上に直結するものであり、職員の知識・技術の向上への取組は、設置者・管理者の重要な管理業務の一つである。

○　設置者・管理者は、職員の資質の向上の支援に関する計画を策定し、その計画に係る研修の実施又は研修の機会を確保することが必要である。資質の向上の支援に関する計画の策定に際しては、職員を積極的に参画させることが必要である。

○　児童発達支援を適切に提供する上で、児童発達支援に期待される役割、障害のある子どもの発達の段階ごとの特性、障害種別・障害の特性、関連する制度の仕組み、関係機関・団体の役割、児童虐待への対応、障害者の権利に関する条約の内容等を理解することが重要であり、設置者・管理者は、職員に対してこうした知識の修得に向けた意欲を喚起する必要がある。

○　障害種別、障害の特性に応じた支援や発達の段階に応じた支援、家族支援等に係る適切な技術を職員が修得することが、子どもの発達支援や二次障害の予防、家庭養育を支えるといった視点から重要であり、設置者・管理者は、職員に対してこうした技術の修得に向けた意欲を喚起する必要がある。

（2） 研修受講機会等の提供

○　設置者・管理者は、職員の資質向上を図るため、研修を実施する等の措置を講じなければならない。

具体的には自治体や障害児等関係団体が実施する研修等への職員の参加、事業所における研修会や勉強会の開催（本ガイドラインを使用した研修会や勉強会等）、事業所に講師を招いての研修会の実施、職員を他の事業所等に派遣しての研修、事業所内における職員の自己研鑽のための図書の整備等が考えられる。また、医療的ケアが必要な子どもや重症心身障害のある子どもに対し、適切な支援が行われるよう、喀痰吸引等の研修を受講させることが必要である。

○　児童発達支援管理責任者は、従業者に対する技術指導及び助言を行うことも業務となっており、設置者・管理者は、事業所内における研修の企画等に当たっては、児童発達支援管理責任者と共同して対応していくことが必要である。

2 権利擁護

障害のある子どもの支援に当たっては、児童の権利に関する条約、障害者の権利に関する条約、児童福祉法等が求める子どもの最善の利益が考慮される必要がある。特に、障害のある子どもが、自由に自己の意見を表明する権利並びにこの権利を実現するための支援を提供される権利を有することを認識することが重要である。具体的には、職員は、子どもの意向の把握に努める等により、子ども本人の意思を尊重し、子ども本人の最善の利益を考慮した支援を日々行う必要がある。

また、障害のある子どもの権利擁護のために、虐待等の子どもの人権侵害の防止に関する次のような取組も積極的に行っていくことが重要である。

（1） 虐待防止の取組

○　設置者・管理者は、職員による子どもに対する虐待を防止するため、虐待防止委員会の設置など、必要な体制の整備が求められる。

虐待防止委員会の責任者は、通常、管理者が担うこととなる。虐待防止委員会を組織的に機能させるために、苦情解決の第三者委員等の外部委員を入れてチェック機能を持たせるとともに、児童発達支援管理責任者等、虐待防止のリーダーとなる職員を虐待防止マネージャーとして配置し、研修や虐待防止チェックリストの実施など、具体的な虐待防止への取組を進める。

○　設置者・管理者は、職員に対する虐待防止啓発のための定期的な研修を実施し、又は自治体が実施する研修を受講させるほか、自らが虐待防止のための研修を積極的に受講する等により、児童虐待の防止等に関する法律（平成12年法律第82号。以下「児童虐待防止法」という。）及び障害者虐待の防止、障害者の養護者に対する支援等に関する法律（平成23年法律第79号。以下「障害者虐待防止法」という。）について理解し、虐待の防止への取組を進める必要がある。特に、「障害者福祉施設等における障害者虐待の防止と対応の手引き」は必ず読むようにする。

各都道府県で実施する虐待防止や権利擁護に関する研修を受講した場合には、児童発達支援センター等で伝達研修を実施することが重要である。

○　職員等からの虐待（特に性的虐待）は、密室化した場所で起こりやすいことから、設置者・管理者は、送迎の車内を含め、密室化した場所を極力作らないよう、常に周囲の目が届く範囲で支援が実施できるようにする必要がある。

○　職員等から虐待を受けたと思われる子どもを発見した場合（相談を受けて虐待と認識した場合を含む。）、その職員は、障害者虐待防止法第16条に規定されている通報義務に基づき、児童発達支援の通所給付決定をした市町村の窓口に通報する。この時に、市町村に通報することなく、事業所の中だけで事実確認を進め、事態を収束させてしまうと通報義務に反することとなるため、必ず市町村に通報した上で行政と連携して対応を進める必要がある。

○　職員は、虐待を発見しやすい立場にあることを認識し、子どもの状態の変化や家族の態度等の観察や情報収集により、虐待の早期発見に努めさせる必要がある。

○　職員は、保護者による虐待について、保護者に対する相談支援やカウンセリング等により未然防止に努めることが重要であることを認識する。

○　職員は、保護者による虐待を発見した場合は、児童虐待防止法第６条に規定されている通告義務に基づき、市町村、都道府県の設置する福祉事務所又は児童相談所等へ速やかに通告するよう徹底する必要がある。虐待等により福祉的介入が必要とされるケースについては、市町村等が設置する要保護児童対策地域協議会等を活用しながら、児童相談所や児童家庭支援センター、市町村の児童虐待対応窓口、保健所等の関係機関・団体と連携して対応を図っていくことが求められる。

（2） 身体拘束への対応

○　職員等が自分の体で利用者を押さえつけて行動を制限することや、自分の意思で開けることのできない居室等に隔離すること等は身体拘束に当たり、障害のある子どもや他の障害のある子どもの生命又は身体を保護するために緊急やむを得ない場合を除き、禁止されている。

○　やむを得ず身体拘束を行う場合は、切迫性、非代替性、一時性が要件となるが、身体拘束の検討が必要なケースについては、代替性がないか等について慎重に検討した上で、それでもなお、身体拘束を行わざるを得ない事態が想定される場合には、いかなる場合にどのような形で身体拘束を行うかについて、設置者・管理者は組織的に決定する必要がある。また、児童発達支援管理責任者は、児童発達支援計画に、身体拘束が必要となる状況、身体拘束の態様・時間等について、子どもや保護者に事前に十分に説明をし、了解を得た上で記載させることが必要である。

○　身体拘束を行った場合には、設置者・管理者は、身体拘束を行った職員又は児童発達支援管理責任者から、その様態及び時間、その際の利用者の心身の状況並びに緊急やむを得ない理由等必要な事項の記録とともに報告を受ける。なお、必要な記録がされていない場合は、運営基準違反となることを認識しておく必要がある。

（3） その他

○　設置者・管理者は、子どもの権利擁護に関する研修会を実施するなど、職員が子どもの人権を尊重した支援を行うために必要な取組を進めることが必要である。

あとがき

『新版　障害児通所支援ハンドブック』をお送りします。

本書は、障害児通所支援３事業（児童発達支援、保育所等訪問支援、放課後等デイサービス）の理解と円滑な実施を目指して発刊され、ご好評をいただいた『障害児通所支援ハンドブック』の改訂版です。

初版は、全国児童発達支援協議会が「厚生労働省 平成25年度障害者総合福祉推進事業」を受託し、30名を超える研究者が関わって実施した「障害児通所支援の今後の在り方に関する調査研究」の報告書をより実践的に編集したものでした。その後、障害児通所支援には「居宅訪問型児童発達支援」が追加され、さまざまな改定も加えられました。また、資料編に掲載したようにガイドラインが発出された事業もあり、ハンドブックの改訂が不可避となっていました。

平成24年に事業が創設されて８年という短期間に、制度が矢継ぎ早に改定されガイドラインが発出されるという状況は、事業の重要性とともに、事業展開における混乱を示すものと考えられます。そのため、今回の改訂では、障害児通所支援３事業が求められている役割を示したうえで混乱なく運営できる実践書になることに重点を置きました。

全体を通して大きく改編しましたが、もっとも大きな違いは初版にはなかった「第Ⅰ部　総説」を設け、障害児支援の歴史の中での事業の位置づけを明確にしたことです。総説では我が国における障害児支援の歴史を述べ、事業が登場した平成24年児童福祉法改正の意味を「障害者の権利に関する条約」や「児童の権利に関する条約」に関連させて解説するとともに、子ども・子育て支援制度との連携の必要性や家族支援の重要性などについて詳述しました。障害児支援の大きな流れと先人の熱い想いを理解していただき、発達支援という魅力的かつ重要な課題に取り組んでいくうえでの糧にしていただけることを期待しています。

初版に引き続き、本ハンドブックが、障害児通所支援の発展に寄与し、発達支援を必要とするすべての子どもの未来を拓く一助になることを祈念して編集のあとがきとします。

著者代表　一般社団法人 全国児童発達支援協議会　宮　田　広　善

執筆者一覧

監　修　一般社団法人 全国児童発達支援協議会（CDS Japan）

編著者　宮田　広善（姫路聖マリア病院小児科／前・姫路市総合福祉通園センター）
光真坊浩史（一般社団法人 全国児童発達支援協議会／元・厚生労働省障害児支援専門官）

著　者
増　補　今後の障害児支援の方向性　光真坊浩史（一般社団法人 全国児童発達支援協議会）
第Ⅰ部　総　　説　宮田　広善（姫路聖マリア病院小児科）
第Ⅱ部　児童発達支援　山根希代子（広島市こども療育センター）
第Ⅲ部　保育所等訪問支援　酒井　康年（うめだ・あけぼの学園）
第Ⅳ部　放課後等デイサービス　岸　　良至（一般社団法人 わ・Wa・わ）

執筆協力者（50 音順）
内山　勉（富士見台聴こえとことばの教室）／**江戸卓郎**（くるみ園）／**小田知宏**（NPO 法人 発達わんぱく会）／**越智晴彦**（ひよこ園）／**加藤　淳**（名古屋市東部地域療育センターぽけっと）／**金澤敏文**（むぎのこ）／**川口隆司**（認定 NPO 法人 コミュニティリーダーひゅーるぽん）／**菊池健弥**（NPO 法人 銀河）／**北川聡子**（むぎのこ）／**佐々木信一郎**（こじか子どもの家）／**鈴木久也**（むぎのこ）／**滝沢良一**（前・長岡市柿が丘学園）／**竹藤　望**（光の子学園）／**橋本伸子**（富山市恵光学園）／**廣岡輝恵**（いちもくnabi デイサービス）／**福島優子**（姫路市立白鳥園）／**古川孝志**（さっぽろこどもさぽーと）／**前岡幸憲**（鳥取県鳥取療育園）／**森田まゆみ**（夢あるき）／**森　知子**（姫路市立つくし児童園）／**芳野道子**（くるみ園）／**米山　明**（心身障害児総合医療療育センター）

（　）内の所属については執筆当時のものです。

増補新版　障害児通所支援ハンドブック
児童発達支援　保育所等訪問支援　放課後等デイサービス

発行日　2015 年 11 月 20 日　初　　版 第 1 刷（3,000 部）
2016 年 10 月 20 日　第 2 刷（1,000 部）
2017 年　8 月 31 日　第 3 刷（1,000 部）
2020 年　7 月 30 日　新　　版 第 1 刷（3,000 部）
2022 年　6 月 15 日　第 2 刷（1,000 部）
2024 年　2 月 10 日　増補新版 第 1 刷（1,000 部）

監　修　一般社団法人 全国児童発達支援協議会
編著者　宮田 広善・光真坊 浩史
著　者　山根 希代子・酒井 康年・岸 良至
発　行　**エンパワメント研究所**
〒 201-0015 東京都狛江市猪方 3-40-28　スペース 96 内
TEL&FAX 03-6892-9600
https://www.space96.com/
e-mail: qwk01077@nifty.com

装幀・表紙デザイン：石原雅彦　　編集・制作協力：松浦　聡　　印刷：シナノ印刷（株）
ISBN 978-4-907576-58-5